ARTHUR SINGER

HISTOIRE

DE LA

TRIPLE ALLIANCE

AVEC UNE ANNEXE DE

Hans F. HELMOLT

LE

CONTENU DE LA TRIPLE ALLIANCE

ÉTUDE DIPLOMATIQUE

Traduit de l'Allemand par

LOUIS SURET

DOCTEUR EN DROIT

PARIS (Vᵉ)

M. GIARD & E. BRIÈRE

LIBRAIRES-ÉDITEURS

16, RUE SOUFFLOT ET 12, RUE TOULLIER

1915

HISTOIRE

DE

LA TRIPLE ALLIANCE

ARTHUR SINGER

HISTOIRE

DE LA

TRIPLE ALLIANCE

AVEC UNE ANNEXE DE

Hans F. HELMOLT

LE

CONTENU DE LA TRIPLE ALLIANCE

ÉTUDE DIPLOMATIQUE

Traduit de l'Allemand par

LOUIS SURET
DOCTEUR EN DROIT

PARIS (V^e)

M. GIARD & E. BRIÈRE

LIBRAIRES-ÉDITEURS

16, RUE SOUFFLOT ET 12, RUE TOULLIER

1915

PRÉFACE DE L'AUTEUR

Les pages qui suivent donnent une histoire de la Triple Alliance et de l'alliance offensive et défensive entre l'Allemagne et l'Autriche-Hongrie, qui l'a précédée. C'est non pas un ouvrage de controverse politique, où l'on apprécie les décisions des hommes d'Etat, mais un travail purement historique, où l'on s'en tient avec sévérité au devoir de l'historien, qui est de dépeindre. Après une brève présentation des rapports changeants entre le Brandebourg-Prusse et la monarchie danubienne, l'auteur retrace les événements du théâtre mondial, ainsi que les faits parlementaires et leurs échos dans la presse et la littérature, qui révèlent l'influence et le contenu de la création du Vieux Chancelier d'Empire. Cette chronique se borne à 'rassembler les sources provenant des procès-verbaux parlementaires et des collections de journaux. Elle ne se propose pas de retracer en détail la lutte pour la suprématie de la nation allemande dans l'Empire romain, elle n'est, dans sa première partie, qu'une courte esquisse, ne s'arrêtant qu'aux bornes kilométriques. La deuxième partie raconte le développement de l'alliance pacifique de l'Europe centrale, le couronnement de l'œuvre de Bismarck et d'Andrássy par l'adhésion du jeune royaume transalpin. La troisième partie contient les

annales de la Triple Alliance, annales qui épuisent abso‐
lument toutes les sources, ses éphémérides politico‐parle‐
mentairesystématiquement tenues au courant de 1883 jusqu'à
la fin de 1912, date du dernier renouvellement. La fin est
constituée par une table alphabétique qui facilitera le manie‐
ment du livre au journaliste et à l'historien. Ecrire dès
aujourd'hui une histoire de la Triple Alliance, c'est entre‐
prendre une tâche difficile, parce que les archives ne sont
pas encore à notre disposition et que l'on ne connaît que
peu de choses des sources officielles. L'histoire de la Triple
Alliance est à proprement parler l'histoire des 30 dernières
années, et elle est aussi facile ou aussi difficile à écrire que
toute histoire contemporaine. La loupe et la sonde du cri‐
tique trouveront sans difficulté les lacunes de mon travail.
Je me suis volontairement refusé à toute critique de nature
politique et publiciste et je me suis abstenu de faire de
brillants effets de style.

Achevé à Wurzbourg en janvier 1914.

ARTHUR SINGER

LES ÉTATS DE LA TRIPLICE JUSQU'EN 1879

L'importante question qui trouva sa solution définitive sur les champs de bataille de la Bohême en 1866 et dans la conclusion de la Triplice remonte jusqu'au milieu du XVIIe siècle, au traité de Westphalie. La rivalité des deux maisons princières allemandes coïncide avec l'avènement du Grand Electeur : l'opuscule latin d'Hippolytus à Lapide (1) nous fait prévoir l'éviction, hors d'Allemagne, de la maison d'Autriche. Le Brandebourg fonde le parti moyen des « Etats d'Empire » protestants. Le *Corpus Evangelicorum* et, à sa tête, le Brandebourg-Prusse aux aspirations puissantes se posent comme force équivalente en face du *Corpus Catholicorum* dirigé par la puissance impériale des Habsbourgs. Or tous ces rapports de force ont changé. Les Habsbourgs se sont rendu compte de la nécessité d'une nouvelle politique : il fallait rechercher de nouvelles bases pour l'équilibre européen, de nouvelles garanties pour l'hégémonie dans l'Europe centrale. L'Isola et Strattmann ont voulu montrer de nouvelles voies aux alliances européennes. Certes, par moments, Habsbourg et Brandebourg s'étaient trouvés compagnons de guerre, mais la rivalité ne cessa d'augmenter et de se renforcer, et l'Autriche s'efforça de plus en plus d'accroître et de multiplier son emprise en Italie (2). Du traité de Westphalie à la Guerre de Succession

_____

(1) Phil. Bogisl. v. Chemnitz (1670).

(2) « C'est pour l'Empire un intérêt du genre le plus élevé et le plus

d'Espagne, on constate une oscillation continuelle de la politique des Habsbourgs (« un jeu perpétuel de cache-cache avec le Brandebourg »). A deux reprises, l'Autriche conclut une alliance avec le Brandebourg (1658 et 1672) ; plus tard les troupes des deux pays combattirent sous le même commandement. Mais, avec la paix de Nimègue « subsista dans l'esprit de l'Electeur une aversion inexplicable contre la maison impériale » (1). Des autres Electeurs, seul celui de Bavière dépendait de l'Empereur. Puis vient le danger turc. En 1685 le Brandebourg conclut avec l'Empereur le traité des subsides. Le début du xviiie siècle voit, après la guerre avec la France, l'Autriche s'occuper à nouveau des pays allemands. Au cours de l'hiver de 1700, Léopold Ier et l'Electeur Frédéric III passent un traité qui assure à la maison des Habsbourgs l'aide de l'armée brandebourgeoise pour la Succession d'Espagne. Et cependant les Habsbourgs regardent déjà vers l'Italie, pour terminer avec la France une lutte séculaire. Le prince Eugène gagne une fois de plus le Roi de Prusse à la cause des Habsbourgs. Mais, dès que la première décade est à son déclin, Vienne et Berlin sont à nouveau « désunies » (*uneinig*), comme l'écrit Dolfin, ambassadeur de Venise à Vienne (2). Voici ce que dit à

considérable de maintenir l'Autriche en Italie dans des conditions puissantes », lit-on encore en 1859 dans une brochure viennoise, intitulée *Oesterreichs Politik in Italien und die Garantien seiner Macht und Einheit*, où l'on trouve les motifs suivants : Il est devenu traditionnel, pour tout souverain qui visait la renommée et la grandeur, de chercher à s'étendre en Italie ; d'après le traité de Vienne, l'Autriche devait entrer en Italie, dans la situation qu'y avait autrefois adoptée l'Empire ; entre la France et l'Allemagne, il n'y a pas d'autre thermomètre de la puissance politique que la possession de villes et d'Etats italiens.

(1) Franc. Wagner, *Hist. Leopoldi magni Caesaris Augusti*, p. 488 : « Haesit exinde in Electoris animo inexpiabilis in Augustam domum alienatio ».

(2) *Daniel Dolfins Berichte*, dans le vol. XXII des *Fontes rerum Austriacorum* (Arneth), p. 14 : « Vastissimo é perse stesso il Corpo Ger-

Vienne Bartholdi, ambassadeur du roi Frédéric Ier : son maître n'admettra pas une nouvelle augmentation de la puissance de l'Autriche, et il est tout simplement juste qu'un jour la couronne impériale allemande aille à une maison impériale protestante. Des deux côtés la méfiance s'accroît. La même année meurent Charles VI de Habsbourg et le Roi de Prusse, qui laisse à son génial héritier, âgé de 25 ans, toutes les armes nécessaires à une ascension couronnée de succès. Le premier duel s'ensuit entre la Prusse et l'Autriche : il en résulte la victoire de cette dernière et les trois guerres de Silésie. Certes la guerre de Sept Ans ne donne pas à la Prusse l'hégémonie en Allemagne, mais il en résulte l'union de la majorité des princes allemands en une Confédération (1). A nouveau nous voyons les Habsbourgs, sous l'influence de Kaunitz, marcher vers une entente avec la Prusse, la nouvelle grande puissance européenne ; mais bientôt, « les canons déterminent le droit » : la quatrième guerre éclate entre l'Autriche et la Prusse, la guerre victorieuse de Bavière, à laquelle met fin, au bout de peu de mois, la paix de Teschen. Frédéric II prend place en 1785 à la tête de la Confédération des princes allemands. Son successeur, le Roi Frédéric-Guillaume II, laisse disparaître la politique d'union. En Autriche se produit également ment un changement de souverain : Léopold II remplace Joseph II, cherche à s'entendre avec la Prusse, et se voit choisi sans difficultés comme Empereur d'Allemagne. La Prusse et l'Autriche s'unissent contre la France révolutionnaire, et, comme dernière tâche de son existence, Léopold conclut l'alliance de la maison de Habsbourg avec la Prusse. Sous le règne de son successeur, les deux maisons entreprennent en commun la campagne contre la France,

manico, e se fosse unito darebbe lege al mondo, il destino che non ammette tale predominio v'ha seminata la discordio, e la diffidenza ».

(1) Sybel, *Begründung des deutschen Reiches durch Wilhelm I.*, vol. I, p. 23.

mais le ministre de François II, le baron von Thugut, travaille bientôt à l'isolement de la Prusse. En l'an 1800, l'Autriche signe le traité de Lunéville dont le 6e paragraphe prend le thalweg du Rhin comme frontière entre la France et l'Allemagne. En 1804 l'Autriche devient un Empire. La même année Friedrich von Genz fait de la propagande en faveur de la formation d'une Confédération germanique sous la direction de la Prusse et de l'Autriche. Mais, lorsqu'arrivent les difficultés napoléoniennes, l'Autriche ne se trouve pas dans le camp de la pensée impériale allemande, toujours influencée qu'elle est par la crainte de perdre les provinces italiennes. Après la formation de la Confédération Rhénane, l'empereur François renonce à la dignité impériale romano-allemande ; l'Autriche avait d'ailleurs été expulsée d'Allemagne par la paix de Presbourg. Ce sont ensuite Iéna, Auerstädt, Eylau, Friedland, Tilsitt, feuilles bordées de noir dans l'histoire de l'Allemagne. Les intrigues de Metternich, l'avortement des actes confédéraux, le coup d'Etat de Karbsbad, la stérilité de la Diète Confédérale (*Bundestag*), d'une part, la politique réactionnaire, de l'autre, tels sont les signes distinctifs des premières décades du xixe siècle (1). C'est seulement au cours de la quatrième que se réveille le sentiment national allemand. Les guerres d'indépendance rassemblent la Prusse et l'Autriche dans un seul camp. Vingt-cinq ans auparavant, l'Autriche avait amené à elle la primauté au Congrès de Vienne, et s'était présentée comme présidente de la Confédération germanique. En 1848, l'idée unitaire et nationale allemande ressuscite et s'incorpore dans le Parlement d'Empire de Francfort-sur-le-Mein. On n'arrive pourtant pas encore au « dôme de l'unité allemande ». Coup sur coup, l'on assiste

(1) Renvoyons ici au traité de Münchengrätz (*Erneuerung der konservativen Allianz zwischen Oesterreich-Ungarn und Russland und die Neubesiegelung auf dem Zweikaisertag in Münchengrätz*). Voir Ernst Moldens, *Orientpolitik des Fürsten Metternich* ; le traité lui-même se trouve pp. 119 et suiv.

aux luttes des grands Allemands contre les petits Allemands,
ceux de Gotha, au Parlement croupion d'Erfurth-Gotha, à
l'insuccès de la conférence des princes de Berlin, aux événements sanglants de Vienne, au remplacement de l'Empereur
d'Autriche. De nouvelles négociations ont lieu, pendant lesquelles le Roi de Prusse adresse un mémoire à la Cour
d'Olmütz. Il est intéressant que ce soit juste au cours des
années troublées 1848 et 1849 que paraisse pour la première
fois l'idée d'une « convention internationale » entre la Prusse
et l'État danubien, et cela, aussi bien en Autriche qu'en Hongrie. Comme membre de la Commission de la Constitution,
l'avoué viennois Mühlfeld déposa une motion aux termes
de laquelle la réunion la plus intime de l'Autriche avec le
nouvel empire devait être obtenue au moyen d'une convention internationale. « Certes il est très important, écrit
Heinrich Friedjung (1), que Mühlfeld ait fait exactement la
même proposition qui devait être réalisée vingt et trente
ans plus tard, mais il voulait donner à l'union internationale de l'Allemagne et de l'Autriche un contenu plus riche
que celui qui avait été fourni en 1879. » Dans sa lutte pour
l'indépendance, la Hongrie, elle aussi, a voulu s'allier avec
l'Allemagne. Le 14 mai 1849, le Conseil hongrois des Ministres nomma ses premiers ambassadeurs qui devaient représenter la Hongrie à Francfort. « Un instinct judicieux,
politique, écrit Wilhelm Alter, conduisait les hommes politiques hongrois quand ils s'efforçaient de nouer des relations avec le nouveau pouvoir central de l'Allemagne (2). »
Le texte de l'instruction remise à ces envoyés (Ladislaus
Szalay et Dionys Pázmándy) est reproduit par Szalay dans
ses *Actenstücken zur Geschichte der ungarischen Gesand-
schaft in Deutschland*. En voici le contenu : conclusion
d'une union défensive avec l'Allemagne. Le 11 septembre,
le député de Wurzbourg, Eisenmann, demanda bien la

(1) *Oesterreich von 1848 bis 1860*, p. 124.
(2) *Die auswärtige Politik der ungarischen Revolution.*

conclusion de cette convention avec la Hongrie, mais déjà
la mission de Szalay était terminée ; celui-ci était d'ailleurs
parti seul pour Francfort, car, entre temps, Pázmándy avait
été élu président de la Chambre hongroise des Députés.
Szalay quitte Francfort, après que les négociations menées
parallèlement avec le gouvernement sarde, ainsi que le
traité formel d'alliance conclu en juin entre Venise et la
Hongrie (1), n'eut pas « mûri » de résultats pratiques, et
c'est seulement beaucoup plus tard qu'un Hongrois conçut
à nouveau l'idée d'une alliance avec l'Allemagne. Une voix
se fit encore entendre en Autriche en faveur d'une union de
ce genre. Le Vice-Président de l'Assemblée nationale allemande, le baron Viktor von Andrian-Werburg écrit : « Il
est dans l'intérêt de l'Autriche que l'Allemagne se constitue
d'une manière unitaire et forte, mais aussi qu'elle — l'Autriche — se mette en bons rapports avec cette nouvelle
Allemagne, de manière à éviter tout frottement et toute inimitié (2) ».

Reprenons la description chronologique des événements
qui se sont passés dans l'Empire. A Varsovie, où l'Empereur d'Autriche et le président du ministère prussien, le
comte Brandenburg, rendirent visite au Tzar et où ce dernier joua presque le rôle d'arbitre entre l'Autriche et la
Prusse, succéda Olmütz, la « marche vers Canossa ». Manteuffel était allé encore plus loin que ne le permettaient ses
instructions. D'après Sybel, le traité d'Olmütz est une défaite de la Prusse, — mais ce n'était pas une victoire de
l'Autriche, s'il faut en croire ce qui arriva par la suite.
Olmütz peut d'ailleurs s'expliquer grâce à la vie morale et
politique de Frédéric-Guillaume IV, vie ainsi dépeinte, en
les meilleurs termes, par sir Robert Morier (3) : « Il se

(1) Voir PLANAT DE LA FAYE, *Documents et pièces authentiques,* laissés
par Daniel Manin.

(2) *Centralisation und Decentralisation in Oesterreich.*

(3) Dans ses *Memoirs and Letters.*

laissa effaroucher par l'empereur Nicolas, il vit en lui l'in-
carnation de tout ordre cosmique, le destructeur de toutes
les puissances sombres et anarchiques ; par contre, dans
ses rêves dus à l'opium, l'Empereur d'Autriche lui parut
le souverain possible d'un nouvel Empire Allemand, et,
dans plus d'une occasion, il assura à ses intimes que ce
serait pour lui un grand plaisir de servir comme échanson
au couronnement de l'Empereur ».

L'ancienne Diète confédérale (*Bundestag*) se réunit à
nouveau. Sous sa protection, la réaction fête des triomphes.
La répression de tout courant libéral est accompagnée du
renforcement de la puissance policière. Le dualisme dans
la Confédération ne peut satisfaire l'Autriche. Elle veut
que la Prusse lui soit subordonnée du point de vue économique et demande l'admission de tout son territoire
dans le *Zollverein*. Le 23 novembre 1851, Otto von Manteuffel se plaint, dans une lettre adressée à Bismarck (1)
au sujet de l'impossibilité de compter sur l'Autriche,
d'avoir dû écrire au prince Schwarzenberg : « S'il ne
prononce pas bientôt un *quos ego*, la respiration me manquera pour proférer le mien ; l'on combattra donc des
deux côtés, et, je l'espère, aux dépens de l'Autriche ». Un
an plus tard, Manteuffel insiste, dans un mémoire relatif à
la question douanière, sur le fait que, comme l'Autriche y
voit un moyen d'opprimer la Prusse, une entente n'est
ni possible, ni désirable (2). La Prusse ne céda point et
l'Autriche dut se contenter de conclure une convention de
commerce et de navigation avec le *Zollverein*. Bismarck fit
son apparition. Vienne l'accueillit avec beaucoup de méfiance. Comme il (3) le raconte dans ses *Gedanken und*

(1) BISMARCK, *Gedanken und Erinnerungen*, Annexe, livre II, p. 36.
(2) *Ibid.*, p. 105.
(3) Dans son rapport en date du 23 février 1854, il précise déjà sa
position contre l'Autriche : « Les subterfuges de l'Autriche ne nous
empêcheront pas d'utiliser les occasions que Dieu nous donnera en
vue d'obtenir, pour notre situation future à l'égard de l'Autriche,

Erinnerungen (1) : quand, succédant à l'ambassadeur désigné, le comte von Arnim Heinrichsdorf-Werhelow (1851-1859), qui était très malade, il ressentit cette méfiance malgré sa lettre d'introduction peu communément cordiale, et, quand il put quitter Vienne après la guérison d'Arnim, il le fit volontiers, car il avait la sensation d'être devenu *persona ingrata* à Vienne, à cause de son apparition à Francfort.

La guerre de la Russie contre la Turquie et contre les puissances occidentales voit une fois de plus la Prusse et l'Autriche associées (réunion de Tetschen). L'Empereur François-Joseph adresse au Duc Ernest-Auguste de Saxe-Cobourg-Gotha une lettre (2) où il écrit : « Agir le plus étroitement unis avec la Prusse, tel est le but vers lequel je m'efforce avec le plus d'ardeur et pour l'atteinte duquel je crois et j'espère gagner une base sûre et solide, en vue du salut de toute l'Allemagne, grâce aux dernières négociations avec le Roi de Prusse ». L'alliance de protection et de sauvegarde obligeait la Prusse, « le cas échéant », à concentrer 100.000 hommes en 36 jours, à porter son armée, si cette mesure était nécessaire, à 200.000 hommes et à s'entendre avec l'Autriche pour tout ceci. Dans ses *Gedanken und Erinnerungen*, Bismarck apprécie en termes sévères la politique alors pratiquée par la Prusse, politique « qui cherchait sa couverture à la remorque de l'Autriche ». Mais l'Autriche se dégage bientôt de son alliance avec la Prusse pour continuer son jeu équivoque dans la triple alliance des puissances occidentales, à laquelle la Sardaigne adhéra également plus tard, et cette alliance se termina

des unions non équivoques sur la base desquelles nous pourrons être d'honnêtes confédérés sans arrière-pensée égoïste. » (POSCHINGER, *Preussen in Bundestag*, 4ᵉ partie, p. 179 ; cpr. aussi G. RATHLEF, *Bismarck und Oesterreich bis 1866 mit besonderer Berücksichtigung der Sybelschen Bücher*).

(1) Livre I, p. 87.

(2) ERNEST II, *Aus meinem Leben und aus meiner Zeit*, p. 273.

au Congrès de Paris d'une manière qui n'avait rien de glorieux. Dans un écrit adressé à Gerlach (1), Bismarck s'exprime avec beaucoup d'amertume sur les négociations de paix de Paris : « Nous ne serons même pas les premiers à la queue de l'Autriche », et, pour conclure, il proteste contre le fait d'avoir été pris en considération à la conférence comme « flèche dans le carquois de Buol ». Le désaccord entre l'Autriche et la Prusse ne cesse de croître. Neuenburg et Rastadt sont des étapes sur la voie escarpée. Vient alors l'affaire italienne qui amène l'Autriche à appeler la Prusse au Mincio. Le Prince Régent se refuse à partir en guerre en qualité de général en chef de la Confédération et l'Autriche fait à sa situation prépondérante en Allemagne le sacrifice de la paix de Villafranca. La paix à laquelle, prétend-on, participa la comtesse Castiglione (2), agent et nièce de Cavour, auprès de l'empereur Napoléon, fut pour l'Autriche une occasion de rendre la Prusse responsable de la perte de la Lombardie et d'exciter Paris contre Berlin. Les mois suivants sont caractérisés par l'insécurité générale et l'effervescence sur toute la ligne. Un projet chasse l'autre, rien ne fait disparaître la rivalité des deux puissances. L'Autriche dirige une vive campagne de presse contre la Prusse et contre le mouvement, qui naît en Allemagne, en faveur de l'unité. Bismarck s'en plaint au sous-secrétaire d'Etat Grunes (3) : « La *Postzeitung* et le *Journal de Francfort* appartiennent au gouvernement autrichien et sont rédigés à la *Präsidialgesandschaft*. La première n'a guère d'autre but que de ronger la considération de la Prusse... il n'existe guère une feuille prussienne importante, sur le Rhin et à Berlin, à laquelle

(1) BISMARCK, *Gedanken und Erinnerungen*, livre I, p. 117.

(2) Cpr. ARTHUR SINGER, *Eine diplomatische Agentin*, et Comte DE REISET, *Mes Souvenirs*, livre III, pp. 3 et suiv.

(3) *Deutsche Revue*, décembre 1898 ; sur cette campagne de presse, voir également Dr. ANNIE MITTELSTÄDT, *Der Krieg von 1859, Bismarck und die öffentliche Meinung in Deutschland*.

n'ait accès au moins un correspondant à la solde de l'Autriche, inspiré par ce pays ». Et, dès le début des années 60, Bismarck s'exprime ainsi : « L'Autriche nous obligera à lui faire la guerre, et nous n'avons pas l'habitude de la craindre ! »

Le 2 janvier 1861, commence le règne de Guillaume Iᵉʳ, et, un an après, Bismarck est nommé président provisoire du ministère d'Etat.

Les événements se pressent alors pour éclaircir les circonstances, Bismarck avait eu une entrevue, au début de décembre, avec l'ambassadeur d'Autriche à Berlin, le comte Alois Károlyi, avec lequel, il l'établit lui-même dans ses *Gedanken und Erinnerungen* (1), il se tenait « sur le pied de l'intimité », et il lui dit en cette circonstance : « Nos rapports actuels doivent ou s'améliorer ou empirer ; je suis prêt à une tentative commune en vue de les améliorer ». Bismarck montre aussi la voie que l'on pourrait suivre : « Ou bien l'Autriche se retirera de l'Allemagne et déplacera vers l'Est le centre de gravité de la monarchie, ou bien elle trouvera la Prusse parmi ses adversaires à l'occasion du premier conflit européen ». Bismarck attribue une grande importance à cette entrevue ; ceci ressort de ce qu'il en communique le contenu le 24 janvier de l'année suivante dans une dépêche adressée aux représentants prussiens près des cours étrangères (2) : « Nos relations avec l'Autriche doivent inévitablement s'améliorer ou empirer, j'en suis convaincu. Le gouvernement royal est sans nul détour favorable à la première alternative, mais, si nous ne trouvons pas d'une manière durable l'esprit de conciliation que doit montrer le cabinet impérial, nous devrons prendre la seconde en considération et nous y préparer. Si les anciens rapports d'intimité ne se rétablissaient et ne se maintenaient pas, l'alliance de la Prusse avec un adversaire de l'Autriche dans

____

(1) V. livre I, p. 335.
(2) Ludwig Hahn, *Fürst Bismarck*, p. 80.

des circonstances analogues (à celles de l'année 1859) serait
aussi peu à rejeter que, dans le cas contraire, une union
ferme et fidèle des deux grandes puissances allemandes
contre des ennemis communs ». Károlyi fit au comte
Rechberg un rapport approfondi sur cette entrevue, qui
avait eu une certaine importance, car les deux rencontres
suivantes de Bismarck et de Károlyi (avril 1863 et décembre 1864) eurent un cachet amical, si du moins l'on s'en
tient aux apparences. La première se référait à des circonstances de politique commerciale et la seconde était consacrée à la question du Schleswig-Holstein. Bismarck s'en tint
à la ligne de conduite déterminée au cours de son entrevue
avec le comte Károlyi. C'est encore de cette manière qu'il
agit huit mois plus tard, quand il dépensa toutes ses forces
pour amener son roi à répondre par un refus à l'invitation
d'aller à Francfort.

En même temps, Bismarck négociait avec les émigrants
hongrois et se préoccupait d'une entente avec l'Italie. A la
fin d'automne 1862, il eut une conférence avec le comte
Scherr-Thosz (1) à qui il ne cacha pas ses sentiments : « Je
me suis imposé comme but de venger la honte d'Olmütz,
de jeter à bas cette Autriche ».

Puis on revient aux anciens errements. Par une réforme
confédérale de la Grande Allemagne, l'Autriche croit une
fois de plus pouvoir se mettre à la tête de l'Allemagne ; le
2 août 1863, l'Empereur François-Joseph apparaît à Gastein, pour proposer au Roi Guillaume le projet de réforme
composé par Schmerling et pour l'inviter à un Congrès de
tous les princes allemands, à Francfort (2). La Diète des

(1) Voir aussi les Souvenirs du Comte, publiés par la *Deutsche
Rundschau*, et Arthur Singer, article du *Pester Lloyd*, intitulé : *Bismarck und Ungarn* (7 août 1910), et enfin l'article de la Revue *Jung-
ungarn*, intitulé : *Bismarck und die ungarischen Emigranten*, pp. 542
et suiv.

(2) Cpr. les deux articles *König Wilhelm und Bismarck in Gastein
1863*, de MAX LENZ, dans la *Deutsche Rundschau*, novembre et décembre 1906.

Princes n'amène aucune entente entre l'Autriche et la Prusse ; en outre, la question polonaise engendre de nouveaux conflits ; des notes stériles sont échangées, et l'Autriche se joint aux puissances occidentales. En 1864, les troupes autrichiennes et prussiennes passent l'Eider, les deux États se trouvent du premier au dernier jour de la guerre du Danemark dans une seule et même situation, et pourtant « l'opposition s'accroît d'heure en heure » (1). Le comte Rechberg qui, au surplus, avait beaucoup d'amitié personnelle pour Bismarck, dut céder au comte Mensdorff, bientôt après le traité de septembre entre la France et l'Italie. La crainte éternelle de perdre ses provinces italiennes amène l'Autriche à rechercher de nouveau l'amitié de la Prusse. Twesten met en garde contre une alliance de la Prusse avec l'Autriche et, presque à l'unanimité, la presse rejette cette idée (2). Entre les deux cabinets l' « entente » paraît « parfaite » ; une note du duc de Gramont à Drouyn de Lhuys en parle en ces termes (3) : « et tout me laisse croire qu'elle durera ». Bismarck, lui aussi, — il le dit au milieu de décembre 1864 à Jules Hansen (4), — tient pour nécessaire de chercher la voie vers une alliance avec l'Autriche, ou bien alors de tirer avantage des sentiments de sympathie que la Prusse a éveillés chez les autres grandes puissances. L'exposé de Biegeleben concernant la question du Holstein parle bien avec le maximum d'énergie du « maintien et de la consolidation de l'union austro-prussienne », mais la Maison de Habsbourg ne voulait accorder à la Prusse aucun bénéfice de la guerre avec le Danemark. Il arriva ce qui devait arriver. Après maints échanges de

---

(1) C'est en ces termes que Sybel termine le livre III de sa *Begründung des deutschen Reiches durch Kaiser Wilhelm I.*

(2) Voir *Die deutsche Presse und die Entwickelung der deutschen Frage,* par Otto Bandmann, p. 49.

(3) Voir *Der diplomatische Ursprung des Krieges von 1870-71,* 1er livre, p. 67.

(4) *Les Coulisses de la Diplomatie,* p. 109.

notes, interrompus par l'intermède de Gastein, on voit une fois de plus l'Autriche et la Prusse au Bundestag en alliées, mais ne tardent pas à se produire les événements qui conduisirent au sanglant règlement de comptes. Ce sont les heures accélérées d'une grande époque. Le traité de Gastein n'était qu'une remise des hostilités et, pour les deux parties, un recul (1), que Bismarck caractérisait ainsi : « Recollement des morsures en train de se faire ». Il y a encore des négociations (2), le roi va à Vienne avec Bismarck, mais déjà les journaux allemands mènent contre l'Autriche une violente campagne, qui a son écho à Vienne : la presse officieuse y propage une alliance avec la France. L'Autriche demande à la Confédération la solution de la question du Schleswig-Holstein, la Prusse y voit une rupture du traité de Gastein (3). Bismarck accélère énergiquement l'entente avec l'Italie, entente que le comte Usedom préparait à Turin, mais qui avait subi une rupture par suite de la mauvaise humeur soulevée en Italie par le traité de Gastein. Après ce traité, l'Italie avait agi de façon non officielle à Vienne en vue de l'abandon de la Vénétie (4) et offert en contre-partie le paiement comptant d'une indemnité, la prise à son compte d'une partie correspondante de la dette d'Etat autrichienne et des avantages dans un nouveau traité de commerce ; puis, après la révolution roumaine (expulsion du Prince Couza), elle fit à la Cour autrichienne la proposition de lui laisser la Vénétie et d'occuper les principautés danubiennes, à titre de compensation (5). Bismarck, qui avait

(1) Friedjung, *Kampf um die Vorherrschaft in Deutschland*, p. 117.

(2) Friedjung s'en occupe particulièrement dans l'ouvrage précité, p. 93.

(3) Voir Otto Bandmann, *Die deutsche Presse und die Entwicklung der deutschen Frage 1864-66*, pp. 46 et suiv.

(4) Cpr. Vitzthum von Eckstädt, *London, Gastein und Sadowa*, I, 110, et La Marmora, *Un poco più di Luce*.

(5) Voir Demeter Stourdza, *Charles Ier de Roumanie*, et Zorge, *Geschichte des rumänischen Volkes*.

déjà conféré avec Nigra à Paris en 1865 (voir la lettre de
Nigra à La Marmora du 3 novembre 1865) sut pourtant
mettre l'Italie de son côté (1). Le traité fut conclu à Berlin
(un voyage de Moltke à Nice avait été projeté auparavant)
par l'ambassadeur italien, le comte Barral, et le général
Govone (les derniers détails du traité d'alliance furent fixés
le 17 mars au cours d'un dîner que donna le comte Barral)
et peu de jours après, le 8 avril, à 8 h. 1/2 du soir, il fut
ratifié à Florence et à Berlin. Sur ces négociations, le prince
Chlodwig raconte à Hohenlohe-Schillingfürst, dans ses Mémoires (pp. 240 et suiv.), que le comte Usedom lui avait
rendu visite à Munich et lui avait fait connaître que, l'année
précédente, on avait essayé d'amener l'Autriche à vendre
Venise à l'Italie, mais que cette combinaison avait échoué
grâce à l'opposition du jeune empereur et du parti militaire. Usedom en avait profité pour faire de la propagande
en faveur d'une alliance avec la Prusse. Govone fut envoyé
à Berlin (2) ; La Marmora s'y opposa (la publication de la
note fut un coup monté de la France pour détacher la
Prusse de l'Italie), mais Usedom fit valoir que, si la Prusse
faisait la guerre sans l'Italie, le résultat serait douteux et
que, si l'Autriche était victorieuse, l'Italie ne pourrait compter sur l'abandon de Venise. Aux négociations de Govone
avec Bismarck, le comte Benedetti consacre une étude
approfondie dans son ouvrage *Ma mission en Prusse* et se
défend, en publiant ses notes confidentielles envoyées à

(1) Sur les négociations, voir Dr. HERMANN REUCHLIN, dans la
48e section : *Die Genesis der italienisch-preussischen Bündnisses*,
pp. 411 et suiv., dans la *Geschichte Italiens von der Gründung der re-
gierenden Dynastie bis zur Gegenwart*, 10e partie, et aussi les rapports
de Benedetti à Drouyn de Lhuys, publiés dans BENEDETTI, *Ma Mission en Prusse*, pp. 67 et suiv., et enfin PAUL MATTER, *Bismarck et
son temps*, livre II, pp. 377 et suiv.

(2) Vitzthum v. Eckstädt constate que ceci est arrivé sur la demande de Bismarck, mais qu'auparavant Victor-Emmanuel a fait
demander à Paris par Arese si l'on devait déférer à l'invitation
prussienne. *London, Gastein und Sadowa*, Livre I, p. 161.

Paris, contre l'accusation d'avoir participé aux négociations entre l'Italie et la Prusse et secondé cette dernière. Du côté italien, l'on affirme que la Prusse s'est conservé les mains libres jusqu'à la déclaration de la guerre alors que l'Italie s'était liée pour tous les cas ; la guerre déclarée, ni l'une ni l'autre des deux puissances ne pouvait conclure séparément la paix : les hostilités devaient être poursuivies jusqu'à la libération de Venise et à l'accroissement territorial de la Prusse en Allemagne (1). Après la signature du traité, l'on établit les conditions de la coopération militaire. A ce sujet, il existe une lettre intéressante d'Usedom au chef de l'Etat-Major italien, La Marmora (2), qui est datée du 17 juin 1866, et où on lit : « Dans quelques jours l'Italie et la Prusse prendront les armes pour réaliser leur but commun... Des deux côtés doit réussir le coup porté au cœur de l'Autriche ». Usedom préconise une union avec la Hongrie, et veut faire atterrir sur la côte autrichienne de l'Adriatique une armée italienne qui, de là, entreprendrait la marche sur Vienne. « Le gouvernement prussien attend une acceptation loyale du gouvernement italien au sujet du plan élaboré dans l'intérèt commun, et il espère également que le gouvernement italien fera tout en vue d'atteindre le but commun. »

Tout en traitant avec l'Autriche, Bismarck voulait aussi s'assurer la neutralité de la France. Il s'y efforça personnellement à Biarritz, mais sans succès positif, après quoi le roi exprima le même désir à Napoléon III, par lettre olographe transmise par les soins de Goltz.

C'est le 11 juin 1866 qu'est donné l'ordre de mobilisation de toute l'armée fédérale, et le lendemain a lieu la rupture des rapports diplomatiques (3). L'Aigle Double d'Autriche

(1) Cpr. *Bismarck*, de JUNIUS REDIVIVUS, Turin, 1870.

(2) Cpr. la brochure *La nota Usedom*, par l'avocat FRANCESCO DI VINCENTI, Milan, 1868.

(3) Auparavant, dès les mois de mars et d'avril, le duc Ernest II, cousin du Ministre autrichien des affaires étrangères, le comte

combat la Prusse et l'Italie ; il vainc à Custozza et à Lissa l'armée et la flotte italiennes et il se fait battre par les armes prussiennes, au bout d'une campagne de sept jours, près de Königgrätz [Sadowa], la « plus grande bataille du siècle ». La nouvelle Confédération naquit sur ce champ de bataille bohémien. Bismarck disait, regardant au loin : « La question en litige est ainsi tranchée ; il s'agit maintenant de rétablir notre vieille amitié avec l'Autriche » ; et le souvenir de Bismarck sur les conditions de la paix s'exprimera dans cette phrase : « Toute aggravation du traité rapidement conclu avec l'Autriche en vue d'obtenir des avantages subsidiaires (par exemple quelques milles carrés de territoire en plus ou un petit nombre de millions de plus pour les frais de guerre) sera adoptée malgré ma proposition et mon conseil respectueux ».

C'est également ainsi que s'exprima Bismarck à Brünn, à l'égard de Stosch (1) : « Il ne peut être question d'endommager l'Autriche en lui prenant un territoire, etc., car nous utiliserons plus tard, pour nous-mêmes, la force de l'Autriche ». Bismarck disait à l'émigrant hongrois, le comte Nikolaus Bethlen : « Plus l'Autriche est forte, plus grande est sa valeur pour nous, car, tôt ou tard, on en arrivera à une alliance entre l'Allemagne et l'Autriche, ceci étant dans l'intérêt des deux puissances » (2). Bien qu'il eût été difficile de l'amener à la guerre — quoi que dise Stosch dans ses Souvenirs — le Roi, après Königgrätz était tout à fait sous l'influence du parti militaire, qui voulait aller à Vienne. Bismarck eut beaucoup de peine à l'en empêcher. Il raconta en juin 1888 au Président du Conseil Ecclésiastique Evangélique autrichien, le Dr. Franz, comment il s'était employé à ce que la paix de Nikolsburg fût la plus douce pos-

Mensdorff, avait tenté de conclure un arrangement entre l'Autriche et la Prusse. Voir sur ceci une communication récente du Dr. HEINRICH GLASER (Weimar) dans les *Grenzboten* (1913).

(1) *Denkwürdigkeiten*, p. 103.
(2) *Pesti Napló*, 2 septembre 1893.

·sible pour l'Autriche. « Je ne voulais pas décourager l'Autriche, pour pouvoir regagner très tôt son amitié (1) ; mon
souverain ne partageait pas tout à fait cette opinion ; il se
produisit entre nous une divergence qui dura toute une
journée et qui fut seulement aplanie par l'intervention du
prince héritier, qui se mit de mon côté. » Les propositions
de paix de Bismarck furent d'abord rejetées par le roi.
Après le rapport de Bismarck au roi, le 24 juillet, le prince
héritier vint à lui et lui dit : « Comme vous le savez, je
suis contre la guerre si vous êtes convaincu que le but est
atteint et que maintenant l'on peut conclure la paix ; je suis
donc prêt à vous appuyer et à représenter votre opinion
auprès de mon père » (2). C'est ce qui se produisit, et,
comme Delbrück le constate dans ses souvenirs personnels
à l'Empereur Frédéric, le Roi Guillaume, dans une annota-
tion marginale au mémoire de Bismarck qui se référait à
ceci, remarque qu'il accepte la paix « honteuse » seulement
parce que son fils s'est rallié à l'avis du Président du Conseil.

Après la bataille de Sadowa, l'Autriche avait fait appel
à la médiation de Napoléon. Le 4 juillet, le Conseil des Ministres autrichien résolut de céder à Napoléon la Vénétie,
tout de suite et sans réserve. L'idée de l'abandon de la Vénétie à Napoléon avait déjà surgi trois mois plus tôt, et
Napoléon l'encouragea, car dès 1859 il désirait que l'Italie
récupérât cette province grâce à lui et à la France. Déjà au
Congrès de Paris, Napoléon avait fait déployer par Cavour
la question italienne (3). Et, à l'occasion de l'entrevue de

____

(1) Bismarck a employé à peu près les mêmes paroles à l'égard de
Crispi quand ce dernier lui disait qu'il aimait trop ce pays pour ne
pas l'incorporer à l'Empire allemand à la prochaine occasion :
« Non ! Vous vous illusionnez, nous avons déjà assez de catholiques
et nous n'en voulons pas plus ». (*Rundfrage der « Gegenwart » nach
dem Ableben des Altreichskanzlers.*)

(2) MARGARETE VON POSCHINGER, *Kaiser Friedrich*, livre II, p. 245.

(3) *Napoleon III, Kleine historische Schriften*, de SYBEL.

Singer   2

François-Joseph et du Prince Régent d'Angleterre avec le Tzar, à Varsovie, Napoléon III avait exprimé le désir qu'un Congrès européen fût convoqué pour résoudre la question italienne. Rien ne convint donc mieux à Napoléon III que la motion de l'Autriche. Sa vanité était flattée qu'il se présentât comme « arbitre de l'Europe » (1). Mais l'Italie ne voulait pas trahir l'alliance prussienne et accepter la Vénétie de la main de Napoléon. Le Président du Ministère, Ricasoli, « le fier baron », répondit par la négative, en disant que l'Italie était liée, et le Ministre des affaires étrangères, Visconti Venosta, déclara qu'il ne s'embarquerait jamais dans une telle « cochonnerie ». Le général Cialdini reçut l'ordre d'aller en avant, et les Italiens ne tardèrent pas à occuper la Vénétie.

Après les préliminaires de paix de Nikolsburg, la paix de Prague fut signée. « L'heure allemande est fixée avec précision pour un siècle. » L'Autriche se sépare enfin de l'Allemagne. Sous la direction de la Prusse, la Confédération de l'Allemagne du Nord prend naissance, et les Etats du Sud de l'Allemagne concluent avec la Prusse des traités de protection et de sauvegarde. Le 3 octobre, est également signée la paix entre l'Autriche et l'Italie.

L'opinion, après la guerre, est caractérisée par un propos de Bismarck à Wagener (2) : « Je ne puis tout à fait comprendre comment on peut, aujourd'hui encore, s'enthousiasmer pour la Sainte Alliance, après qu'il est devenu évident, au cours de ces derniers temps, qu'elle était tout au plus un piège à souris russe et que l'adjectif « saint » n'apparaissait encore que comme une plaisanterie déplacée. Ils auront la preuve, si je vis assez longtemps, que la guerre avec l'Autriche ne faisait partie de ma politique qu'à

---

(1) Le 22 avril 1903, le comte Nigra dit à Ernst Frh. v. Plener, (*Erinnerungen*, p. 75, note) que Napoléon avait désiré la guerre entre la Prusse et l'Autriche, pour jouer ensuite le rôle d'arbitre.

(2) POSCHINGER, *Bismarck und die Parlamentarier*, livre II, p. 36.

titre de paratonnerre, qui a nettoyé l'atmosphère entre
nous, et qu'il sera possible, maintenant seulement, de
mettre sur pied de réciprocité une alliance sincère et durable avec l'Autriche. Ils me feront encore toutes les excuses
et me loueront comme le véritable exécuteur testamentaire
de Frédéric-Guillaume III ». Dans ses annotations (1), Beust
parle de la nécessité d'ouvrir une porte permettant à l'Autriche, après la paix de Prague, de rentrer en Allemagne.
Les cercles libéraux autrichiens se sont vite accommodés
de la situation. Le Dr. Adolph Fischhof plaide, dans une
brochure (2), en faveur d'une « fédération de l'Europe centrale » (une union de droit public fondée sur des bases
constitutionnelles et parlementaires), et il exprime, dans
une seconde brochure, l'espoir de la jeune Autriche :
« Autant l'Autriche a souffert autrefois de ses victoires,
autant elle est maintenant bien portante grâce à ses dé-
faites ». Comme Constantin Frantz le dit dans ses lettres (3),
l'Allemagne a besoin de l'Autriche, et pour se protéger au
sud-est, et à cause des relations commerciales le long du
Danube et du côté de l'Adriatique.

C'est ainsi que mûrit par-dessus tout l'idée que les deux
puissances ne peuvent se passer l'une de l'autre au double
point de vue politique et économique.

La politique de rapprochement avec l'Autriche prit des
formes concrètes grâce à la mission du comte Tauffkirchen,
Ministerialrat de Bavière. Le Comte s'était rendu à Berlin
sur l'ordre du Président du Conseil Bavarois, le prince
Hohenlohe, avec l'autorisation du Roi de Bavière, pour
gagner Bismarck au vœu que manifestait le gouvernement
bavarois, de voir rétablir l'appui réciproque de l'Allemagne
et de l'Autriche dans le but de servir de « parados » contre
la France. Dans son entrevue avec Tauffkirchen, Bis-

____

(1) *Ein Blick auf Oesterreichs Lage*, p. 36.
(2) *Oesterreich und die Bürgschaften seines Bestandes*, p. 9.
(3) *Das neue Deutschland*, p. 123.

marck (1) observe que, depuis le rétablissement de la paix, son désir constant avait été d'obtenir, avec l'Autriche, des relations amicales, correspondant aux intérêts des deux pays et à leur passé (2). Certes Beust avait affirmé, dans une dépêche à l'Ambassadeur d'Autriche à Berlin, que l'Autriche serait toujours favorable à un nouveau rapprochement avec la Prusse et l'Allemagne (3), mais, en réalité, ses yeux se dirigèrent vers Paris. Le but de sa politique était, sinon une alliance formelle, du moins une entente cordiale avec la France. C'est ce qui ressortait déjà, en août 1867, de la visite de condoléances faite à Salzbourg par Napoléon, à l'occasion de la mort tragique de l'Empereur Maximilien du Mexique, et de la visite de remerciements effectuée en octobre à Paris par François-Joseph. Sur la route de Paris eut lieu la première rencontre des deux monarques après Sadowa (Oos, 21 octobre, elle dura dix minutes). Dès ce moment le comte Julien An-

---

(1) Dépêche de Bismarck au baron von Werther, du 14 avril 1867, *Staatsarchiv*, vol. XXX, n° 5593, p. 55.

(2) Renvoyons ici également à un propos ultérieur de Bismarck. Le 14 décembre 1868, Bismarck dit au rédacteur de la *Süddeutsche Presse*, journal munichois : « Autant que possible, je me comporterai à l'égard de l'Autriche, comme je me comporterais à l'égard de ma femme si j'étais en lutte avec elle, c'est-à-dire comme le prescrit la tolérance chrétienne — mais, entre une main de velours et l'épée dégaînée, il n'y a, pour moi, rien dans l'intervalle » (*Neue Tischgespräche und Interviews*, de POSCHINGER, vol. I, p. 251). Et, en 1878, Bismarck dit à Bluntschli, (voir *Dankwürdigkeiten aus meinem Leben*, de BLUNTSCHLI) : « Après la bataille de Königgrätz j'étais tout seul en faveur de la paix. Tout le monde était contre moi, il n'y a pas à dire. Le roi était indigné, les généraux pestaient contre les civilistes. Je déclarai au roi : Je ne prendrai pas sur moi la responsabilité de la continuation de la guerre et je me retirerai. Mais, si le roi veut néanmoins faire la guerre, fonder quand même un Empire Romain d'Orient, et aller jusqu'à Constantinople, je solliciterai pour moi une place dans l'armée active afin de montrer que le courage ne me fait pas défaut ».

(3) BEUST, vol. II, p. 119.

drássy (président du conseil hongrois) usa de toute son influence pour qu'un arrangement définitif ne fût pas conclu avec la France. Beust lui-même raconte dans ses Mémoires qu'Andrássy, lors de l'entrevue de Salzbourg, le saisit par les pans de son habit pour le mettre en garde contre un rapprochement avec la France. Andrássy prit également position contre tous les efforts des cléricaux autrichiens qui voulaient assurer la souveraineté papale à Rome, et qui auraient poussé la monarchie à un conflit avec l'Italie. A la vérité, il ne fut pas rédigé à Salzbourg d'instrument d'accord, mais on y décida une union contre les attaques des tiers. Et, après la grande revue de Paris, François-Joseph dit à un général français ces mots : « Comme vous j'espère aussi qu'un jour nous marcherons ensemble ! » (1). Ces efforts en vue de fonder la triple alliance de la France, de l'Autriche et de l'Italie, qui se produisirent encore pendant quelques années et que le comte Andrássy combattit de la façon la plus violente, le Dr. Lorentz (2) les nomme avec raison le projet le plus aventureux de la France napoléonienne. Dans ses *Etudes sur l'Empire d'Allemagne*, J. Cohen traite aussi de ces tentatives et il aperçoit la plus grande faute de la diplomatie française dans ce fait que ces négociations n'aboutirent à aucun résultat ; d'ailleurs dans un article de la *Revue des Deux-Mondes* (1er avril 1878), le prince Jérôme Napoléon considérait comme une faute fondamentale de la part du gouvernement français son refus, dû aux cléricaux, de laisser livrer Rome à l'Italie. Interpellé en 1869 aux Délégations sur sa politique extérieure, Beust déclarait : « Nous avons avec le gouvernement français de très bons rapports amicaux, » mais il cachait qu'en réalité des négociations

---

(1) Busch, *Die Beziehungen Frankreichs zu Oesterreich und Italien zwischen den Kriegen 1866 und 1870-71*, p. 11. Cpr. aussi Prof. Dr. Ottokar Weber, *Oesterreich, Preussen und die Deutschen in Oesterreich.*

(2) *Kaiser Wilhelm und die Begründung des Reichs*, p. 209.

étaient conduites en vue d'une alliance. Le 1ᵉʳ janvier 1869, Napoléon dit à Türr qu'il serait désirable qu'une triple alliance fût conclue entre l'Autriche, l'Italie et la France (1). Ollivier raconte, dans *l'Eglise et l'Etat au Concile du Vatican*, qu'en fait, au cours de cette année, l'Empereur d'Autriche et le Roi d'Italie s'étaient obligés à venir en aide à l'Empereur en cas d'une guerre contre la Prusse (2). Avant, mais aussi après la déclaration de neutralité de la monarchie austro-hongroise, emportée de haute lutte par Andrássy après de violents combats (3), Beust et le parti militaire autrichien poursuivirent leurs intrigues au profit d'une alliance avec la France. L'archiduc Albert va à Paris et, le 18 mai, une conférence se tient aux Tuileries où l'on parla, en se basant sur ses propositions, d'une action commune de la France et de l'Autriche en vue « de contenir les efforts ambitieux de la Prusse ». Cette conférence eut pour résultat l'envoi du général Lebrun à Vienne, avec mission de parler de façon plus approfondie du « plan de guerre » (4). Le 14 juin l'Empereur François-Joseph lui donne audience, mais il ne s'enthousiasme pas de l'idée de l'archiduc Albert ; certes, il ne le désavoue pas, mais il conditionne sévèrement ses devoirs d'alliance et il affirme en particulier qu'il veut la paix, et qu'il ne se résoudra à la guerre que s'il y est forcé. Le 20 juillet une dépêche confidentielle de Beust fut envoyée au prince Metternich, à Paris (le *Temps* la publia le 9 avril 1874), où il était dit que l'Autriche-Hongrie s'acquitterait avec fidélité des devoirs dé-

(1) Cpr. WERTHEIMER, *Graf Julius Andrássy*, vol. I, p. 485 ; Türr an Andrássy (*Grfl. Andrássysches Archiv.*).

(2) C'est à cela que se réfèrent les prétendues paroles du Roi Victor-Emmanuel à l'Empereur Guillaume, lors de l'entrevue de Berlin, du 23 septembre 1873 : « Je dois avouer à Votre Majesté qu'en 1870 j'ai été sur le point de prendre les armes contre Elle ! »

(3) Voir des détails à ce sujet dans WERTHEIMER, *Graf Julius Andrássy*, vol. I, p. 443 et suiv.

(4) LEBRUN, *Souvenirs* (trad. allemande de O. von Brusse, pp. 60 et suiv.).

terminés dans la lettre échangée à la fin de l'année précédente entre les deux souverains : « Nous considérerons les intérêts de la France comme les nôtres et nous coopérerons au succès de ses armes dans la mesure du possible ». Beust fit également donner en faveur de l'alliance avec la France l'officieuse *Reform* de Pesth et le *Wehrzeitung* de Vienne. En Hongrie la politique de Beust n'avait pas de partisans. Le chef des Saxons, Guido von Bausznern, fit paraître le 26 juillet une brochure intitulé *Mahnruf an Ungarn*, où il s'exprime ainsi : « Au cas où les armées allemandes seraient vaincues par les prétoriens de Napoléon, nous devons abandonner notre neutralité provisoire et faire obstacle à l'Empereur victorieux des Français en faveur de l'Allemagne mortellement menacée » (1). Ces intrigues de M. von Beust furent d'ailleurs discutées à nouveau durant la guerre (Beust s'était déjà éloigné et remplissait les fonctions d'ambassadeur à Londres) devant la Commission d'Enquête Parlementaire de Versailles, le 14 décembre 1871, quand le Président demanda au maréchal Lebœuf des détails sur le voyage de l'archiduc Albert. Le Maréchal déclara qu'il ne croyait pas que, pendant son séjour à Paris, des négociations eussent été menées, et le comte Daru lui répondit : « J'étais alors au gouvernement ; il n'est pas vrai qu'à cette époque des négociations n'aient pas été entamées » (2). C'est alors que parut la lettre de révélations du dernier ministre français des affaires étrangères du second Empire, le comte de Gramont, et le comte Julius Andrássy dut se convaincre au moyen du dossier secret laissé par Beust et de la correspondance de ce dernier avec Gramont, Metter-

----

(1) A cause de cette brochure, Bausznern abandonna sa charge d'officier de la Landwehr, après un avertissement administratif en date du 8 août.

(2) Voir ONCKEN, *Das deutsche Reich im Jahre 1872*, 2ᵉ cahier, p. 44, et *Enquête parlementaire sur les actes du gouvernement de la défense nationale*, vol. I, p. 112.

nich et Vitztum, que les accusations portées contre son pré-décesseur étaient conformes à la réalité (1). Il est intéressant que, tandis que Beust, même après la déclaration de neutralité, se cramponnait encore à l'idée d'une alliance avec la France, l'ambassadeur d'Autriche à Munich, le baron Bruck, assurait au prince Hohenlohe que l'on attribuait à Vienne le maximum de valeur aux bonnes relations avec l'Allemagne, et il lui offrait d'exploiter sa situation à Berlin pour permettre à cette conviction de faire son entrée à Berlin.

La question de la neutralité n'aboutit pas non plus à Rome sans obstacles à une solution. Déjà en 1867 Bismarck s'était exprimé avec beaucoup de mécontentement à l'égard du Conseiller de Légation von Bernhardi (2) au sujet de la position prise par l'Italie (depuis la chute de Ricasoli), et Bernhardi observa qu'il ne fallait pas se fier au Ministère Rattazzi, et surtout à la coterie piémontaise. Bismarck ajouta : « L'Italie serait notre alliée naturelle, mais, plus l'Italie incline vers la France, plus la force des circonstances provoque avec détermination l'union des trois puissances de l'Est ». En 1870, le rapprochement italo-français avait encore fait de nouveaux progrès. Victor-Emmanuel croyait à la victoire de la France et voulait assister Napoléon (3). Visconti Venosta, ministre des affaires étrangères, prit lui aussi position pour la France, mais Quintino Sella exprima énergiquement l'idée de neutralité. Dans sa biographie de

______

(1) EDUARD V. WERTHEIMER, *Gf. Andrássy und Gf. Beust,* dans la *Wiener Neue Freie Presse*, 23, XII, 1910.

(2) Voir BERNHARDI, vol. VII, p. 375 et suiv.

(3) Des relations intimes existaient entre Victor-Emmanuel et Napoléon. Plus tard des rapports cordiaux enchaînèrent également le Roi et Mac-Mahon, de sorte que le Maréchal put dire au duc de Broglie, après la notification du cabinet du 24 mai 1873 : « J'écrirai à Victor-Emmanuel, il me connaît, nous avons combattu ensemble ; il croira ce que je lui dirai ». (*La Mission de M. de Gontaut-Biron à Berlin*, par le duc DE BROGLIE, p. 147.)

cet homme d'Etat (1), Joseph Schumann rapporte une conversation intéressante entre le Roi et son ministre, alors que ce dernier prenait la parole pour une intervention armée en faveur de la France.

Le Roi : « Je comprends que l'on ait besoin de courage pour faire la guerre ! »

Sella : « Oui, mais pour résister à Votre Majesté, il faut plus de courage que pour faire la guerre ».

Le Roi : « On voit que vous descendez de drapiers ».

Sella : « Oui, Majesté, mais de drapiers qui ont toujours fait honneur à leur signature, tandis que Votre Majesté tirera cette fois une lettre de change qu'elle n'est pas certaine de pouvoir honorer ».

Avant de partir le 24 juillet, le Ministre prussien Brassier de Saint-Simon emporta l'assurance de Sella que celui-ci combattrait jusqu'à la fin la politique de neutralité et qu'il quitterait le ministère plutôt que d'acquiescer à une guerre contre la Prusse. Et, en réalité, quand, le 30 juillet, la majorité du conseil des ministres se prononça en faveur d'une attaque armée de l'Italie au profit de la France, Sella fit obstacle à l'exécution de cette résolution par la menace de sa démission. Hansen raconte également que des négociations directes furent engagées entre François-Joseph et Victor-Emmanuel ; c'était, depuis 1855, le premier rapprochement personnel de ces deux souverains. En 1855 Victor-Emmanuel avait perdu sa mère et sa femme, toutes deux princesses de Habsbourg, aussi les liens de parenté s'étaient-ils relâchés entre les maisons de Habsbourg-Lorraine et de Savoie ; ils n'avaient d'ailleurs jamais joué de rôle dans la politique (2). Cette fois encore, les négociations n'amenèrent pas d'entente, car le Roi François Joseph ne voulait pas acquiescer à l'occupation de Rome. Le voyage du prince

---

(1) *Unsere Zeit*, 1889, vol. II, p. 338.

(2) Voir Siegmund Hahn, *Viktor Emanuel*, dans *Unsere Zeit*, XIV, vol. I, p. 568.

héritier d'Allemagne, Frédéric, à la cour d'Italie à l'occasion du mariage du prince Humbert de Savoie avec la princesse Marguerite eut un effet durable et favorable. On approuva généralement la déclaration de Bonghi, aux termes
de laquelle, étant donné une restauration monarchique de
l'Italie, le seul allié de ce pays pouvait être celui de 1866.
Le voyage du prince héritier fut suivi d'un échange de correspondance entre les deux cabinets et, le 13 avril 1868,
Bismarck adressa au prince héritier un très long mémoire,
relatif aux rapports politiques avec l'Italie, où il s'exprimait
d'une manière approfondie sur le général La Marmora et
ses machinations. Un an auparavant, Bismarck avait reçu
l'ordre de l'Annonciation et, dans sa lettre de remerciements à Victor-Emmanuel, il avait affirmé sa conviction de
bien servir la patrie en consacrant ses efforts à la consolidation d'une alliance dont l'avenir était garanti par la communauté d'intérêts des deux nations, et par le souvenir des
épreuves traversées et des événements provoqués l'année
d'avant par cette alliance. Le choix de Thiers, le grand adversaire de l'unité italienne, comme Président de la République, et la majorité royaliste et cléricale de l'Assemblée
Nationale (1), ainsi que l'envoi du navire de guerre,
l' « Orénoque », devant Civita-Vecchia, et l'attitude particulière de la France lors des fêtes d'inauguration du nouveau chemin de fer des Alpes par le Mont-Cenis, tous ces
faits eurent leur écho en Italie (2).

La situation se modifia d'ailleurs aussitôt avec la victoire
des armes allemandes et avec la chute du comte Beust (3).

(1) Jules Ferry écrivit dans la préface d'un livre de N. Faucon,
paru en 1892, *La Tunisie avant et depuis l'occupation française* :
« Vous n'ôterez pas de la cervelle de beaucoup d'Italiens qui ne
sont point des sots, que la France républicaine et anticléricale, la
France des lois scolaires et des décrets, nourrit le secret dessein de
rétablir le pouvoir temporel du Pape ».

(2) Sur l'attitude de l'Italie pendant la campagne de 1870-71, voir
Gedanken und Erinnerungen, de Bismarck, vol. II, p. 103.

(3) Beust partit pour Londres et de là pour Paris, après que Bis-

Le comte Julius Andrássy se trouva dans une situation difficile. Quand il entra, en novembre 1871, au Palais ministériel du Ballplatz de Vienne, le vieil Etat impérial était dans un isolement complet. Avec Bismarck, Andrássy avait déjà des rapports amicaux en qualité de Président du Conseil de Hongrie. Il avait sollicité de Bismarck en 1868 d'intervenir contre les menées et les excitations du Président du Cabinet roumain Bratiano, parmi les Roumains de Hongrie ; et, en réalité, Bismarck avait envoyé au consul général de Prusse à Bucarest, le comte Kayserling, des instructions à ce sujet (1). Une bonne entente existait entre Bismarck et Andrássy déjà avant la nomination de ce dernier au Ministère des Affaires étrangères : la preuve en est dans le fait qu'Andrássy, quand il lui fut annoncé que des émissaires prussiens erraient en Hongrie pour révolutionner le royaume, choisit la voie extra-diplomatique pour le faire connaître à Bismarck. Il pria le comte Scherr-Thosz, qui allait à Berlin remercier Bismarck de son heureuse intervention (à l'occasion de l'arrestation du Comte en août 1866), d'adresser à Bismarck une requête relative à ces faits. Bismarck fit répondre sans ambages à Andrássy : « Je donne ma parole d'honneur de verser 1.000 ducats à chaque agent qui démontrera qu'il a été envoyé par moi ; non seulement je n'ai pas envoyé d'agents provocateurs en Hongrie, mais j'ai même menacé le gouvernement roumain du rappel immédiat de notre envoyé diplomatique si l'agitation roumaine en Hongrie ne cessait pas dans les quatorze jours ».

La voie était ouverte à une entente avec l'Autriche. Dès le 14 décembre 1870 (lors de la notification du nouvel état de choses dans l'Empire allemand), Bismarck avait exprimé,

marck eût déclaré : « La confiance personnelle qui nous unit n'est pas ébranlée par ces personnalités ».

(1) Voir aussi, à ce sujet, EDUARD VON WERTHEIMER, *Graf Julius Andrássy*, vol. I, p. 455, et *Aus dem Leben König Karls von Rumänien*, vol I, p. 307.

dans une note adressée au Bureau viennois des Affaires Etrangères, le désir de « rapports amicaux avec l'Autriche », aussi rencontra-t-il alors Andrássy à moitié chemin. L'entrevue des trois Empereurs à Berlin (1872) fut la première étape. Le 5 septembre, l'Empereur Alexandre II de Russie se trouva avec Gortchakoff et, le jour suivant, l'Empereur-Roi François-Joseph Ier d'Autriche-Hongrie vit Andrássy à Berlin. « Le simple fait de cette entrevue fut partout regardé comme une conclusion, garantissant la paix, des grands événements antérieurs », dit alors Bismarck à la députation de la ville de Berlin qui lui remettait le diplôme de citoyen honoraire. Et le ministre d'Etat belge Ad. Dechamps (1) formule en les termes suivants son jugement sur cette entrevue : « Le nouvel Empire allemand, défendu par sa terrible armée, appuyé par l'alliance de l'Italie et l'amitié officielle de l'Autriche et de la Russie, force la France à se soumettre à sa destinée (2) et à maintenir la paix ». L'entente des Hohenzollern et des Habsbourg est rétablie (comme à l'époque de l'Empereur François et de Metternich, en vue « d'agir de concert avec la Prusse et la Russie »), et elle mûrit les meilleurs fruits pour la paix du monde, bien que Gortchakoff affirmât avec vanité et dédain qu'à Berlin rien n'avait été « écrit » (3). Ces réunions, qui n'avaient été qu'orales, prirent seulement un caractère menaçant, pour la paix européenne, à la question d'Orient, qui devint bientôt d'actualité. Napoléon III avait soulevé cette question avec la discussion relative à la clef de l'église de Bethléem,

---

(1) DECHAMPS, *Die Dreikaiserzusammenkunft in Berlin*, p. 14.

(2) John Lemoinne parle dans le *Journal des Débats* d'un isolement de la France.

(3) D'ailleurs Bismarck déclare également au Reichstag, le 19 février 1878 : « Les rapports des trois Empereurs, si on veut les nommer ainsi bien qu'on les qualifie en général d'alliance, ne reposent pas en principe sur des engagements écrits... » Cpr. aussi Vicomte DE GONTAUT-BIRON, *Mon Ambassade en Allemagne*, chap. v.

mais les temps étaient passés de la Triple Alliance entre l'Angleterre, la France et la Russie, les arrangements (1) conclus à Boulogne et à Osborne avec le Prince Albert, époux de la reine Victoria, étaient oubliés et la guerre russo-turque resta limitée aux Balkans. L'empereur Guillaume rendit sa visite en 1873 à Saint-Pétersbourg. Le Tsar Alexandre II lui dit en décembre 1875 au banquet de Saint-Georges : « Je suis heureux de pouvoir constater que continue sans ébranlement jusqu'à présent l'alliance intime de nos trois Empires et de nos trois armées, que nos prédécesseurs éminents ont conclue en vue de défendre les mêmes intérêts ! »

Il est intéressant que l'idée de la Triple Alliance ait été combattue « journalistiquement » par un publiciste autrichien, Moriz Szeps, juste au moment de la réunion des trois Empereurs. Le 28 mai, l'entrevue de Berlin fut précédée d'une visite du prince héritier d'Italie, Humbert, et de son épouse au prince héritier Frédéric-Guillaume. L'accueil amical que reçurent ces hôtes de qualité trouva un vif écho dans la presse italienne. Le *Diritto* écrit, par exemple : « L'Italie et l'Allemagne seront toujours unies, parce qu'elles auront toujours à soutenir les mêmes luttes et à combattre les mêmes ennemis ». Aussitôt le Vatican lança ses foudres contre l'union de l'Italie et de l'Allemagne. Quand le Pape Pie IX, le jour anniversaire de son avènement (16 juin), reçut les dames de la *pia unione delle donne cattoliche*, il maudit les *Tedeschi* et termina ainsi son allocution : « Le lien qui unit certaines nations est aujourd'hui la haine de Dieu et de son Christ ». Et Moriz Szeps écrit alors dans le *Neuer Wiener Tagblatt*, qui avait à cette époque des rapports animés avec le Ballplatz de Vienne : « Les rencontres d'Ischl et de Salzbourg, de l'année précédente, ont constitué pour la politique de l'Autriche un moment critique... Les peuples d'abord, les ca-

____

(1) Voir MARTIN, *Leben des Prinzen Albert*, vol. III.

binets ensuite, ont été conduits les uns auprès des autres
par la reconnaissance des intérêts communs. Appuyées dos
à dos, et couvertes par l'Italie contre une attaque de flanc
venant du sud, l'Allemagne et l'Autriche représentent une
puissance formidable qui, ayant conscience de ses moyens,
est en état de maintenir la paix dans cette partie du monde
et d'imposer des bornes à toutes les envies de revanche et
de conquêtes... L'entente des cabinets de Vienne et de
Berlin avec celui de Rome met enfin des brides à certains
désirs de restauration de cléricaux fanatiques, et elle le
fait de la façon la plus efficace... La triple alliance de
l'Allemagne, de l'Autriche et de l'Italie, tourne sans nul
doute sa pointe contre le Vatican, dans une certaine mesure, bien que le comte Andrássy ne cherche certainement
pas à gagner de vitesse, dans cette direction, le prince
Bismarck et le Signor Visconti Venosta. L'état de légitime défense, dans lequel l'accès du parti des Jésuites au
Concile et dans l'Eglise a forcé, en principe, tous les gouvernements du monde à se mettre, forme un lien solide qui
doit enchaîner les cabinets de Vienne, de Berlin et de
Rome ». Ainsi écrivait-on en 1872, onze ans avant la conclusion de la Triplice !

L'opinion publique en Italie fut totalement transformée
après la victoire des armes allemandes. La grande majorité de la presse y prit position en faveur de l'Allemagne
(en particulier Mazzini dans le journal *La Roma del popolo*) (1). On ne tarda pas à se rendre compte de ce changement à Paris et l'évêque d'Orléans, Dupanloup, mit la
politique française en garde contre une alliance italo-allemande. Le 28 novembre 1872, Visconti Venosta affirmait :
« Des ennemis communs nous unissent également contre
l'Allemagne ». Le 10 mars 1873, Bismarck pouvait parler,
devant la Chambre des Seigneurs du *Landtag* prussien,

(1) Voir WOLLHEIM DA FONSECA, *Neue Indiskretionen*, Berlin, 1884,
1ʳᵉ partie, p. 511.

d'un « désaccord, maintenant supprimé dans d'heureuses
conditions, entre la politique italienne et la politique allemande ». Et il s'exprimait très librement sur l'attitude de
l'Italie pendant la guerre : « Chaque personne qui a été en
France avec nous sait que nos relations avec l'Italie, — qui,
sans cela sont naturellement bonnes, — ont subi, je ne
veux pas dire un trouble, mais un refroidissement qui a
duré jusqu'à la conclusion de la paix. Telle fut, dans l'ensemble, l'attitude de l'Italie ; à notre avis l'amour des
Français y fut plus fort que l'intérêt propre du pays ; sinon
l'Italie aurait dû défendre avec nous son indépendance
contre la France. Ce fut pour nous une manifestation très
surprenante, et il en naquit des doutes qui devaient rester
prépondérants pour le gouvernement italien, parmi les
diverses influences qui s'exerçaient. Ce fut seulement un
fait que les troupes de combat italiennes de Garibaldi se
dressèrent contre nous et que, comme nous le croyions, leur
sortie d'Italie aurait pu être empêchée avec un peu plus
d'énergie » (1). Peu après (encore sous Sella-Lanza) Visconti
Venosta indiqua qu'il serait criminel pour l'Italie de ne
pas chercher à entretenir les meilleurs rapports avec l'Allemagne. L'amélioration des relations se manifesta aussi
dans des circonstances extérieures : le public de Rome
accueillit au théâtre le prince Frédéric-Charles par une
ovation enthousiaste, comme vainqueur de Sadowa, et
Berlin reçut avec une cordialité démonstrative le prince
héritier d'Italie et sa femme. Les discussions soulevées
par les « révélations » de La Marmora (2) n'y changèrent

(1) Voir aussi le discours de Bismarck à la Chambre des Seigneurs
le 24 avril de la même année.

(2) *Un po piu di luce sugli eventi politici e militari dell'anno 1866*,
Florence, 1873, vol. I, — le 2ᵉ vol. n'a pas paru. Voir aussi la brochure
allemande qui suscita les « révélations » de LA MARMORA, *Der
General La Marmora und die preussische Allianz*, Leipzig, 1866 ;
OTTO SPEYER, *Das Königreich Italien von Ende 1872 bis auf die Gegenwart*, dans *Unsere Zeit*, 14ᵉ année, vol. II, p. 17, qui, juste
avant son décès, publia la défense de La Marmora : *Il segreti di*

rien. La surexcitation se volatilisa sans tarder, et dans les parlements de Berlin et de Rome l'affaire fut vidée en une séance. A Berlin, le 16 janvier 1874, à la séance de la Chambre des Députés du Landtag prussien, Bismarck fit à une question de Mallinckrodt la réponse qui convenait ; à Rome, le 3 février, jour où le député Nicotera adressa au gouvernement sa question en vue de savoir si le scandale La Marmora n'avait pas détruit les bons rapports entre l'Allemagne et l'Italie, Visconti Venosta fit à Bismarck une réponse si satisfaisante que ce dernier chargea de Launay de transmettre ses remerciements à son collègue italien.

Le voyage du Roi Victor-Emmanuel aux cours de Vienne et de Berlin (1873 ; préparé lui aussi par le ministère Sella-Lanza et mené à bonne fin par le Cabinet Minghetti) est avec raison qualifié par Oncken de prodromes de la Triplice, de laquelle le roi Humbert était prêt à faire partie. A Vienne, une réception brillante fut réservée au Roi, ce qui fit en Italie une impression très profonde ; le 20 septembre, jour anniversaire de l'entrée des Italiens à Rome, une revue solennelle des troupes fut organisée en l'honneur de l'hôte (1). Fut aussi d'une magnificence particulière la réception du Roi Victor-Emmanuel à Berlin (2). La *Pro-vinzial-Korrespondenz* consacra à l'hôte de valeur les phrases que voici : « Le Roi Victor-Emmanuel séjourne comme hôte à la cour de l'Empereur, mais la réception que nous lui avons préparée lui fera sentir qu'il est en

stato nel governo costituzionale pel generale Alfonso La Marmora, Florence, 1877, et la brochure, parue dès 1868, de l'avocat FRANCESCO DE VINCENTI, *La nota Usedom.*

(1) Le gouvernement autrichien fit confisquer le journal clérical *Vaterland*, qui parut largement bordé de deuil le jour de l'entrée à Vienne de cet hôte de qualité, et il fit interdire l'office des morts, projeté par les cléricaux, pour les soldats du Pape tombés le 20 septembre 1870.

(2) Cpr. aussi Vicomte DE GONTAUT-BIRON, *Mon Ambassade en Allemagne,* p. 397.

même temps l'hôte bienvenu de notre peuple, et que les motifs, les pensées et les buts qui viennent de le conduire en Allemagne sont parfaitement appréciés du peuple allemand aussi bien que de notre gouvernement ». L'accueil amical que trouva Victor-Emmanuel à Vienne et à Berlin suscita à Rome et à Venise des manifestations devant les palais des représentants de l'Autriche-Hongrie et de l'Allemagne.

Le 18 janvier 1874, Bismarck écrit à Arnim, à Paris : « Dans un conflit entre l'Italie et la France, nous ne pourrions nous soustraire à la nécessité de venir en aide à l'Italie ». Le coup d'État du 16 mai 1875, qui amena de Broglie au pouvoir, ne fait que progresser l'accord de l'Allemagne avec l'Italie. Le 5 avril 1875, François-Joseph Ier a une entrevue à Venise avec le Roi d'Italie. Ce voyage et l'effort en vue d'amener une réconciliation avec le jeune royaume doivent être attribués à l'influence de la femme de l'Empereur Ferdinand, de l'Impératrice Maria-Anna, qui, en sa qualité de princesse savoisienne, avait tout particulièrement à cœur ce renouveau d'amitié. C'est précisément Venise qui fut choisie comme lieu de rencontre, bien qu'il y ait eu dans cette ville, le 20 mars, une imposante fête nationale pour l'inauguration du monument de Manin, telle fut la résolution originale de François-Joseph (1). Quelques mois plus tard eut lieu la visite de l'Empereur Guillaume à Milan (2). Quelques jours au-

____

(1) *Oesterreich seit der Katastrophe Hohenwart-Beust,* de WALTER ROGGE, vol. II, p. 3.

(2) La visite était déjà projetée pour le printemps, mais elle dut être ajournée à cause d'une indisposition de l'Empereur Guillaume, qui expliqua ceci au Roi d'Italie, dans une lettre autographe que transmit Keudell et où il annonçait en même temps la visite de son fils. Quand l'Empereur vint en octobre, l'*Opinione* le salua en ces termes : « En serrant la main du Roi Victor-Emmanuel à Milan, le vénérable monarque constate l'union des puissances politiques contre la réaction qui vient du Vatican... Il n'y a pas de moyen terme : ou bien avec les cléricaux ou bien avec l'Etat; ou bien

paravant, le Conseil Municipal de cette ville avait voté un ordre du jour, aux termes duquel il s'estimait heureux que le premier Empereur d'Allemagne vînt à Milan serrer la main du premier Roi d'Italie. Il y eut des fêtes grandioses, l'Empereur Guillaume se sépara du Roi d'Italie sur ces mots : « Puissions-nous, nous et ensuite nos fils, rester constamment amis ! » Un mois après l'Empereur Guillaume fit de sa Légation à Rome une ambassade et, l'année suivante, les légations d'Italie à Vienne et d'Autriche à Rome subirent la même transformation. En octobre 1877, Crispi séjourna à Vienne et à Budapest. Dans cette dernière ville il eut une entrevue avec Andrássy et avec Tisza, président du cabinet hongrois : tous deux affirmèrent la « nécessité » de « rester » maintenant « amis » ; « une politique d'inimitié à votre égard est contraire à nos intérêts », dit Andrássy, qui ajoute : « Tant que je serai ministre, je ne veux pas sortir de là ». Bismarck travailla inébranlablement à l'établissement d'une entente, entre l'Autriche-Hongrie et l'Italie, destinée à écarter tous les malentendus. Cette œuvre était difficile ; on peut s'en rendre compte en lisant les Mémoires de Crispi. « Le désir d'une entente intime » fit bien son apparition en 1873, mais, en 1876 (1) (malgré l'entrevue de Venise), les conditions empirèrent de telle sorte que le représentant de l'Italie à la Cour de Vienne exprima le désir d'avoir une prolongation de congé.

l'alliance avec le Vatican, ou bien l'alliance avec l'Empire allemand ». Une démonstration cléricale fut organisée contre l'entrevue de Milan, à Rome, à Milan et à Legnano même, par la *Société de la Jeunesse catholique*, le jour du 7ᵉ centenaire de la bataille de Legnano (29 mai).

(1) Bismarck ne fut pas content du cabinet Melagari-Nicotera et, au début de l'automne, le chancelier fit avertir le gouvernement italien par Keudell, qu'il n'y avait pas lieu de favoriser l'agitation qui avait pour objet l'annexion du Trentin et de Trieste. Voir *Graf Andrássy auf der Anklagebank der Delegationen*, Munich, 1878, p. 47.

L'année suivante, en août, Depretis (1) chargea Crispi, —
qui entreprit la mission « d'obtenir des gouvernements des
puissances que les principes libéraux sanctionnés dans le
Code civil italien le fussent également dans leurs législa-
tions » — à l'occasion de ce voyage à l'étranger, d' « accomplir une mission particulière de confiance auprès de
S. M. l'Empereur d'Allemagne : resserrer plus étroitement
encore les rapports amicaux entre l'Italie et l'Allemagne (2) ». Le 17 septembre, à l'hôtel Straubinger, à
Gastein, Crispi eut une très longue entrevue avec Bismarck (3), qui déclara : « Nous désirons que vous soyez
les amis de l'Autriche », et qui affirma : « Non, je ne veux
pas m'occuper de la question bosniaque, et encore moins de
celle de votre frontière orientale, laissons-les maintenant,
je ne voudrais toucher à rien de ce qui serait susceptible de
mécontenter le comte Andrássy, car je veux me le garder
comme ami ». Le 24 septembre, à l'occasion d'une nouvelle entrevue, Bismarck fut encore plus explicite : « Je
vous ai dit que je suis prêt à traiter au sujet de la France
et non pas au sujet de l'Autriche... Il nous importe
d'avoir cet Empire pour ami... J'ai parlé avec Andrássy et
je lui ai dit que vous étiez venu chez moi et que le gouvernement italien désirait vivre avec l'Autriche dans des conditions de bonne amitié. Il s'en réjouit et me chargea
de vous saluer ». Crispi va à Vienne et reçoit de Depretis
les instructions suivantes : « L'Italie a besoin de la paix et

(1) Le premier acte de Depretis consista à rappeler de Paris Nigra
qui, à de nombreuses reprises avait manifesté ses sentiments
francophiles. Cpr. Otto Speyer, *Das Königreich Italien von Ende 1872
bis auf die Gegenwart* dans *Unsere Zeit*, 14ᵉ année, vol. II, p. 780.

(2) Crispi parlait alors de la « confiance entre les Allemands et les
Saxons de race romaine ».

(3) *Mémoires* de Crispi, p. 29-33 et 59. La visite de Crispi à Bismarck fut préparée par Bennigsen, président du Landtag prussien,
qui avait séjourné au printemps en Italie et y avait eu plusieurs
entrevues avec les membres du gouvernement et d'autres hommes
politiques.

fera tous ses efforts pour conserver ses bons rapports avec l'Autriche-Hongrie, mais nous ne serons pas en état de contenir l'opinion publique italienne en présence d'un agrandissement de l'Autriche sans compensation pour nous ». Ni à Vienne, ni à Berlin, on n'aboutit à des unions fermes (1) (c'était surtout la question non résolue des Balkans qui s'y opposait), mais la voie était ouverte à l'entente. L'affaire de Tunisie déchira pour toujours le lien qui unissait l'Italie et la France, et le Ministre Cairoli, d'abord incliné vers la France, dut se convaincre que l'adhésion s'imposait aux « forces conservatrices de l'Europe centrale ». Le peuple italien, Rome en particulier, s'enthousiasma bientôt pour une politique germanophile. Quand, en 1878, le Roi rentra au Quirinal après le discours du Trône et que les acclamations populaires le rappelèrent sans cessé au balcon, le prince héritier de l'Empire allemand, qui se tenait à côté de lui, prit sur ses bras le prince de Naples, âgé de huit ans, le montra à la foule et l'embrassa : sur la grande place éclata en tonnerre le cri : *Viva la Germania ! Viva l'Italia !*

En Autriche, la politique d'alliance préconisée par Andrássy rencontra une opposition profondément enracinée et générale dans les cercles cléricaux et slaves, et, dans les salons de la haute noblesse conservatrice, courut la plaisanterie : Plût à Dieu que notre ministre des Affaires étrangères fut un ministre étranger ! Certes le discours du prince Bismarck, le 5 décembre 1876 (lors de l'interpellation Richter sur l'ukase russe concernant les douanes)

---

(1) Crispi fut très satisfait du résultat de son voyage. Avant de quitter l'Allemagne, il adressa à l'Empereur Guillaume, qui était aux manœuvres sur les bords du Rhin, une dépêche avec les « remerciements les plus cordiaux pour la manifestation qu'avait donnée de ses sympathies pour l'Italie une élite du peuple allemand ». Déjà couraient dans la presse romaine des bruits relatifs à la conclusion d'une alliance ; en particulier la *Voce della Verità* prétendait avoir vu une copie de l'acte.

trouva en Autriche le meilleur accueil (1), mais les attaques contre Andrássy ne cessèrent pas, non plus que les intrigues contre le révolutionnaire d'autrefois. En 1878 parut à Leipzig une brochure (2) où il était dit : « C'est seulement avec le plus grand trouble que nous voyons Andrássy suivre le sillage de Bismarck... Ce n'est que d'une alliance solide entre l'Autriche, l'Angleterre et la France que l'on peut attendre la solution la plus humaine possible de la question d'Orient ». L'auteur fait ici allusion au voyage commun, entrepris le 11 mai 1877 pour Constantinople par le comte Zichy et le prince Reuss, afin de documenter aussi de l'extérieur d'une façon éclatante l'entente cordiale des deux grands Empires sur la question d'Orient. Une seconde brochure (3) s'occupe de ce voyage du gendre du Grand-Duc de Weimar, si estimé à la Cour de Vienne ; on y lit entre autres ce qui suit : « Bismarck a plus souvent pris en considération les désirs de l'Autriche-Hongrie, qu'il n'a été possible au comte Andrássy de lui rendre la pareille, et ce dernier, en ce qui concerne la question d'Orient, a amené la diplomatie allemande à des concessions plus souvent qu'il ne lui en a faites ». Bismarck fut fidèle à Andrássy et fit une opposition zélée à la Russie en faveur des intérêts austro-hongrois en Orient. Aussitôt après le début des troubles dans la péninsule des Balkans, puis avant la déclaration de guerre de la Russie à la Turquie, Bismarck disait à Chlodwig Hohenlohe (4) : « Si l'Autriche est complètement anéantie, il n'y a pour nous aucun avantage : certes, nous pourrions annexer les Allemands, mais nous ne saurions que faire

---

(1) *Wiener Abendpost* du 9 décembre : « La valeur de nos relations amicales avec l'Allemagne est vivement ressentie ici ».

(2) *Graf Andrássys Politik in der orientalischen Frage*, par J. WIMMER.

(3) *Graf Andrássy auf der Anklagebank der Delegationen*, par LEO THUN.

(4) Voir HOHENLOHE, *Denkwürdigkeiten*, vol. II, p. 202.

des Slaves et des Hongrois. Entrer en guerre contre l'Autriche avec la Russie, l'opinion publique allemande ne le permet pas, la Russie est dangereuse pour nous, si l'Autriche est perdue ; avec l'Autriche nous pouvons tenir la Russie en échec ». La rencontre de l'Empereur Guillaume et de François-Joseph, à Ischl, le 9 août 1877, se caractérisa, comme l'annonce le télégramme officiel, par « la plus grande cordialité » et par « une entente loyale » ; ceci trouva sa confirmation dans la collation au prince héritier Rodolphe du commandement d'un régiment prussien de uhlans.

Les rapports des deux puissances avec la Russie ne manquaient pas alors d'être déjà troublés. Dès le 3 février de cette année, Chouvaloff se plaint, dans une lettre adressée à Bismarck, de certains désaccords entre la Russie et l'Allemagne, il rappelle le temps où les premières bases de la Triple Alliance furent posées à Berlin en 1872, et il précise enfin le « but principal de notre alliance aux deux puissances » en disant que « la Russie ne permettra et ne souffrira jamais une union contre l'Allemagne, si celle-ci s'engage vers l'Ouest en nous garantissant une compensation en Orient ». A cela Bismarck répond de Berlin par de claires allusions aux « petites farces que me joue mon ancien ami et tuteur de Pétersbourg » et à « ses amourettes avec Paris ». En outre, au mois de septembre 1877, l'Empereur-Roi François-Joseph but à Kassa, à la table de la Cour, à la santé de son « cher ami et allié l'empereur Alexandre » (1), mais bientôt commencèrent les événements

(1) Ce toast ne trouva pas en Hongrie un écho favorable. L'officieux *Pester Lloyd* écrivait : « Le toast appartient à l'Empereur d'Autriche et non au Roi de Hongrie ». L'excitation fut si grande en Hongrie que le député Guido von Bausznern demanda à Tisza, président du Conseil, si la plus récente rencontre d'Andrássy et de Bismarck à Salzbourg avait ou non fait progresser les relations jusqu'alors amicales entre « notre » monarchie et l'Empire allemand ; Koloman von Tisza répondit : « Je ne peux répondre à cette question

balkaniques, grâce auxquels la Russie anéantit les intérêts
de l'Autriche-Hongrie (et aussi de l'Angleterre) en Orient.
Bismarck entreprit de terminer la lutte. Le 18 février, il
fit un grand discours en réponse à une interpellation de
Bennigsen (entre l'armistice d'Andrinople et la paix de San-
Stefano) ; il y annonça la convocation d'une conférence :
« L'idée fut d'abord mise en avant par le gouvernement austro-hongrois, nous avons naturellement été presque les premiers, je crois, qui nous y sommes ralliés avec empressement ».La Russie fut obligée de participer au Congrès, notamment par le rassemblement de troupes anglaises à Malte.
Le Congrès de Berlin se réunit le 13 juin 1878 et Bismarck
(appelé par moquerie le *policeman of Europe*) en eut la
présidence. De la paix de Berlin, du 13 juillet, résulta le
règlement de toutes les questions en litige, mais les « relations des trois Empereurs » étaient dissoutes. Un an après,
Bismarck allait conclure un traité d'alliance offensive et
défensive avec l'Autriche-Hongrie.

que dans la mesure où, aux rapports de notre monarchie et de
l'Empire allemand, comme je le crois — je puis du moins le dire
de moi-même — chaque personne qui apprécie bien les intérêts
de notre monarchie attribuera une grande importance, et je puis
tranquilliser M. le Député en lui disant que ces rapports sont déjà
bons depuis longtemps et que, de plus, ils sont aujourd'hui excellents ». En Allemagne, ces efforts de la politique hongroise furent appréciés en conséquence. Lothar Bucher avait également
parlé à un homme politique hongrois de l'opportunité de rapports
plus solides et plus étroits, d'une garantie mutuelle de possession. »
Les *Preussische Jarhbücher* (vol. XL) affirmaient d'ailleurs juste la
même année : « L'alliance austro-allemande n'est pas sans avantage pour nous, mais c'est l'Autriche qui en tirera le plus de béné-
fices ; ce n'est pas nous qui avons un Trentin à perdre, ce n'est
pas nous qui souffrons des querelles sauvages de vingt nationalités
intéressantes ».

DE LA DOUBLE ALLIANCE A LA TRIPLE ALLIANCE
1879-1883

LA DOUBLE ALLIANCE

Rappelons-nous la situation politique générale de l'Europe en 1879. Elle est encore et toujours caractérisée par la crise balkanique. Certes, il y a déjà la conclusion formelle de la paix qui termine la guerre russo-turque, mais la liquidation du traité de Berlin doit lutter contre de grosses difficultés. L'armée russe évacue la péninsule des Balkans (cette évacuation dure d'ailleurs jusqu'à la fin de l'été), la situation de la Porte n'en est pas moins désespérée, et de petites languettes de flammes ne cessent de se projeter au-dessus de la péninsule. La Russie ne peut oublier le fait ultime du Congrès de Berlin : la « trahison du Chancelier d'Empire allemand qui a planté là la Russie » (1). Bismarck et Gortchakoff se posent en adversaires personnels (2). La

(1) Renvoyons ici un propos de Bismarck à un diplomate français publié dans *La France en 1899*, p. 253, de CHAUDORDY (d'après POSCHINGER, *Bismarck und die Diplomaten*, p. 404, il s'agit vraisemblablement de Saint-Vallier) : « Le premier refroidissement de nos relations date de l'année 1875, alors que Gortchakoff, jouant à mes dépens le rôle de sauveur de la France, avec l'aide de Decazes, voulait me représenter comme un ennemi de la paix en Europe et se ménager un *Quos ego* triomphant, pour arrêter et contrecarrer en un mot mes plans noirs et perfides. »

(2) Dans ses *Gedanken und Erinnerungen*, p. 250, BISMARCK cons-

presse russe fait rage contre l'Allemagne et toutes les feuilles, celles officieuses y comprises, préconisent ouvertement la guerre contre l'Allemagne ; on ne peut conquérir Constantinople qu'en passant par Berlin (1). La Russie ne cesse de se rapprocher de la France (où Grévy remplaçait Mac-Mahon). Gortchakoff se fait interviewer à Baden-Baden par Louis Peyramont, rédacteur au *Soleil*, journal orléaniste, et il parle d'une manifestation rare d' « inimitié », dont l' « honore » le Chancelier allemand, ainsi que de son amour profond pour la France. L'amitié de la Russie et de l'Allemagne, qui s'élevait jusqu'aux nues, reçoit des plaies béantes, et Milioutine, ministre de la guerre, travaille ouvertement à une alliance avec la France. Le parti militaire russe combat avec passion le mandat accordé pour la Bosnie à la monarchie danubienne, oubliant

tate que les « excitations » du prince Gortchakoff ont commencé en 1875, quand ce dernier répandit l'idée fausse que l'Allemagne se proposait de surprendre la France avant qu'elle fût guérie de ses blessures. Arrivé le 10 mai 1875 à Berlin, Gortchakoff avait fait paraître une circulaire qui commençait ainsi : « Maintenant la paix est assurée ». Bismarck fit à ce sujet de « vifs reproches » au Prince, qui était assez pusillanime quand on lui adressait d' « amères invectives ». La même année, Bismarck s'exprima en les termes suivants à l'égard de Gortchakoff : « Vous nous traitez non pas comme une puissance amie, mais comme un domestique, qui ne monte pas assez vite, quand on a sonné ». Contre les bruits que Gortchakoff faisait courir, à savoir que l'Allemagne projetait une attaque contre la France, Bismarck proteste de la façon la plus énergique, par exemple dans la lettre qu'il adressa de Varzin à l'Empereur le 13 août 1875 (Voir *Bismarck Jahrburch*, IV, 35 et suiv.) Gortchakoff s'était efforcé de troubler les bonnes relations « personnelles » entre Bismarck et l'Empereur Alexandre, par exemple en « arrachant de moi par l'intermédiaire du général von Werder la répudiation de la promesse de neutralité pour le cas d'une guerre austro-russe. » (*Gedanken und Erinnerungen*, vol. II, pp. 232 et 214.

(1) L'organe des Panslavistes, *Noskowskije Wjedomosti*, déblatéra contre Bismarck avec le maximum de violence. Voir *Bismarck*, par Giovanni Boglietti, 1888, Turin.

ainsi tout à fait que les deux provinces turques avaient été garanties à l'Autriche-Hongrie par la Russie dès 1877, c'est-à-dire avant le traité de Berlin.

Tandis que, d'un côté, la tension devient toujours plus grave entre la Russie et sa voisine de l'ouest, Bismarck et Andrássy travaillent inébranlablement à supprimer les dernières méfiances entre l'Allemagne et l'Autriche-Hongrie. Dès le mois d'octobre de l'année d'avant, les deux hommes d'Etat peuvent s'unir en supprimant l'article V de la paix de Prague. Il s'agit de la clause relative au Schleswig du Nord, par l'abolition de laquelle la monarchie danubienne se désintéresse définitivement des choses de l'Empire allemand. Le traité secret y relatif fut conclu aussitôt après la lettre où le Prince Georges V de Hanovre annonçait à l'Empereur Guillaume la mort de son père, et où il affirmait maintenir tous ses droits, prérogatives et titres. Le *Reichsanzeiger* publia ce traité le 4 février et le discours du trône, prononcé par l'Empereur le 12 février à l'ouverture du Reichstag, fait également ressortir avec satisfaction cette solution correspondant « aux relations mutuellement amicales des deux Empires ». A Pétrograd, le traité fait une très mauvaise impression, et il s'ensuit des manifestations hostiles tout à fait officieuses dans le *Nord* de Bruxelles et dans le *Golos* de Pétrograd, ce dont un article des *Grenzboten* rend responsables Gortchakoff et son adjoint, le baron Jomini (1). En même temps, le gouvernement russe fait opérer des sondages en Italie, par le général Türr, dans le but de savoir si, au cas d'une attaque contre l'Autriche, pays que Gortchakoff ne voulait laisser subsister que comme gouvernement et non pas comme Etat, il pouvait compter sur sa coopération (2). Et, en réalité, l'Italie tombe sur le dos de la monarchie danubienne. La sixième

(1) Dès la fin de février, Busch reçut de Bismarck la mission de repousser dans les *Grenzboten* les attaques de la presse russe. Voir Büsch, *Tagebuchblätter*, vol. III.

(2) E. v. Wertheimer, *Graf Julius Andrássy*, vol. III; p. 268.

grande puissance européenne, la plus récente, commence à exercer en Albanie une action que l'Autriche-Hongrie ne pouvait regarder avec indifférence, en raison de la question de Bosnie et d'Herzégovine et de sa situation nouvelle dans le *Limgebiet,* et elle irrite la monarchie à l'Ouest par les conflits provoqués dans le Tyrol Occidental et en Istrie.

La mauvaise humeur était grande à Pétrograd ; le fait suivant le montre : l'empereur Alexandre renonça au dernier moment à son voyage pour les noces d'or de l'Empereur et de l'Impératrice d'Allemagne (11 juin), bien qu'un logement fût déjà retenu à Berlin pour sa suite. Toute la presse considéra ce fait comme l'abandon complet par la Russie des arrangements conclus à Berlin par les trois Empereurs, et le *Kreuzzeitung* du 15 juin constate un « trouble regrettable des rapports entre l'Allemagne et la Russie ».

L'Empereur d'Allemagne et l'Empereur-Roi François-Joseph se rencontraient à Gastein le 9 août. Peu après (le 21 août) Bismarck commença sa cure en cette ville. A ce moment arrivent les lettres du Tsar (1), qui suscitent un émoi et un travail si extraordinaires, qu' « elles me frustrèrent presque complètement du bénéfice de ma cure » (2). Ces lettres concernaient le travail de la commission chargée de délimiter les frontières de Novi-Bazar et demandaient à l'Empereur Guillaume de faire en sorte que le représentant de l'Allemagne appuyât toujours les revendications et les exigences de son collègue russe. L'Empereur Guillaume

(1) La première lettre est datée du 3 (15) août, et se plaint de ce que les divers agents diplomatiques de l'Allemagne en Turquie « paraissent avoir reçu la parole pour soutenir toujours l'opinion de l'Autriche, qui nous est systématiquement hostile » ; Alexandre y voit « le travail de nos ennemis communs, des mêmes qui ne pouvaient digérer l'alliance des Trois Empereurs ».

(2) Voir Hans Blum, *Persönliche Erinnerungen an den Fürsten Bismarck*, vol. IV, pp. 268-288 ; Entrevue avec le Dr. Hans Blum le 29 avril 1893.

suivit les conseils du Chancelier et renvoya son neveu à la voie administrative. Entre temps, le comte Julius Andrássy (après avoir souffert d'une grave fluxion de poitrine) avait donné sa démission à Ischl, et son souverain l'avait acceptée. Quand Bismarck fut avisé de cette démarche d'Andrássy, il lui renvoya une dépêche (1), où il exprimait sa surprise, et même sa stupeur, de cette décision soudaine qu'il ne pouvait s'expliquer ; il disait qu'il avait le besoin pressant de parler au comte Andrássy et qu'il était prêt à interrompre sa cure pour venir à Vienne ou à un autre endroit que le Comte choisirait comme lieu de rendez-vous. Ce dernier (qui séjournait alors dans sa propriété de Terebes) voulait aller lui-même à Gastein. Un jour avant, Bismarck avait dit, à l'hôtel Straubinger, où il demeurait, au banquier viennois baron Eduard Todesco (qui lui avait cédé une de ses chambres en faveur de la princesse Odescalchi, amie de la famille Bismarck) : « Nous ne pouvons nous passer l'un de l'autre — les Autrichiens et les Hongrois comprendraient certainement que nous avons seulement des ennemis communs ». Ludwig von Dóczy, qui avait alors accompagné le comte Andrássy comme secrétaire à Gastein, exprime l'idée, contraire à celle du Dr. Blum, que ce n'est pas l'attitude de la Russie, qui lui était déjà connue au début de sa cure à Gastein, mais que c'est la coïncidence de cette attitude avec la démission d'Andrássy, qui avait provoqué l'émotion de Bismarck ; ce qui troublait son repos, c'était non pas une alliance franco-russe, qui ne se manifestait alors par aucun signe extérieur, mais c'était surtout et avant tout une coalition austro-russe (2). Le

(1) Voir Ludwig Dóczy, *An der Wiege des Dreibundes*, dans la *Neue Freie Presse* du 13 octobre 1904.

(2) Dans sa lettre envoyée de Gastein au roi de Bavière le 10 septembre, Bismarck parle d'ailleurs de la même coïncidence et de la même inquiétude (voir *Gedanken und Erinnerungen*, vol. II, pp. 240 et 241). Dans les *Grenzboten* (n° 12 du 18 mars 1880), Busch constate également : comme les menaces de la diplomatie moscovite duraient,

27 août, le comte Andrássy arriva à Gastein, et, le lendemain matin, eut lieu la première rencontre du Chancelier de l'Empire allemand et de l'homme d'Etat austro-hongrois. Ces deux jours virent un échange suivi de dépêches entre Gastein, d'une part, Berlin et Vienne, de l'autre, de sorte que le bureau télégraphique impérial de Gastein n'envoya pas de dépêches privées pendant ce temps.

Le comte Julius Andrássy rendit visite au Prince dans son salon. La conversation qui fut échangée est dépeinte par Bismarck lui-même, dans un entretien avec le Dr. Hans Blum :

« J'ai donné connaissance à Andrássy de l'échange de correspondance entre les deux Empereurs et de ma lettre à mon Maître, et je lui ai exprimé ma crainte — appuyée par les rapports de notre ambassadeur à Paris, etc. — que l'attitude inamicale de la Russie à l'égard de l'Allemagne ne fût explicable que si l'empire du Tsar travaillait à une alliance avec la France ou en était déjà certain.

Andrássy répondit avec chaleur à peu près ceci : Contre l'alliance franco-russe il n'y a qu'un contre-poids : l'alliance austro-allemande.

J'acquiesçai, mais je lui demandai : Oui, mais la voudriez-vous ?

Certes, très volontiers, répondit-il, et je crois pouvoir également avouer que mon Empereur approuvera un traité de ce genre.

Je ne suis pas du tout aussi sûr de l'adhésion de mon impérial Maître, répliquai-je. Mais nous pourrions bien, en attendant, parler un peu plus du traité et faire des projets.

Dóczy affirme par contre qu'il est impossible que l'idée

les alliés étaient en quête contre l'Allemagne, par exemple à Paris où le général Obroutcheff, adjoint et confident de Milioutine, Ministre de la Guerre, tramait les intrigues en question), il était facile de prévoir qu'une entente entre Vienne et Pétrograd existait déjà ou était en chantier ; le voyage d'Andrássy à Pétrograd et diverses autres observations avaient accentué cette crainte.

d'une alliance ait été exprimée d'abord par Andrássy, mais il ne sait étayer son affirmation que sur le fait que toute la politique de ce dernier avait eu pour objet de ne pas exprimer cette idée.

Quoi qu'il en soit, Bismarck et Andrássy voulaient l'union. Andrássy proposait une alliance contre une attaque russe. Bismarck offrait une alliance offensive et défensive contre tous pays, y compris la Russie, car il ne fallait pas songer à une alliance contre la Russie seule, tant que vivrait l'empereur Guillaume. Bismarck désirait (1) « établir » entre l'Allemagne et l'Autriche-Hongrie une « alliance, publique et conforme à la Constitution, contre une coalition, alliance qui serait fondée sur la coopération de tous les facteurs constitutionnels, mais qui ne pourrait être dissoute que par cette coopération ». Andrássy rejeta la publicité et la constitutionnalité (2). Il exigeait que le traité fût expressément dirigé contre la Russie. La conclusion d'un autre traité aurait pour suite immédiate la tentative d'accepter la Russie en tiers, mais l'Autriche-Hongrie en avait depuis longtemps assez, après les expériences faites, des alliances entre les trois Empereurs. En outre, une alliance offensive et défensive aurait obligé la monarchie danubienne à participer à une guerre éventuelle entre l'Allemagne et la France, ce qu'Andrássy ne pouvait conseiller à son monarque.

Et, comme le prince Bismarck demandait, un peu surpris : « Pourquoi donc pas ? Nous aussi, nous vous assisterions éventuellement contre l'Italie ! », Andrássy répondit : « Pour cette raison que je ne signe pas comme ministre ce que je devrais combattre jusqu'au bout comme parlementaire si c'était mis à exécution. Nous ne pouvons pas sacrifier un *Groschen* d'impôt ni une goutte de sang pour une guerre que l'Allemagne a déjà sur les bras, et dont elle

(1) *Zur Geschichte des deutsch-österreichischen Bündnisses*, dans les *Grenzboten*, n° 12 du 18 mars 1880.

(2) « Aux yeux d'Andrássy, une alliance publique constituait une provocation ». Voir POSCHINGER, *Bismarck-Jahrbuch*, vol. I, p. 196.

tient déjà le prix de la victoire. Nous ne demanderions pas plus le secours de l'Allemagne pour nous défendre contre une agression italienne, qui ne nous préoccupe d'ailleurs pas. Il y a toutefois une forme et une hypothèse pour une coopération contre la France comme contre toute tierce puissance qui voudrait interrompre la paix : l'alliance serait dirigée contre une attaque russe, ainsi que contre tout autre pays qui trouverait l'appui de la Russie contre l'une des puissances contractantes ».

Des négociations furent échangées au cours de cette journée et de la suivante.

« Nous nous sommes quittés pleinement d'accord, » dit Bismarck au Dr. Busch.

Dóczy affirme au contraire que es pourparlers de Gastein ne parurent pas, en apparence, faire progresser l'entente. Le prince Bismarck persiste à considérer comme impossible une alliance dirigée en termes exprès contre la Russie, malgré son caractère exclusivement défensif : il ne savait pas si son influence lui permettrait d'amener en principe l'Empereur Guillaume à une alliance à laquelle son neveu Alexandre ne participerait pas. Mais, malgré cette apparence de désespoir, le comte Andrássy ne pouvait être amené à une autre forme et il se sentait sûr de son affaire quand le Prince lui disait : « J'espère que vous et l'Empereur François-Joseph viendrez à ma conception, mais je dois tout d'abord retourner chez moi et arracher à mon maître son acquiescement à des négociations officielles : je reviendrai alors à Vienne ».

Bien entendu, Bismarck avait fait connaître à son Empereur, dès le 27 août, les pourparlers de Gastein, et il lui avait demandé, le lendemain, de se rendre en personne à Vienne pour la conclusion du traité : L'Empereur lui fit télégraphier à Gastein par le Secrétaire d'Etat von Bülow qu'il ne pouvait, pour le moment, aller à Vienne, même si Varsovie donnait des résultats favorables. L'Empereur avait en effet envoyé à Varsovie le Feld-maréchal von Manteuffel, pour y saluer l'Empereur de Russie pendant son séjour et préparer une rencontre des deux monarques.

Le 30 août, Bismarck décline par télégramme (1) la « responsabilité » d'avoir déjà promis au comte Andrássy de lui rendre sa visite à son retour à Vienne. Le même soir arrive la réponse de Bülow, à savoir que l'Empereur est de son avis pour la visite à rendre. Mais déjà l'empereur Guillaume se prépare à partir pour Alexandrowo, « malgré le désir et le conseil du Prince », afin d'y saluer son beaucoup plus jeune neveu. D'après la *Kölnische Zeitung*, la décision relative à l'entrevue ne précède guère que de 24 heures le départ de Guillaume. « Les Russes firent à Alexandrowo le pendant de la scène bien connue du Congrès de Vienne, où Alexandre I⁰ʳ tenta d'écarter de l'Angleterre et de rapprocher de lui le Roi Frédéric-Guillaume III, en protestant avec sentimentalité de son amitié et de sa fidélité, » dit Busch dans son article, déjà cité, des *Grenzboten*. Ecrits sur écrits, affirme la même source, — il doit y en avoir eu beaucoup de centaines de pages, — partirent en vain de Gastein, puis de Vienne, pendant un long espace de temps, pour aboutir à un échange d'opinion et de conviction.

Dans l'intervalle, Andrássy s'était mis à l'œuvre avec application. Dès le 1ᵉʳ septembre, il a adressé à Bismarck (2) une lettre où il lui fait connaître qu'il a communiqué à son Empereur, au camp de Bruck, un traité détaillé, après avoir, auparavant, envoyé *in mince* de Gastein à François-Joseph, qui se trouvait à Prague, « la tendance et le résultat provisoire » des négociations. L'Empereur télégraphie de cette ville son acquiescement

____

(1) Voir l'appendice aux *Gedanken und Erinnerungen*, vol. II, p. 521.

(2) Publiée pour la première fois par Sigmund Singer, dans la *Neue Freie Presse* de Vienne, du 31 mars 1895. Il est intéressant que Bismarck ait fait insérer dans le *Briefwechsel* (vol. II, p. 526) cette lettre et la réponse, avec les passages mêmes proposés par Singer au comte Andrássy.

« avec sa conviction la plus complète ». Puis : « A Bruck j'ai trouvé l'Empereur si pénétré de l'utilité, voire de la nécessité d'un tel accord, que toute argumentation complémentaire apparut superflue ». Et, pour conclure : « L'Autriche a, de son côté, commis la faute de repousser les offres de l'Allemagne, qui eussent consolidé les intérêts des deux pays ; je suis heureux de pouvoir constater que la même faute n'a pas été commise cette fois chez nous ». A Vienne, l'affaire est vraiment en ordre. Le parti militaire lui-même est gagné. Déjà, lors de son voyage de Terebes à Gastein, le comte Andrássy avait eu une entrevue avec l'archiduc Albert. Bismarck répond, le 3 septembre, à la lettre d'Andrássy et il y dépeint les difficultés qui s'étaient amoncelées devant lui « aux points de vue géographique et politique, de sorte que ma part de devoir n'a pas été aussi rapide à remplir que la vôtre ». Pour l'exposé écrit à l'Empereur, Bismarck avait dicté soixante pages in-folio à son fils.

Le 10 septembre, Bismarck adressa une lettre au Roi de Bavière (1) ; il lui faisait part de ses négociations avec Andrássy. Le Chancelier d'Empire commence en renvoyant à l'affaire du général Werder, quand, en 1876, de Livadia, « la demande nous fut présentée à plusieurs reprises de déclarer sous une forme obligatoire si l'Empire allemand resterait neutre dans une guerre contre la Russie et l'Autriche » (2). On n'est pas arrivé, ajoute-t-il, à écarter cette déclaration, et l'humeur guerrière de la Russie s'est

____

(1) *Gedanken und Erinnerungen*, vol. II, p. 238.

(2) Cpr. à ce sujet *Gedanken und Erinnerungen*, vol. II, p. 214. On lit dans la réponse de Bismarck : « Notre premier devoir est de maintenir l'amitié des deux grandes monarchies ; si, à notre grand regret, ceci n'est pas possible entre la Russie et l'Autriche, nous pouvons, il est vrai, supporter que nos amis soient l'un battu et l'autre vainqueur, ou réciproquement, mais non pas que l'un des deux soit gravement blessé ou endommagé, que sa situation soit compromise comme grande puissance indépendante et faisant partie du concert européen ».

Singer

4

dirigée, en attendant, vers les Balkans ; la Russie, au cours des dernières semaines, nous a demandé une fois de plus d'opter d'une manière définitive entre elle et l'Autriche. « Je serais favorable, dit-il ensuite dans sa lettre, à une garantie fondamentale de la paix européenne et de la sécurité de l'Allemagne, si l'Empire allemand contractait avec l'Autriche un engagement ayant pour but de veiller avec soin, après comme avant, à la paix entre la Russie et nous, mais permettant, si, néanmoins, l'une des deux puissances était attaqué, de se secourir mutuellement... Si la Russie nous force à opter entre elle et l'Autriche, je crois que l'Autriche représenterait pour nous une tendance conservatrice et pacifique, mais que la Russie serait peu sûre ». Dans sa réponse (Berg, 16 septembre), le roi Louis déclare : « Vos efforts en vue d'une union étroite de l'Empire allemand avec l'Autriche-Hongrie peuvent être assurés de ma pleine approbation et de mon désir le plus empressé d'un résultat heureux. » Bismarck, le 19 septembre, accuse réception de cette lettre et affirme une fois de plus qu'il « ne négligera rien pour maintenir et pour consolider la paix entre l'Empire et la Russie, après comme avant, en intervenant auprès de l'Empereur Alexandre ; les négociations relatives à une union mutuelle plus étroite avec l'Autriche n'ont que des buts pacifiques défensifs, et, en même temps, le développement des rapports commerciaux des deux pays voisins ».

Le 14 septembre, Bismarck pria le prince Chlodwig zu Hohenlohe-Schillingfürst, qui séjournait à Aussec, de venir à Gastein (1). A Gastein, il fut reçu par Holstein, qui avait conseillé à Bismarck de gagner Hohenlohe à une intervention auprès de l'Empereur. Mais Hohenlohe déclara avant tout qu'il n'était pas favorable au projet : « D'abord, je n'ai pas confiance en l'Autriche ; en second lieu, je ne tiens pas

____

(1) Voir *Denkwürdigkeiten* du prince CHLODWIG ZU HOHENLOHE-SCHILLINGFÜRST, vol. II, pp. 274 et suiv.

la Russie pour un pays sérieusement hostile ; je crois enfin
que l'alliance avec l'Autriche aura pour résultat une alliance
franco-russe. Là est la guerre, tandis que Bismarck croit
assurer la paix avec son alliance ». Le jour suivant,
Hohenlohe a une conversation avec Bismarck, et il n'est
pas du même avis : « Bismarck m'a pourtant convaincu
de la nécessité de l'alliance avec l'Autriche. Il m'a dit que
l'Autriche ne pouvait rester isolée en face des menaces de la
Russie. Elle essaiera de s'allier avec la Russie ou avec la
France. Dans les deux cas, le danger naît pour nous d'un
isolement. Mon télégramme sur les sondages de la Russie
à Paris a fort intéressé le Chancelier. Mais l'Empereur est
maintenant inaccessible par suite de la rencontre fatale
d'Alexandrowo, et il ne veut pas consentir à l'alliance, y
voyant une perfidie contre son neveu. Bismarck, de son
côté, s'est tellement engagé avec Andrássy, et il est si convaincu du péril russe, qu'il ne veut pas porter la responsabilité et que, dans ce cas, il menace de se retirer.
L'Empereur, par contre, menace d'abdiquer. L'Empereur est très perplexe au sujet de ce qu'il doit faire. Bismarck paraît résolu à marcher, si l'Empereur ne cède
pas. Bismarck fait maintenant appel à l'aide de l'Ambassadeur et prie que Münster et moi parlions avec l'Empereur. » Hohenlohe va voir l'Empereur à Strasbourg ; il
parle d'abord à Lehndorff, « qui était initié à la question, mais qui ne la comprenait pas complètement et
qui était d'avis que tout était bien, l'Empereur étant au
courant de tout ». Hohenlohe fit des sondages plus appro-
fondis. « Il était nouveau pour moi que l'Impératrice
s'accordât cette fois avec le grand homme de la montagne,
car on m'avait dit toute autre chose à Gastein ». Hohenlohe
parla d'abord avec le Prince héritier, puis avec l'Empereur, auprès duquel il se servit avec « bonheur » de
l'argumentation suivante : l'alliance avec l'Autriche rendrait à la Russie un double service : d'abord la révolution
serait tenue en échec, et puis l'Autriche ne pourrait plus

entrer dans une coalition contre l'Allemagne et la Russie (1).

Le 21 septembre, Bismarck partit pour Vienne. Il n'a jamais donné de détails sur ce voyage et sur les négociations qui eurent lieu à Vienne. Il dit au Dr. Hans Blum : « Je suis parti le 25 septembre pour Vienne, afin d'y mener le traité à bonne fin. J'y ai été accueilli de façon très amicale, notamment par l'Empereur François-Joseph et, après de longues conversations avec lui, avec Andrássy, le baron Haymerle et Tisza, Président du Conseil de Hongrie, j'ai mis au point le 24 septembre le projet d'une alliance défensive autro-allemande. L'Empereur François-Joseph déclare aussitôt avec joie qu'il était prêt à l'approuver et à l'appliquer ». Dans ses *Gedanken und Erinnerungen*, Bismarck consacre bien des paroles chaleureuses à la réception qui lui avait été préparée le long du chemin de fer à Vienne par la population elle-même, et il constate qu'il a trouvé auprès de l'Empereur-Roi François-Joseph un « accueil très gracieux et l'empressement à traiter avec nous », mais il ne nous fait rien connaître des négociations de Vienne.

Andrássy, lui-même, n'a pas laissé de mémoires (2), mais Ludwig von Dóczy a publié dans la *Neue Freie Presse* de Vienne (n° 15188, du 2 décembre 1906) la description suivante, fort détaillée, des négociations de Vienne :

Bismarck (qui avait fait dire de Gastein au comte Andrássy qu'il n'apporterait rien d'écrit, pas même un projet, et que

---

(1) Telle était en réalité l'idée de Hohenlohe, qui écrit le 22 septembre cette « notice » : « Si nous nous mettons du côté de la Russie et que nous restions neutre, l'Autriche s'alliera avec la France et l'Angleterre ».

(2) Le rédacteur en chef du *Pester Lloyd*, Sigmund Singer, qui avait été l'ami intime du Comte, m'a raconté qu'il avait demandé à Andrássy, en lui remettant le vol. II des *Mémoires* de BEUST, récemment parus, pourquoi il n'écrivait pas les siens, et qu'Andrássy lui répondit : « Mes *Mémoires* sont déposés aux archives de la Présidence du Conseil de Hongrie et du Département des Affaires Etrangères ; l'homme d'Etat qui se met à écrire ses Mémoires se place devant la glace en se posant la question : comment cela me va-t il ?»

les plumes distinguées qui étaient à la disposition du
Ballplatz de Vienne feraient pour le mieux) réitéra à
Vienne sa proposition de Gastein : alliance offensive et défensive dans tous les sens, sans spécifier la Russie, mais,
étant donné la situation, ceci voulait dire la Russie. Il a
amené jusque-là son Impérial Maître, après des luttes difficiles et mouvementées, après avoir mis en jeu sa démission. Pour le vieux souverain, il est devenu très dur de
donner son acquiescement à une alliance dont son neveu
Alexandre ne fait pas partie. Il ne faut pas penser à une
alliance contre la Russie et surtout contre la Russie seule.
Il importe avant tout de créer en Europe Centrale au moyen
d'une alliance offensive et défensive, une force imposante
en état de faire face à toute menace et à toute attaque,
d'assurer à l'Autriche-Hongrie les résultats acquis à Berlin
concernant la question d'Orient et de rendre l'Allemagne
indépendante des caprices et de la mauvaise humeur de la
Russie. Cette alliance aura son fondement le plus solide
dans l'harmonie des intérêts des deux grandes nations et
dans les sentiments de leurs citoyens, mais elle peut être
rendue encore plus durable et s'élever de toutes parts au-
dessus des variations des intrigues diplomatiques et des
oscillations de la politique intérieure, si elle est communiquée et, de la sorte, légalement établie par les parlements
nationaux à Berlin, à Vienne et à Budapest.

Le comte Andrássy reconnut l'importance de la question
et le caractère urgent de l'entente, mais il s'en tint aux paroles dites à Gastein. Une alliance publique serait une provocation, non seulement parce qu'elle contiendrait la protection contre une agression de la Russie, qui pouvait ne
pas se produire, mais parce qu'elle constaterait l'isolement
de la Russie, ce qui ne favoriserait guère le courant amical
à Pétrograd. De la Russie, argumentait l'homme d'Etat
hongrois, nous ne voulons rien qui puisse justifier de sa
part une attaque. Nous ne sommes pas ses ennemis, et
nous ne désirons pas le devenir. Nous voulons la stricte

application du traité de Berlin, sans avantage pour nous, sans désavantage pour la Russie. Nous ne désirons pas la guerre avec la Russie, mais, non plus, une nouvelle entente. Nous en avons assez de cette politique des trois Empereurs, qui aboutit toujours en première ligne à ce que l'un d'eux jette sa « dignité » dans le plateau de la balance, parce que ses ministres trouvent le moment opportun d'extorquer un succès. Mais une telle entente serait infailliblement tentée à nouveau de se frayer un chemin, dès que la Russie reconnaîtrait son isolement devant le monde entier. En ce qui concerne la détermination légale de l'alliance, elle serait considérée comme une limitation de la souveraineté des deux puissances et, même si elle devait être accomplie, elle rendrait impopulaire la grande œuvre qui vit d'elle-même dans les cœurs des nations.

Le Chancelier était — ou se montrait — assez désillusionné par ces objections, mais à aucun moment il ne fit mine de rompre les négociations ou même seulement de les interrompre. Il déclara donc que tout restait en question. Ce qu'il propose maintenant est approuvé de son monarque, bien qu'avec de fortes réserves, et il prendrait sur soi de conclure tout de suite sur cette base sans en référer de nouveau à Berlin. Il regrette les difficultés, auxquelles il ne s'attendait pas, il prie le comte Andrássy de lui communiquer la formule du projet de traité, tel que ce dernier se l'imagine, et il donne ainsi à penser qu'il aurait à aller contre, voire à combattre point par point, les indications de son souverain, même si elles lui paraissaient acceptables.

Le jour suivant, le projet écrit (1) était entre les mains de Bismarck. Mais, en même temps, les journaux reproduisirent un télégramme de Berlin, aux termes duquel on qualifiait, de façon très officieuse, comme inexactes toutes

(1) Tout est de la main d'Andrássy, dans le projet qui se trouve dans les Archives Comtales des Andrássy, pour ce qui concerne les passages relatifs à la Russie (E. v. Wertheimer, *Graf Julius Andrássy*, vol. III, p. 283.

les communications relatives à l'imminence de la conclusion d'un traité avec l'Autriche-Hongrie. Le Chancelier d'Empire se prit d'une grande colère et adressa à Berlin une protestation enflammée, non seulement contre le contenu de ce démenti, mais aussi contre le caractère illégal de l'insertion dans un organe administratif, à son insu, des communiqués d'une telle importance (1).

Les négociations afférentes au projet d'Andrássy durèrent jusqu'au 24 septembre, et elles s'achevèrent dans une conférence qui se prolongea jusqu'aux heures les plus tardives de la nuit. Au sujet de cette conférence finale, qui eut lieu dans le bâtiment Stöckel de Schönbrunn, le comte Julius Andrássy communiqua ce qui suit à M. von Dóczy (2) :

« Après avoir pris la copie de la dernière rédaction du projet d'alliance, le prince Bismarck se leva soudain du divan, et, chiffonnant presque le papier dans sa main, s'approcha de moi, très près, de sorte que j'entendais sa respiration. Je me levai vite de mon siège, de manière à attendre l' « adversaire ». Ce fut tout de suite un autre homme, un autre œil, une autre voix. Je fis face à son regard perçant, restant immobile, presque résolu à tenir tête à tout. « Nous étions si éloignés sur le papier, dit-il. Je ne peux rien vous dire de plus que ceci : réfléchissez à ce que vous faites. Pour la dernière fois je vous conseille de laisser tomber votre résistance. Acceptez mon projet, s'écria-t-il d'une voix

___

(1) Le baron Dóczy ne peut désigner plus nettement la source officieuse qui publia le démenti. Peut-être s'agit-il d'une information de la *Norddeutsche Allgemeine Zeitung*, où on lit : « La conviction, enracinée dans les cercles bien renseignés, qu'il ne s'agit pas du tout de formuler une alliance quelconque, défensive et offensive, que l'on baptise la chose comme l'on voudra, ne portera préjudice en aucun sens à la grande importance de cette visite ». La *Norddeutsche Allgemeine Zeitung*, de même que la *Provinzial-Korrespondenz*, a déjà attribué, après le 24 septembre, une importance plus grande aux « conversations de Vienne ».

(2) Sur ceci, voir également l'article du professeur Heinrich Marczalis dans la *Deutsche Revue*, 1906, p. 269.

élevée, avec une mine menaçante. Je vous donne un bon conseil, car sinon... (ici il y eut un moment de silence, pendant lequel j'entendais battre mon cœur) sinon j'accepterai le vôtre. » Ces dernières paroles furent dites sur un ton convenable, et il ajouta en souriant : « Mais cela me causera, fichtre ! beaucoup de peine ». Il me tendit jovialement la main et j'étais heureux que la mienne ne tremblât pas, quand je la mis dans la sienne. C'est d'ailleurs dans les moments critiques que je suis le plus calme. Mais l'attitude de cette figure de géant était si puissante, presque brutale, que j'étais empêché de dormir par la pensée de ce qui aurait pu arriver si mes nerfs m'avaient abandonné un instant. »

Le jour suivant, l'instrument du traité, qui devait lier les deux ministres, fut copié au net en deux exemplaires. Le comte Andrássy avait entrepris de faire remettre à Bismarck, à l'Hôtel Impérial, l'exemplaire qui lui était destiné, par une personnalité de confiance. Pour cette mission, historique dans son espèce, il choisit son fils aîné Théodore.

Pendant son séjour à Vienne, Bismarck fut également reçu par l'Empereur François-Joseph, qui avait interrompu ses chasses. En plus d'Andrássy, Bismarck conféra aussi avec le baron Haymerle (auparavant ambassadeur au Quirinal), qui, au cours de la présence de Bismarck à Vienne, fut nommé successeur d'Andrássy (1), et avec le Président du Conseil hongrois, Koloman de Tisza. Le Chancelier d'Empire avait enfin rendu visite à Teisserenc de Bort, ambassadeur de France à la Cour de Vienne (2), et lui avait fait connaître le but de ses négociations en cette ville :

(1) Ce fait avait également hâté les négociations de Vienne. Cpr. *Grenzboten*, n° 12 du 18 mars 1880 : « La chose pressait. Andrássy voulait quitter la direction des affaires par besoin de repos. Il avait déjà fait venir à Vienne son successeur... »

(2) Le 24 septembre, Teisserenc était malade et pouvait partir tout de suite en congé. Voir le rapport du *Temps*, n° du 25 septembre.

« L'entente entre l'Allemagne et l'Autriche ne peut troubler la France en aucune façon, car cette alliance a un caractère nettement pacifique (1) ». Dès son retour à Berlin, le 26 septembre, Bismarck eut aussi une entrevue avec l'ambassadeur russe von Oubril (2), à qui il déclara que les stipulations de Vienne n'avaient rien d'inquiétant pour la Russie.

Quand Bismarck fut rentré à Berlin, il demanda et obtint un congé pour aller à Varzin. Son état de santé, dit-il dans ses *Gedanken und Erinnerungen* (3), l'avait empêché de se rendre auprès de l'Empereur.

« Mon impérial Maître, dit-il au Dr. Blum, répondit carrément non ! Il resta sourd et taciturne devant tous les mémoires et observations que j'avais présentés par écrit. » Dans l'article des *Grenzboten*, cité à de nombreuses reprises, Busch raconte que Bismarck dut faire la remarque que l'on n'était pas encore arrivé au but et que l'on était suffisamment sûr des décisions qui signifiaient un recul, bien que l'unanimité du ministère d'Etat eût sanctionné et faites siennes les démarches faites à Gastein et à Vienne (4). Le comte Stolberg, ami de Bismarck, entreprit d'aller voir l'Empereur à Baden-Baden. Il mena les négociations à bonne fin, malgré la vive résistance de Sa

(1) Dr. HANS BLUM, *Fürst Bismarck und seine Zeit.*, vol. V, p. 287. Dans cette entrevue, Bismarck dit : « Je ne me sers jamais de la parole pour déguiser ma pensée ».

(2) M. von Oubril avait auparavant reçu de Bade une « note d'instructions de Gortchakoff.

(3) POSCHINGER, *Fürst Bismarck und die Diplomaten*, p. 404.

(4) Bismarck avait posé la question de cabinet, et il lui était arrivé de gagner ses collègues à son dessein (BISMARCK, *Gedanken und Erinnerungen*, vol. II, p. 247). En juin 1888, Bismarck dit aussi au Dr. Franz, président du Sénat de la Haute Eglise Evangélique pour l'Autriche : « Quand je revins de Vienne à Berlin avec l'instrument du traité signé, j'étais nettement résolu à donner ma démission au cas où cette démarche de moi n'aurait pas trouvé l'approbation de l'Empereur, car le trait essentiel de toute ma politique était constitué par la formation et le maintien de l'alliance austro-allemande ».

Majesté (1). L'Empereur ne fut pas convaincu par les arguments politiques, mais il promit de ratifier le traité, pour cette seule raison qu'il lui déplaisait de voir un changement de personnes dans le Ministère. Le Prince héritier était naturellement favorable à l'alliance avec l'Autriche, mais « sans influence sur son père ». La conclusion de l'alliance eut pour effet, comme le montre Marcks (2), de faire cesser le dernier grave conflit entre l'Empereur et le Chancelier.

Ainsi fut signé à Vienne, le 7 octobre, l' « alliance de paix et de défense réciproque » (3). Les signatures du traité sont celles du comte Julius Andrássy et du prince Henri VII de Reuss.

Voici maintenant le texte de ce traité, qui fut connu pour la première fois seulement quand il fut publié en 1888 :

Considérant que Leurs Majestés l'Empereur d'Autriche, Roi de Hongrie, et l'Empereur d'Allemagne, Roi de Prusse, doivent considérer comme leur devoir impérieux de souverains de veiller en toutes circonstances à la sécurité de leurs Empires et à la tranquillité de leurs peuples ;

Considérant que les deux monarques seront à même, par une alliance solide des deux Empires, dans le genre de

---

(1) Bismarck, *Gedanken und Erinnerungen*, vol. II, p. 248. — La *Kölnische Zeitung* raconte que Bismarck écrivait chaque jour à l'Empereur, lorsque le comte Otto von Stolberg-Wernigerode séjournait auprès de ce dernier à Baden-Baden, et qu'il joignait à chacune de ses lettres un exposé qui était un petit chef-d'œuvre.

(2) *Kaiser Wilhelm I*, p. 355.

(3) D'après la *Kölnische Zeitung* le traité devait être en vigueur jusqu'au 15 octobre 1884. En faveur de cette durée de validité, on peut également citer le texte du projet d'Andrássy, qui se trouve dans les archives de la famille et que Wertheimer reproduit dans son ouvrage *Graf Julius Andrássy*, p. 283. Heinrich Friedjung constate dans son article, *Der Inhalt des Dreibundes*, publié en 1913 dans le n° 1 du *Greif*, que l'alliance se renouvellerait par tacite reconduction, sauf dénonciation.

celle qui existait précédemment, d'accomplir plus facile-
ment et plus efficacement ce devoir ;

Considérant, enfin, qu'un accord intime entre l'Autriche-
Hongrie et l'Allemagne ne peut menacer personne, mais
est plutôt de nature à consolider la paix européenne créée
par les stipulations du traité de Berlin, Leurs Majestés
l'Empereur d'Autriche, Roi de Hongrie, et l'Empereur
d'Allemagne, se promettant solennellement de ne jamais
donner une tendance agressive quelconque à leur accord
purement défensif, ont résolu de conclure une alliance de
paix et de protection réciproque.

Dans ce but Leurs Majestés ont nommé comme leurs
plénipotentiaires :

Pour Sa Majesté l'Empereur d'Autriche, Roi de Hongrie,
son conseiller intime réel, le Ministre de la maison impé-
riale et des affaires étrangères, le feld-maréchal lieutenant
comte Julius Andrássy von Czik-Szent-Király und Kraszna-
Horka, etc., etc.

Pour Sa Majesté l'Empereur d'Allemagne, son Ambas-
sadeur et Plénipotentiaire extraordinaire, le lieutenant-gé-
néral prince Henri VII de Reuss, etc., etc., qui tous deux
se sont mis en rapports, aujourd'hui, à Vienne, et après
échange de leurs pouvoirs dûment reconnus bons et suffi-
sants ont arrêté ce qui suit :

ARTICLE 1er.

Si, contrairement à ce qu'il y a lieu d'espérer et contrai-
rement au sincère désir des deux hautes parties contrac-
tantes, l'un des deux Empires venant à être attaqué par la
Russie, les deux hautes parties contractantes sont tenues
de se prêter réciproquement secours avec la totalité de la
puissance militaire de leur Empire et, par suite, de ne
conclure la paix que conjointement et d'accord.

ARTICLE 2.

Si l'une des deux hautes parties contractantes venait à être attaquée par une autre puissance, l'autre haute partie contractante s'engage par le présent acte, non seulement à ne pas soutenir l'agresseur contre son haut allié, mais, tout au moins, d'observer une neutralité bienveillante à l'égard de la partie contractante.

Si, toutefois, dans le cas précité, la puissance attaquante était soutenue par la Russie, soit sous forme de coopération active, soit par des mesures militaires qui menaceraient la puissance attaquée, alors l'obligation d'assistance réciproque avec toutes les forces militaires, obligation stipulée dans l'article 1ᵉʳ de ce traité, entrerait immédiatement en vigueur, et les opérations de guerre des deux hautes parties contractantes seraient aussi, dans cette circonstance, conduites conjointement jusqu'à la conclusion de la paix.

ARTICLE 3.

Ce traité, en conformité de son caractère pacifique, et pour éviter toute fausse interprétation, sera tenu secret par les deux hautes parties contractantes. Il ne pourrait être communiqué à une troisième puissance qu'à la connaissance des deux parties, et après entente spéciale entre elles.

Vu les dispositions exprimées par l'Empereur Alexandre à l'entrevue d'Alexandrowo, les deux parties contractantes nourrissent l'espoir que les préparatifs de la Russie ne deviendront pas, en réalité, menaçants pour eux ; pour cette raison, il n'y a actuellement aucun motif à communication. Mais, si, contre toute attente, cet espoir était rendu vain, les deux parties contractantes reconnaîtraient comme un devoir de loyauté d'informer, au moins confidentielle-

ment l'Empereur Alexandre qu'elles devront considérer comme dirigée contre elles deux toute attaque dirigée contre l'une d'entre elles.

En foi de quoi, les plénipotentiaires ont signé de leur propre main ce traité, et y ont apposé leurs sceaux.

Fait à Vienne, le 7 octobre 1879.

Signé : L. S. : ANDRÁSSY.

L. S. : Prince HENRI VII DE REUSS.

Le jour qui suivit la signature du traité vit publier l'acceptation de la démission du comte Julius Andrássy et la nomination de Haymerle. Le même jour eut lieu à Vienne l'ouverture du *Reichsrat*. Le discours du trône ne fait pas allusion à l'événement qui venait de s'accomplir et qui intéressait l'histoire mondiale ; il se contente de constater les perspectives réjouissantes, relatives à une réglementation favorable des rapports commerciaux avec l'Empire allemand (1), mais le discours du trône de François-Joseph Iᵉʳ, en date du 18 décembre, parle déjà, à l'occasion de l'ouverture des Délégations, d'une entente intime avec l'Empire allemand.

Le 10 octobre, « dixième année de mon gouvernement et première année de ma liberté », le comte Julius Andrássy fit connaître à Bismarck la signature du traité : « J'étais heureux de terminer par ce trait de plume ma carrière de ministre, bien que les circonstances fussent

(1) Les journaux, en Autriche-Hongrie et en Allemagne, discutent la nécessité d'un acheminement vers une nouvelle convention de douane et de commerce ; quelques pages font également de la propagande en faveur de la conclusion d'une union douanière où entreraient aussi la Serbie et la Roumanie. Le 31 décembre, fut prolongé de décembre 1879 à juin 1880 le traité de commerce avec clause de la nation la plus favorisée entre l'Allemagne et l'Autriche-Hongrie.

difficiles ; aussi espéré-je que le maintien du traité sera d'autant plus facile ». Bismarck ne répondit à cette lettre que le 18 décembre : « Comme résultat final de nos efforts, nous sommes satisfaits qu'entre Aix-la-Chapelle et Mehadia la majorité des gens loyaux nous soit reconnaissante du service rendu aux deux grands Empires ; le souci de la guerre a partout reculé devant la confiance en la paix ».

Le 16 octobre eut lieu à Berlin une séance de la Commission diplomatique, à laquelle Bismarck n'assista point pour cause de santé. Au nom du Chancelier d'Empire, le comte Stolberg y fit des communications orales et confidentielles, qui ne laissaient pas d'être approfondies, sur la conclusion de l'alliance avec l'Autriche (1). Il donna lecture du texte du traité, ainsi que du projet d'une instruction y relative à l'Ambassade d'Allemagne à Pétrograd ; il y affirme de la manière la plus expressive le but pacifique et défensif de la convention. En raison du caractère confidentiel de ces communications, Stolberg ne voulut pas qu'un rapport fût adressé par la commission à l'assemblée en séance générale et le président-von Pfretzschner fut d'avis que la commission n'avait rien à faire de plus.

Deux jours plus tard, l'alliance fit pour la première fois l'objet d'une discussion administrative et publique. Le Ministre anglais des Affaires Etrangères, lord Salisbury, fit, à Manchester, un discours où il dit, après avoir discuté la politique du Cabinet *tory* dans la question d'Orient, à partir du traité de San-Stefano : « Je crois que c'est sur la force et l'indépendance de l'Autriche que repose le meilleur espoir de stabilité et de paix en Europe. Ce qui est arrivé au cours des dernières semaines nous justifie à espérer que l'Autriche, attaquée, ne restera pas seule. Les journaux rapportent — je ne sais pas s'ils le rapportent bien — qu'une alliance défensive a été formée entre l'Allemagne

(1) Voir Dr. FREIHERR VON MITTNACHT, *Erinnerungen an Bismarck*, p. 41.

et l'Autriche. Je ne veux pas exprimer d'opinion sur l'exactitude de cette nouvelle, mais je dirai à vous et à tous ceux qui apprécient la paix et l'indépendance des nations — je puis le dire sans profanation — que ceci est un bon message d'une grande joie (*good tidings of great joy*) (1) ».

Le traité signé, l'Empereur Guillaume arrêta d'en communiquer la conclusion à Pétrograd. L'Empereur considérait comme indispensable, dans son esprit chevaleresque, nous dit Bismarck dans ses *Gedanken und Erinnerungen* (2), de faire connaître confidentiellement à l'Empereur de Russie que s'il attaquait l'une des deux puissances voisines il les aurait toutes deux contre lui, pour que l'empereur Alexandre ne crût pas à tort pouvoir attaquer l'Autriche seule. Ce souci ne m'a pas semblé fondé, ajoute le Chancelier d'Empire, car le Cabinet de Pétrograd devait déjà savoir par notre réponse à la question qui nous avait été adressée de Livadia, que nous ne laisserions pas l'Autriche s'effondrer, que notre traité avec l'Autriche ne créait donc pas une nouvelle situation, mais se contentait de légaliser la situation existante. Au surplus la question de la communication administrative à Pétrograd, avant la ratification, fit l'objet d'un échange de notes entre Berlin et Vienne. Quand Bismarck l'informa que l'Empereur Guillaume désirait porter à la connaissance du Tsar le contenu du traité, le comte Andrássy (3) se déclara opposé à toute communication autre que celle qui aurait à cons-

(1) Dans sa lettre du 10 septembre au Roi de Bavière (*Gedanken und Erinnerungen*, vol. II, p. 244), Bismarck avait justement conclu : «L'Empire allemand allié avec l'Autriche ne serait pas privé de l'appui de l'Angleterre ». Le discours de Salisbury succéda d'ailleurs à une allocation pacifiste très chaleureuse de lord Beaconsfield, à Londres, le 11 novembre, au banquet du Lord-Maire.

(2) P. 248.

(3) *Neue Freie Presse*, 2 décembre 1906, L. v. Dóczy, *Andrássy und Bismarck.*

tater le fait de la conclusion d'une entente en vue du maintien de la paix et de la défense réciproque, avec exclusion de toute idée hostile à l'égard d'une puissance quelconque. Ce désir ayant été exprimé à nouveau, Andrássy alla jusqu'à écrire à titre privé au prince Bismarck qu'il avait démissionné et qu'il s'en rapportait à lui d'éprouver si le Chancelier d'Empire trouvait son successeur plus souple. La ratification fut effectuée le 18 octobre, et une communication confidentielle fut faite à Pétrograd sous une forme qui fut dressée d'accord par les deux parties, et que Bismarck avait fait adopter le 16 octobre par la Commission diplomatique. En même temps que cette communication diplomatique, une lettre privée de l'Empereur, en date du 4 novembre, partit également pour Pétrograd ; Guillaume Ier y annonce « à son cher neveu et ami » le résultat des entretiens qui avaient eu lieu à Gastein et à Vienne entre le prince Bismarck et le comte Andrássy « comme rétablissement de l'entente des trois Empereurs, qui a rendu de si importants services à l'Europe depuis 1873 ». Le 2/14 novembre, l'Empereur Alexandre répondit de Livadia : « Je suis heureux de pouvoir constater que cette négociation politique ne se réfère en aucune façon à ce qui est contraire à mes désirs... Dans mon adhésion à l'alliance conclue entre l'Allemagne et l'Autriche, je vois volontiers le retour à l'entente parfaite des trois Empereurs qui, tu le remarques avec tant d'exactitude, tend à rendre les plus grands services à l'Europe ».

Peu après eut lieu le voyage du Grand-Duc, héritier de la couronne, à Vienne et à Berlin (16 et 17 novembre) et la réception du Chancelier de l'Etat russe par l'Empereur à Berlin (30 novembre), Bismarck se tint à l'écart dans les deux cas, mais les rapports continuèrent à être bons entre les deux Cours russe et allemande.

L'alliance était en sûreté. *Per tot discrimina rerum*. Le « désir » de Bismarck, « qui remontait jusqu'à l'année 1852 » était exaucé : le « complément de son œuvre de

1886 » (1) qui, comme il l'a fait remarquer lui-même à
Friedjung (2), avait toujours été son but. L'Empereur-Roi
à leur tête, les dirigeants de l'Autriche-Hongrie acceptent
avec beaucoup de joie la conclusion de l'Alliance (3), et
l'Archiduc Albert lui-même, qui passait pour russophile,
s'indigne fort des ruses et des stratagèmes de la politique
russe et se réjouit de la mise sur pied de l'alliance avec la
Russie (4). Bismarck donne lui-même des détails sur sa
création dans le chapitre *Der Dreibund* de ses *Gedanken
und Erinnerungen.* Le Chancelier d'Empire exhorte son
pays à rester fidèle à la politique inaugurée par lui : à côté
de l'alliance défensive avec l'Autriche, il faut soigner les
rapports de voisinage avec la Russie, car « une assurance
certaine n'existe pas pour l'Allemagne contre le naufrage
de la combinaison adoptée (union défensive avec l'Autriche),
mais on a la possibilité de tenir en échec les velléités anti-
allemandes en Autriche-Hongrie, tant que la politique
allemande ne se coupe pas le pont qui conduit à Pétrograd et qu'elle ne crée ˛entre la Russie et nous aucune
rupture impossible à surmonter. Bismarck montre ensuite
que les « habitants du bassin du Danube ont des besoins et
des plans qui s'étendent au delà des frontières actuelles de
la monarchie austro-hongroise... Mais l'Empire allemand
n'a pas le devoir de conduire ses sujets avec leurs biens et
leur sang en vue de la réalisation des vœux des voisins.
Le maintien de la monarchie austro-hongroise comme

(1) Buscu, *Unser Reichskanzler*, vol. I, p. 449.

(2) *Der Kampf um die Vorherrschaft in Deutschland.*

(3) Au cours du dîner parlementaire du 4 mars 1880, Bismarck
fit connaître ceci (voir Poschinger, *Fürst Bismarck und die Parlamentarier*, vol. I, p. 182) : les cercles militaires autrichiens voient
tout à fait avec sympathie l'union intime des deux pays, et l'archiduc Albert, dont on a affirmé le contraire, est juste l'un des
meilleurs soutiens des rapports nouvellement établis, qui seront
durables selon toute prévision humaine.

(4) *Grenzboten*, n° 12 du 18 mars 1840, *Zur Geschichte der Deutsch-
Oesterreichischen Bündnisses.*

Singer   5

grande et forte puissance indépendante est pour l'Allemagne une nécessité de l'équilibre européen, pour lequel la paix du pays peut être engagée sans arrière-pensée s'il le faut. Aussi devait-on s'abstenir à Vienne de déduire de l'alliance, en se basant sur cette assurance, des droits pour lesquels elle n'est point conclue ». Le Chancelier d'Empire proteste contre le fait que des tendances agressives aient été supposées à sa politique lors de la conclusion de l'alliance défensive. En présence des sympathies pour la France, qui existent encore aujourd'hui et que manifestent la Pologne et la Hongrie et le clergé de toute la monarchie, Bismarck craint, d'une part, la renaissance de ces relations qui « trouvèrent leur expression en 1863, et entre 1866 et 1870 dans la diplomatie commune et dans des contrats plus ou moins mûris », d'autre part, la possibilité d'une concurrence, entre Vienne et Berlin, en vue de l'amitié de la Russie : nous ne pouvons pas abandonner l'Autriche, poursuit Bismarck, mais nous ne pouvons pas non plus perdre de vue la possibilité d'être abandonnés volontairement ou non par la politique viennoise. Le chapitre se termine par les phrases suivantes : « La Triple Alliance a l'importance d'une position stratégique dans la politique européenne, en raison de sa situation à l'époque de la ratification, mais, en ce qui concerne toute modification dans l'avenir, elle n'est pas plus un fondement solide, éternel, que les anciennes triples et quadruples alliances des siècles derniers, et en particulier la Sainte Alliance et la Confédération Germanique. Elle ne dispense pas du « toujours en vedette ! » » Durant les années suivantes, la politique de Bismarck est conséquemment accompagnée de l'effort en vue de conclure avec la Russie une bonne entente, ce qui lui arrive malgré les tracasseries panslavistes et françaises. Pétrograd reste d'humeur pacifique et la France est isolée (1). La rencontre des trois

(1) Valbert constate ouvertement en 1883, dans le nᵒ de mai de

Empereurs à Skierniewice couronne la politique pacifiste du Chancelier d'Empire.

On voit courir parallèlement la mise en vigueur de l'alliance austro-allemande et le souci de bonnes relations avec la Russie.

La question d'Orient (en particulier la question des frontières du Monténégro et de la Grèce) domine encore et toujours au cours de l'année qui suit la conclusion de l'alliance. L'Angleterre prend position contre l'Autriche-Hongrie, comme elle le fera plus tard lors de l'annexion de la Bosnie et de l'Herzégovine. Beaconsfield et, par la suite, Gladstone s'épuisent en attaques contre la monarchie danubienne. L'Angleterre soulève la question de l'Arménie et la réforme de la constitution provinciale de la Turquie européenne.

Telle est la première épreuve de l'alliance : l'Allemagne reste fidèle aux Habsbourgs. Il y a bien, çà et là, certains désaccords : l'Allemagne s'inquiète de la politique germanophobe du cabinet Taaffe, en Autriche on observe une agitation violente contre les droits de douane allemands sur les produits industriels, et il en est de même en Hongrie à l'égard des droits sur les céréales. La dissension naît aussi du fait que, malgré de longues négociations, le nouveau traité de commerce n'a pas encore pu être mis sur

la *Revue des Deux-Mondes*, l'isolement de la France. Les criailleries françaises se tournent aussi avec une particulière âpreté contre l'Autriche et, dès 1880, l'ouvrage intitulé *Les coulisses de la diplomatie* parle de la possibilité d'une guerre avec l'Autriche. L'écrit historique français prédit une longue durée à l'alliance défensive. Dans son livre, *Bismarck et son temps* (vol. III, p. 310), Paul Matter écrit : « Les deux empires sont liés d'un lien qui se resserre chaque année et dont l'avenir est un mystère. » Dans une brochure anonyme de 1879, *Le Prince de Bismarck et sa politique austro-prussienne* (p. 14), nous lisons : l'alliance entre l'Allemagne et l'Autriche-Hongrie est très populaire en Allemagne, tant au nord qu'au sud, où la vanité des petits souverains trouve une consolation dans ce fait que la fière Maison de Habsbourg se conforme et s'adapte complètement à la politique de Varzin.

pied (1). Au début de l'année, d'importantes déclarations sont faites au sein des Délégations austro-hongroises. Haymerle dit, le 15 janvier, à la Délégation autrichienne : « Les rapports intimes entre l'Allemagne et l'Autriche-Hongrie ne sont pas un fait aussi nouveau que le fait supposer la rencontre des hommes d'Etat des deux pays... L'échange d'idées qui se fit à Gastein a permis de constater, non seulement la communauté des intérêts dans toutes les grandes questions, mais une telle ressemblance de la conception de ces questions dans toutes leurs conséquences possibles, que les pourparlers conduisirent naturellement à une entente générale et intime. Cette entente est une œuvre de paix. Elle ne menace personne ; au contraire, dans l'Europe Centrale, par l'union étroite des deux puissances importantes, elle doit former un noyau auquel peut adhérer toute autre puissance qui tend également vers la paix et la tranquillité. Elle a aussi, par essence, une solidité et une durée telles que pourrait les lui conférer n'importe quelle forme de style. Elle pousse ses racines dans la communauté des intérêts, dans une conception politique analogue, dans l'amitié des souverains et dans les sympathies de la population ». Deux jours après, le chef de section du ministère des affaires étrangères, v. Kállay, dit devant la Délégation hongroise : c'est juste dans ce fait que les deux Etats désirent la paix, que, dans aucun des deux, n'existent d'aspirations et de désirs seulement réalisables aux dépens de l'autre, que réside la nécessité naturelle de l'amitié politique réciproque, qui suscite en même temps l'espoir justifié que l'on peut écarter les difficultés existant dans le domaine économique.

Les visites annuelles de l'Empereur Guillaume à la Cour de François-Joseph à Ischl, le voyage du Prince héritier Rodolphe à Berlin, celui du Prince Guillaume à Vienne, les rencontres de Bismarck avec Haymerle et avec le suc-

(1) La nouvelle convention de commerce ne fut conclue qu'en juin 1881.

cesseur de ce dernier, Kálnoky (1) (qui, après son entrée
en fonctions, est pourvu d'une haute distinction honori-
fique, à Gastein, par l'Empereur d'Allemagne), tout cela
illustre extérieurement le maintien des errements anciens,
et Bismarck peut, en 1882, voir son œuvre couronnée par
l'adhésion de l'Italie.

Un succès complet est obtenu par le Chancelier d'Empire, quand il s'efforce d'avoir avec la Russie des rapports
« de voisinage et d'amitié ». Le 25ᶜ anniversaire de l'accession au trône du Tsar Alexandre (22 février 1880) suscite un
échange cordial de dépêches. L'Empereur Guillaume adresse
ses compliments au Tsar dans une lettre contresignée par
le Chancelier d'Empire, et il exprime l'espoir que l'amitié
subsistera « jusqu'à la fin de ma vie ». Le 27 avril de la
même année, le général commandant le IXᵉ Corps d'armée,
von Treskow, se rend à Pétrograd, en mission solennelle,
pour complimenter l'Empereur Alexandre à l'occasion de
l'anniversaire de sa naissance (l'Empereur-Roi François-
Joseph avait également envoyé à la Cour du Tsar un Feld-
Maréchal-Lieutenant) (2). Le 13 mars de l'année suivante (1881), le Tsar Alexandre est victime d'un attentat
nihiliste. Le 22 mars, l'Empereur Guillaume fête le 84ᵉ anniversaire de sa naissance, et, à cette occasion, le Tsar
Alexandre III lui adresse une dépêche extrêmement chaleureuse, à la réception de laquelle l'Empereur Guillaume
doit avoir dit : « Du nouvel Empereur, la cordialité, la fidélité et l'amitié anciennes, tout cela fait du bien ! » Le même
jour, le Prince héritier part pour Pétrograd, comme représentant de l'Empereur aux funérailles d'Alexandre II ; il
y déclare, le 28 mars, à une députation des Allemands de
Moscou, qu'elle pouvait dire à ses mandants que les vieilles

____

(1) Nommé le 10 octobre 1881.

(2) Haymerle parle également, devant la délégation autrichienne,
des rapports très amicaux avec la Russie, et il affirme que l'Autriche
cherche en Orient, non pas une influence prépondérante, mais une
action commune.

relations amicales entre les deux pays étaient devenues traditionnelles, qu'elles continueraient par la suite et que l'amitié de la génération présente serait aussi durable que celle de l'ancienne génération, amitié importante, non seulement pour les deux États voisins, mais pour la paix de l'Europe tout entière.

Puis, le 9 septembre, l'Empereur Guillaume et l'Empereur Alexandre ont une entrevue à Danzig. Toute la presse y voit un rapprochement de la Russie avec l'Allemagne, mais aussi avec l'Autriche. Le message d'ouverture du Reichstag (17 novembre) constate également que les relations étroites, personnelles et politiques, basées sur la confiance mutuelle, constituent une garantie solide de la durée de la paix, vers laquelle est dirigée d'accord la politique des trois Empereurs. La fête du Tsar tombe à ce moment : elle est l'occasion d'un échange de dépêches cordiales entre le Tsar et l'Empereur d'Autriche. Le 15 septembre, le baron Haymerle adresse la dépêche suivante à l'Empereur-Roi François-Joseph (1) : « Le comte Kálnoky (2) télégraphie : M. de Giers, que je viens de voir, est très content des impressions mutuelles qui résultent de la rencontre de Danzig. L'Empereur Alexandre est revenu avec un sentiment accru de tranquillité et de satisfaction intime ; notamment, la sagesse et la modération escomptées du discours du prince Bismarck ont produit une bonne impression tant sur le Tsar que sur Giers, et les ont rassurés qu'il ne poursuivît d'autres visées que des visées pacifiques. L'Empereur Guillaume a également fait part du propos si satisfaisant de notre Maître très gracieux, à Gastein, à l'Empereur Alexandre et ajouté qu'il avait trouvé avec joie une constatation des sentiments amicaux, connus de lui, de Sa Majesté Apostolique Impériale et Royale, alors qu'en réalité — et M. de Giers le constate — il n'y a pas de

----

(1) Publiée pour la première fois dans l'*Egyetértés* de Budapest.
(2) Alors ambassadeur à Pétersbourg.

question troublante sur le terrain de la politique extérieure.
La conversation a surtout porté sur le danger socialiste, et,
là aussi, le prince Bismarck a recommandé beaucoup de
prudence et de modération dans l'examen de mesures internationales. M. de Giers dit que le côté intéressant du voyage
de Danzig se trouve dans le fait que, grâce à lui, le Tsar a
manifesté de la façon la moins équivoque à toute la Russie
sa volonté de poursuivre une politique conservatrice et pacifique ».

Cette dépêche éveille en Autriche-Hongrie de façon tout
à fait injustifiée un écho défavorable et, en particulier, la
Neue Freie Presse voit dans les communications de Giers à
Kálnoky un dérangement important et grave des rapports
entre les trois Empereurs, aussi pose-t-elle la question suivante : pourquoi le prince Bismarck accorde-t-il plus de
confiance aujourd'hui qu'il y a deux ans à la sincérité et à
la bonne foi de la Russie ; elle croit pouvoir admettre que
« l'alliance avec l'Autriche seule ne suffit plus à Bismarck ».
L'entrevue de Danzig est discutée en détail, l'année suivante (Haymerle était mort entre temps), par la Délégation
hongroise. Le chef de section Kállay explique, en réponse
à des questions qui lui avaient été posées, que l'entrevue
ne s'était pas occupée de problèmes politiques concrets, mais
qu'elle avait eu, en général, un caractère pacifique et conservateur, par quoi elle contribuerait à la consolidation de la
paix européenne ; au surplus, ni une union verbale, ni une
union écrite, n'avait été conclue à Danzig.

Après Danzig, Nikolai Carlovitch de Giers avait accompagné son souverain, car son oncle, qui avait dirigé pendant un quart de siècle la politique étrangère de la Russie,
était déjà très malade depuis des mois. Giers n'est titu-
larisé qu'en avril 1882 (Gortchakoff meurt l'année suivante). Bien que l'entrevue de Danzig ait donné une preuve
complète du pacifisme du tsar, Ignatieff, qui fut nommé en
1881 ministre de l'intérieur, peut poursuivre le travail sou-
terrain contre l'Allemagne et l'Autriche-Hongrie. Le géné-

ral Skobeleff fait à Pétrograd et bientôt après à Paris des discours d'excitation contre les deux Etats impériaux et spécialement contre l'Autriche (1), mais déjà tombe le tout-puissant Menteur Pacha, et la politique pacifique de Giers peut continuer d'une manière absolue. Au milieu de novembre, il va passer quelques jours auprès de Bismarck (2), voyage qui a pour résultat les rapports amicaux des trois Empereurs, qui, concurremment avec la Triple Alliance, assurent la paix à l'Europe pendant des années. Après la visite de Giers, l'Empereur d'Allemagne (le 28 novembre) s'exprime en des termes très favorables sur la paix mondiale à l'occasion de la réception du bureau de la Chambre prussienne des Députés, et il manifeste sa joie que de bonnes relations soient assurées avec la Russie. Les rapports s'améliorent aussi entre l'Autriche-Hongrie et la Russie et, l'année suivante, de chaudes protestations d'amitié sont échangées entre les souverains de ces deux pays. L'Empereur François-Joseph peut ouvrir les Délégations en leur montrant solennellement l'accord réjouissant des trois souverains et de leurs gouvernements.

La puissance de recrutement de l'œuvre de Bismarck se voit à la fin de 1883 quand, elles aussi, la Roumanie (3) et la Serbie (4) entrèrent dans le camp de la Triple Alliance, qui était hypothéqué un an auparavant.

(1) Giers fit exprimer ses regrets à Kálnoky au sujet de ces paroles.

(2) Ce voyage soulève naturellement une vive discussion dans les journaux allemands, russes et austro-hongrois ; ce qu'écrit la *Frankfurter Zeitung* est intéressant (*Geschichte der Frankfurter Zeitung*, p. 508) : « Le voyage de M. de Giers amène le Chancelier de l'Empire allemand à faire connaître que les rapports austro-allemands contiennent certaines conditions obligatoires. Cette démonstration doit servir d'avertissement à la Russie, d'imitation à l'Italie, de mise en demeure à l'Autriche ».

(3) Bratianu, président du Conseil des Ministres de Roumanie, avait négocié en septembre avec Bismarck, à Gastein, puis avec Kálnoky, à Vienne

(4) Le Roi Milan, sur l'invitation de l'Empereur d'Allemagne, assista à Hombourg aux grandes manœuvres impériales d'automne.

L'ADHÉSION DE L'ITALIE

La meilleure entente existe entre l'Allemagne et l'Italie, au moment où Bismarck pose sa signature sur le projet. de traité, à Vienne, au Château Impérial de Schönbrunn, malgré maints incidents qui se sont produits depuis 1866 (1) : rien de plus naturel, par conséquent, que le vieux Chancelier d'Empire pense à une adhésion de l'Italie dès la naissance de la Double Alliance. Ceci prouve bien le mieux possible que le prince, même avant d'inviter le comte Andrássy à Gastein (août 1879), communiqua ses projets au comte Cairoli, président du conseil italien, qui lui avait rendu visite à Gastein, et lui fit connaître que l'Italie serait à tout moment la bienvenue comme tierce puissance alliée (2). En Italie, Jacini, ex-ministre et sénateur, fait une propagande passionnée en faveur d'une ligne pacifique groupant l'Allemagne, l'Autriche-Hongrie et l'Italie (3) ; d'une ma-

---

(1) Crispi ne cacha jamais sa conviction que la paix de Nikolsburg ne correspondait pas tout à fait au sentiment du peuple italien : « On nous a donné la Vénétie à l'intérieur des frontières administratives du moment, et la corniche alpestre de l'Est nous est restée interdite, » se plaint-il dans son *Journal*; il était d'ailleurs convaincu que la faute en incombait à Napoléon III.

(2) Nigra affirma par contre à un interviewer, après la mort de Bismarck, que l'idée d'une adhésion de l'Italie n'a apparu que plus tard.

(3) Voir *Bismarck zwölf Jahre deutscher Politik*, p. 157.

nière générale, l'annonce de la conclusion de l'alliance offensive et défensive entre l'Allemagne et l'Autriche-Hongrie soulève pourtant l'hostilité de l'opinion hostile, et Crispi peut dire à Palerme, violemment applaudi par ses auditeurs : « Nous avons été humiliés à Berlin et traités comme le dernier peuple de l'Europe, nous y avons été bernés, déshonorés (1) ! »

Les circonstances ne sont pas du tout favorables à une entente. Les troubles attisés par l'Italie en Albanie (2), puis l'agitation irrédentiste dans le Tyrol méridional et à Trieste, prennent des dimensions qui peuvent déjà être qualifiées de menaçantes. Le gouvernement italien s'épuise bien à faire à l'Autriche les déclarations les plus nettes pour dire qu'il réprouve ces menées, mais il ne fait pas la moindre démarche pour les endiguer. Un pamphlet d'Haymerle, attaché militaire autrichien, frère de l'ambassadeur à Rome, et intitulé *Italicae res* produit une impression désagréable ; il se termine par les mots suivants : « Gosses, restez tranquilles ou vous serez battus ! » Les Italiens répondent par le pamphlet *Pro patria*, où ils ne réclament pas moins que

(1) Les événements du Congrès de Berlin sont traités par toute la presse italienne de défaite du jeune royaume : l'Italie fut à Berlin aussi petite que le Piémont était grand à Paris. Le comte Corti, qui représentait l'Italie à Berlin, fut rendu responsable des succès du comte Andrássy. Les Irrédentistes se mirent aussitôt à l'œuvre ; les réunions populaires des « Rouges », présidées par Menotti Garibaldi, et les cercles Barsanti attaquèrent l'Allemagne et surtout l'Autriche avec violence. C'est seulement l'attentat contre le Roi à Naples (17 novembre 1878) qui amène un renversement radical de l'opinion.

(2) Depuis le voyage du Roi Humbert à Pétrograd en 1877, les bruits d'après lesquels un accord spécial concernant l'Albanie existait entre la Russie et l'Italie ne disparaissent pas malgré toutes les assurances officieuses du gouvernement italien. Voir à ce sujet la brochure parue à Munich en 1878, intitulée *Graf Andrássy auf der Anklageblank der Delegationen* : « Le comte Andrássy savait que l'Italie avait formellement pressé l'Empire des Tsars d'accepter son amitié active, moyennant un certain prix d'achat » (page 18).

l'Istrie, Trieste, le littoral hongrois et une partie de la Croatie.

En juin, les conditions s'améliorent pour un temps. Le 24 juin, des démonstrations amicales sont échangées entre l'Italie et l'Autriche-Hongrie à l'occasion de la cérémonie d'inauguration de l'ossuaire de Custozza. Le comte Thun, feld-maréchal-lieutenant austro-hongrois, qui assiste aux fêtes, déclare dans un discours que la juxtaposition des ossements des vaillants des deux armées est une preuve de l'amitié qui existe entre les deux gouvernements et les deux pays. Une circulaire du ministre de l'intérieur, Villa, aux préfets, priant ces fonctionnaires de réprimer toute manifestation en faveur de l'*Italia Irredenta* (1), fait en Autriche la meilleure impression. Au même moment, la visite faite par le Roi d'Italie et son frère, le Prince Amédée, au Prince héritier allemand, qui est avec sa famille à Pegli près de Gênes, a un écho favorable à l'Italie. Mais, dès le mois de décembre, en raison du meurtre du consul d'Italie à Sarajevo et des manifestations faites à l'enterrement du président du cercle *Italia Irredente*, le général Avezzana (mort la veille de Noël), des troubles si violents éclatent qu'en février 1880, l'Autriche-Hongrie se voit forcée de concentrer de grandes masses armées dans le Tyrol méridional. Les mesures de l'Autriche font leur effet : le gouvernement italien réprime l'agitation, d'ailleurs dangereuse pour lui aussi, et, dès le mois de mars, le président du conseil, Cairoli, parle d'une politique austrophile aux applaudissements de sa majorité ! Il déclare ceci : l'Italie n'est pas isolée et se trouve dans les conditions normales d'une puissance qui s'efforce au maintien de la paix au lieu de recourir à des alliances compromettantes, sans exclure des prestations et des services amicaux, dans les questions particulières. La fidèle observation des traités et d'autres considérations nous ont conseillé d'être les amis de

____

(1) La circulaire indiquait la grande valeur que le gouvernement attachait à la bonne entente avec l'Empire voisin.

l'Autriche. Cette amitié n'est pas troublée par les déclarations impuissantes de ceux qui ont compromis les fruits de sacrifices séculaires par des rêves d'entreprises insensées. L'Autriche a même écarté, par des déclarations sincères et amicales, l'impression de méfiance éveillée par l'admission de dangers imaginaires. Le ministre Depretis prend position plus nette encore contre l'*Italia Irredenta* : « Nous avons une *Italia Irredenta*, celle qui se réfère au progrès de l'économie nationale et aux mesures concernant l'amélioration de la situation de la classe laborieuse et la solution de la question sociale », et il affirme que le gouvernement s'opposera avec énergie à tout acte compromettant les relations internationales et à toute agitation républicaine, dont l'importance est d'ailleurs très faible.

Bientôt après, le comte Maffei (1), secrétaire général du ministère des affaires étrangères, est chargé à titre officieux de recueillir à Berlin les sentiments « relatifs à la possibilité de donner aux rapports italo-allemands un caractère d'intimité plus grande et de travailler à une véritable alliance ». Le prince Bismarck lui répond que le chemin de Berlin passe par Vienne (2). Des négociations directes sont entamées en août entre Rome et Vienne ; Haymerle, qui a à Rome des relations distinguées et y est considéré comme un chaleureux ami du jeune royaume, les encourage de toutes ses forces. La visite rendue en septembre par Haymerle à Bismarck, qui séjourne à Varzin, se rapporte aussi à la question de l'adhésion de l'Italie. Les négociations ont une importance telle, que la nouvelle ne tarde pas à se répandre dans la presse anglaise que la Triple Alliance est un fait accompli (3).

(1) Sur ces négociations, voir les *Mémoires* de Crispi, pp. 122 et suiv.

(2) Bismarck lui aussi avait déjà auparavant donné à comprendre à l'ambassadeur De Launay que Trieste devait rester autrichienne.

(3) Le numéro d'octobre du *Contemporary Review*, contient un article d'Outidinos : *The triple-alliance and Italys place in it*, avec ce mot de Gladstone en exergue : l'adhésion de l'Italie à la Triple Alliance est « a gigantic piece of tomfoolery ».

Ce n'est pas vrai, mais on doit déjà avoir conclu à ce moment certains accords se référant à une diminution des troupes concentrées le long de la frontière. La conclusion formelle d'un traité peut avoir alors échoué en raison des sentiments nettement francophiles de Cairoli. Mais, lorsqu'en 1881 le traité du Bardo (12 mai), qui donne Tunis à la France, a pour suite la retraite de Cairoli (1), et qu'à l'occasion du retour des troupes de Tunis des travailleurs italiens sont maltraités à Marseille, le Roi Humbert se résout à un changement fondamental de la politique extérieure de l'Italie. Déjà avant la ratification du traité du Bardo (15 avril 1881), la *Nouvelle Revue* met en garde le gouvernement français : « Il ne faut pas qu'un malentendu ait des conséquences qu'il serait un jour trop tard de regretter ». Le 1er juillet, Mme Adam écrit dans la même publication : « L'Italie n'est pas notre amie : elle attend avec impatience le moment, où une crise intérieure, éclatant chez nous, lui permettra de se ranger impunément du côté de nos ennemis ». La *Rassegna settimanale* écrit au même moment : « L'amicizia coll'Austria é per noi una condizione indispensabile per una politica concludente ed operosa (2) ».

Le Roi va à Vienne avec la Reine Marguerite, à la fin du mois d'octobre; Depretis (3), premier ministre, et Mancini, ministre des affaires étrangères, l'accompagnent (4). A

(1) A l'occasion de sa retraite, Cairoli dit à l'ambassadeur de France : « Je suis le dernier ministre italien qui ait aimé la France ». Voir ONCKEN, *Das Zeitalter des Kaisers Wilhelm*, p. 891.

(2) Cpr. aussi le chap. VI de l'ouvrage du Sénateur LUIGI CHIALA, *Pagine di Storia Contemporanea*, 1898.

(3) Le *Journal des Débats* remarque malicieusement : « Ça ne sera pas un spectacle peu curieux que de voir M. Depretis, l'ancien irrédentiste, accompagner à Vienne son Souverain, qui sans doute ne va pas parler à l'Empereur d'Autriche de la cession de Trente et de Trieste ».

(4) A son retour à Rome, on lance au Roi des placards rouges avec cette inscription : « A bas la monarchie et le colonel autrichien ! »

cette entrevue se rapporte un intéressant débat au sein de
la commission extérieure de la Délégation hongroise.
Kállay, chef de section, répond à plusieurs demandes,
d'après des informations parues dans les journaux, que
l'initiative de la visite du Roi d'Italie provient exclusivement de l'Italie et que, par suite, le ministère viennois des
affaires étrangères n'est pas compétent pour expliquer les
motifs de ce voyage ; mais on peut aussi conclure, non sans
raison, des conditions tant extérieures qu'intérieures de
l'Italie, que ce pays a considéré son rapprochement de notre
monarchie comme correspondant en principe à son propre
intérêt, « car, en ce qui nous concerne, nous n'avons rien
à réclamer à l'Italie, ni rien non plus à craindre d'elle ».
Le comte Julius Andrássy intervient également dans le
débat : l'irrédentisme italien est beaucoup plus un danger
pour l'Italie que pour nous ; s'il avait pu conduire l'Italie à
une guerre contre l'Autriche-Hongrie et que l'Italie y fût
victorieuse, c'eût été aussi un triomphe du parti républicain,
provocateur de cette victoire ; l'Italie battue, la solution
aurait été également fatale pour la dynastie ; il est donc
tout à fait convaincu de la loyauté de l'amitié italienne
comme il croit qu'à ce moment nous ne défendons pas
notre frontière italienne, mais que le gouvernement italien
défend celle de son pays. La presse de Vienne (1) reproduit
d'une manière incomplète le discours de Kállay, ce qui
amène ce dernier à exprimer au comte Robilant, ambassadeur d'Italie à la Cour de Vienne, ses regrets spontanés au
sujet de ces publications et à donner cette version authentique de ses déclarations : « Notre monarchie a toujours
entretenu avec l'Italie des relations amicales malgré le
mouvement irrédentiste. Le Roi d'Italie, en prenant l'initiative d'une visite, a démontré l'existence de ces relations.
L'opinion publique et les journaux des deux pays prouvent

(1) Kállay avait fait son discours dans une séance non publique
de commission.

la réussite de cette entrevue. Aucune espèce de questions politiques n'a été envisagée, aucune n'a fait son apparition. Le résultat de cette visite est que nous n'avons, ni d'un côté, ni de l'autre, rien à désirer, ni rien à redouter. » Le comte Julius Andrássy se rend aussi au palais du comte. Robibant pour renouveler ces déclarations « des plus amicales et des plus cordiales », comme le dit la note demi-officielle de l'*Agenzia Stefani*, en date du 10 novembre, qui donne avec satisfaction connaissance des déclarations des deux hommes d'Etat. Le comte Wimpffen, ambassadeur d'Autriche-Hongrie auprès du Quirinal, communique également à Rome, à Mancini, ministre, le texte authentique du discours de Kállay, et il lui fait connaître qu'en même temps il est chargé de donner l'assurance de la cordialité la plus loyale des sentiments et des dispositions de l'Autriche-Hongrie à l'égard de l'Italie. C'est aussi à ce moment que Kállay déclare, dans une séance plénière de la Délégation, que l'Autriche-Hongrie ne s'inspire, dans ses rapports avec l'Italie, d'aucune sorte de considérations égoïstes et qu'elle a tendu de bon gré la main au rapprochement récent. Le comte Julius Andrássy ajoute qu'en qualité de ministre des affaires étrangères, il a posé la première pierre de cette politique qui jusqu'à présent s'est développée dans de si heureuses conditions ; pendant toute sa carrière ministérielle, il a également été convaincu que la concorde et des rapports d'amitié intime entre l'Autriche-Hongrie et l'Italie sont un grand facteur, un facteur important de l'équilibre européen.

En raison de la « perfidie de la France », tous les partis italiens (sauf les ultra-radicaux-républicains) saluent de toutes leurs sympathies le rapprochement avec l'Autriche-Hongrie. Le fait du rapprochement, le débat survenu à la Délégation hongroise, ainsi qu'une déclaration de Bismarck au cours de la discussion en seconde lecture du budget au Reichstag allemand (29 novembre) (1) viennent à être dis-

(1) « Le centre de gravité n'a-t-il pas glissé toujours plus à gauche,

cutés à la Chambre italienne. Massari expose que le pays tout entier salue le voyage du Roi à Vienne avec des applaudissements enthousiastes, et il désire que les ministres puissent détruire les doutes relatifs à la réalisation des bons résultats attendus du voyage. Sonnino aperçoit dans le voyage de Vienne le commencement d'un système rationnel d'alliance, et il est d'avis que l'on doit faire sans réserve partie d'une alliance avec l'Autriche-Hongrie et l'Allemagne comme avec des alliés utiles. Mancini prend ensuite la parole et déclare : « Quand je pris le portefeuille des affaires étrangères, les bonnes relations avec la France étaient ébranlées par les événements de Marseille et de Tunis, et les rapports avec l'Allemagne étaient réguliers, mais imprégnés d'une méfiance inexplicable. Le désir unanime du peuple italien avait été de détruire toute méfiance à Vienne et à Berlin et d'établir l'amitié entre les trois nations. Nous avons commencé à Vienne, après avoir acquis la conviction que l'Autriche est animée du même désir que nous. L'entrevue a eu pour résultats — et elle en portait le cachet — une grande cordialité et une courtoisie politique. Notre rapprochement avec l'Autriche n'implique d'hostilité contre n'importe qui, ce que prouve aussi la conclusion du traité de commerce avec la France. Nos rapports avec l'Allemagne sont maintenant non seulement réguliers, mais aussi très bienveillants ; ils se sont même améliorés pendant ces derniers temps. » Le ministre fait ensuite à la Chambre une communication détaillée sur les rapports des ambassadeurs, aux termes desquels le prince Bismarck considère tout service amical rendu à l'Autriche comme rendu à l'Allemagne. Au sujet des dernières déclarations de Bismarck, le ministre dit qu'il faut les considérer comme la suite d'une excursion oratoire à travers plusieurs peuples de l'Europe, en vue de montrer que le libéralisme est partout un républicanisme

en Italie, de ministère en ministère, de sorte que, sans tomber dans le domaine républicain, on ne peut plus glisser vers la gauche ? »

masqué et qu'à ce point de vue le silence et une réserve
absolue sont la meilleure réponse à faire par amitié pour
l'Allemagne. Le dernier jour de la discussion, le ministre informe la Chambre qu'il a reçu il y a quelques heures un
télégramme où le prince Bismarck le fait remercier de ses
récentes déclarations à la Chambre ; l'opinion du ministre
italien à ce sujet est en harmonie parfaite avec ses propres
conceptions, et l'on ne peut douter des sentiments amicaux
et des intentions de Bismarck à l'égard de l'Italie, ni non
plus de la loyauté de ses vœux pour l'éminente dynastie, si
intimement liée à la maison impériale allemande.

Jusqu'à présent le contenu du traité est resté un secret
soigneusement gardé par les chancelleries des trois Etats
— on a même fait dire à Bismarck que son texte ne serait
jamais publié au complet, quand bien même il serait dénoncé (1). La date exacte de sa conclusion n'a pas encore
été officiellement donnée, peut-être bien à cause du Vatican. Crispi (2) donne une information authentique concernant cette date en déclarant que l'adhésion de l'Italie a
eu lieu le 20 mai 1882, dans des conditions particulières (3)
qui constituent un secret d'Etat, mais que le traité lui-
même n'est pas un traité de neutralité réciproque, comme
l'Autriche-Hongrie l'avait d'abord désiré, mais une « garantie concernant l'intégrité territoriale des trois puissances ». Von Brauer, ministre d'Etat, donne aussi cette
date, dans une lettre adressée à l'auteur de cet ouvrage ; von
Brauer est le dernier collaborateur encore vivant de Bismarck ; il a collaboré aux négociations : le jour exact de
naissance du traité, dit-il, est donné dans les *Diplomatische Enthüllungen* de J. Hansen, pour le reste si
inexactes et si haineuses ; c'est le 20 mai 1882, et non pas

(1) Voir Julius v. Eckhardt, *Berlin-Wien-Rom*, Leipzig, Duncker et
Humblot, 1892, p. 129.

(2) Dans son discours prononcé à Florence le 8 octobre 1890.

(3) La condition, posée par l'Italie, de voir accepter dans le traité
ses aspirations méditerranéennes, fut rejetée par l'Allemagne

le 2 janvier, date donnée par Blum (1). La signature — d'après l'*Italia*, trois protocoles identiques ont dû être échangés — est donnée à Vienne par Kálnoky, le prince Reuss (2) et Robilant. La conclusion est précédée de très longues négociations à Vienne, à Rome, et aussi à Berlin. Peu de temps après la visite du couple royal d'Italie, on pouvait croire que le traité était déjà signé. Le Roi Humbert était extraordinairement satisfait du résultat du voyage. Chiala constate dans son ouvrage, souvent cité parce qu'il contient des « documents non publiés », que l'Empereur-Roi François-Joseph et son gouvernement ont « gardé un silence absolu sur certaines questions très délicates, ce qui charmait formellement le Roi et ses ministres ». Mais le cours négatif des négociations a un effet quelque peu défavorable sur la contre-visite de François-Joseph Ier. Le gouvernement italien demande que cette contre-visite ait lieu « à Rome ou ne se fasse pas ». Quand le ministère viennois des affaires étrangères propose Turin, et que Kálnoky soutient ce projet, malgré le comte Robilant, parce que Turin est le berceau de la Maison de Savoie, le comte Robilant doit avoir répondu : « Le berceau, oui, mais pas le lit ». Du malentendu, dont nous avons parlé, relatif à un discours de Kállay, on déclare officiellement qu'il ne satisfait pas tout à fait Rome ; cela ressort d'une lettre privée du comte De Launay, publiée par Chiala, où nous lisons ces mots : « La cicatrice resta ». Au début de décembre 1881, De Launay écrit dans une autre lettre : « Depuis le séjour de nos Majestés à Vienne,

comme par l'Autriche-Hongrie. Cpr. aussi, à ce sujet, l'article d'ALEXANDRE BLASKOVICH, *Unsere Monarchie und Italien*, dans le journal hongrois *Nyugat*, n° du 1er septembre 1913.

(1) Vol. V, p. 297 et ailleurs ; voir aussi BUSCH, *Tagebuchblätter*, vol. III, p. 353.

(2) Le prince Reuss doit avoir prononcé ces paroles lors de la signature du traité : « Que Dieu bénisse cette œuvre de paix ! » (voir LUIGI CHIALA, *Pagine die Storia Contemporanea*, p. 311.

l'attitude du cabinet de Berlin [laisse beaucoup à désirer ».
Le 13 janvier 1882, De Launay informe un ami de Rome
qu'il ne croit pas que l'on se prononcera à Berlin et à
Vienne *hic et nunc*, car on veut avoir la preuve bien nette
de la constance des opinions de l'Italie. C'est surtout après
la chute de Gambetta que Bismarck prend une attitude ex-
pectante. Le substratum des négociations est formé par un
projet de Mancini, qui réclame, moyennant des concessions
dans la question balkanique, une garantie complète des intérêts de l'Italie dans les questions méditerranéennes. Au
début d'avril, les pourparlers prennent une allure plus rapide. Bismarck a plusieurs entretiens avec le comte De
Launay, et bientôt un projet est tracé que le comte Robilant envoie à Rome comme « ultimatum de l'Allemagne
et de l'Autriche-Hongrie ». Mancini donne son approbation
par télégramme et adresse aussi au comte Robilant une
lettre où il le félicite du résultat obtenu. Ni Robilant, ni
De Launay ne partagent l'enthousiasme de leur chef.
Celui-ci dit, quand on lui communique le texte du traité :
« Au reste, ce traité vaudra pour nous autant que nous saurons nous mettre en mesure de le faire valoir ».

Le sénateur Chiala, au livre (*Pagine di Storia Contemporanea*, 1888) duquel nous empruntons ces détails, affirme que
le traité, dont la validité est limitée à cinq ans, oblige
dans sa première partie les gouvernements des trois puissances alliées « à poursuivre à l'intérieur une politique conservatrice, afin de renforcer le principe monarchique et de
maintenir l'ordre social ». Chiala croit aussi pouvoir supposer que le traité contient également une clause « secrète » (?) pour le cas où l'un des Etats contractants prendrait l'offensive. On n'a pas la même idée du traité en Allemagne et en Autriche : La Triple Alliance a des buts
purement défensifs, elle ne protège aucune offensive et elle
ne considère comme *casus fœderis* que le cas où une des
trois puissances alliées serait attaquée. De même que le
traité entre l'Allemagne et l'Autriche-Hongrie ne contient

pas de disposition relative à une offensive des Etats contractants, de même le traité de triple alliance ne peut stipuler un accord sur ce point (1). En août 1882, c'est-à-dire après la conclusion de la Triple Alliance, de nouveaux troubles irrédentistes se produisent dans les provinces italiennes de l'Autriche (attentat contre l'Archiduc Charles-Louis, protecteur de l'exposition de Trieste) et provoquent un certain refroidissement. Les journaux allemands mettent le gouvernement italien en garde : les aspirations italiennes sont tout à fait folles si elles se dirigent dans cette voie ; à sa première tentative sérieuse sur Trieste, l'Italie se heurterait non seulement à la pointe du glaive autrichien, mais encore à celle du glaive allemand. C'est en septembre 1882 que Guillaume Oberdank jette sa bombe. Son exécution par les armes provoque des tumultes à Rome, à Milan, à Turin et à Bologne, mais le gouvernement les réprime avec énergie. C'est juste à ce moment orageux que se font les élections italiennes (29 octobre) ; leur brillant succès est un jugement sans appel contre l'irrédentisme.

Le 13 mars 1883, Mancini donne à la seconde Chambre des renseignements officiels sur l'adhésion de l'Italie à la Double Alliance de l'Allemagne et de l'Autriche-Hongrie, et les cinq chefs de la gauche monarchique d'opposition : Cairoli, Crispi, Nicotera, Zanardelli et Baccarini (c'est pourquoi on les appela les Pentarches) déclarent leur ralliement à l'union des puissances centrales (2). Mancini profite de l'occasion pour condamner les menées irrédentistes ; on ne l'avait jamais fait avec autant de netteté : « Parce que quelques morceaux de territoire sont italiens en Autriche, dit-il, devons-nous les réclamer à l'Autriche ? Si oui, nous devrions procéder tout à fait de même à l'égard

(1) Voir aussi les articles de Josef Vészis : *Wie Italien in den Dreibund kam*, dans le *Pester Lloyd* des 17 et 19 mai 1893.

(2) Cpr. Otto Speyer, *Das Königreich Italien in den Jahren 1879 bis 1886* (dans *Unsere Zeit*, 86ᵉ année, vol. II, p. 558).

de la France et de l'Angleterre pour Nice, la Corse et Malte. L'Allemagne devrait exiger de l'Autriche et de la Russie leurs provinces allemandes, et toute l'Europe s'engagerait dans une guerre effroyable. Les porte-bannières de l'irrédentisme eux-mêmes ne croient pas à la possibilité d'une telle aberration. Non, je veux dire la dure vérité : Ce qu'ils veulent, ce n'est pas Trente et Trieste, c'est la ruine de la monarchie, de cette institution à laquelle la nation est atta-chée par son cœur, par son sang. Ces attaques éhontées d'une minorité insolente, mais qui se raréfie, sont jugées à l'étranger comme elles le méritent ». La Chambre reçoit avec un peu de fraîcheur les déclarations de Mancini, et la discussion se termine sans déclaration déterminée de la chambre. Le 11 avril, Mancini proteste à la Chambre contre la supposition que la nouvelle alliance serait dirigée contre l'Angleterre ou la France : « Mais le gouvernement... aura aussi de bons rapports avec l'Angleterre (1) et cherchera avec le plus grand soin à rendre vraiment le plus amicaux possible les rapports avec la France, car les uns n'excluent pas les autres ». Challemel-Lacour, ministre des affaires étrangères dans le cabinet Ferry, répond en termes coléreux à l'interpellation du duc de Broglie (2). Valbert (3) qualifie la Triple Alliance de « Sainte-Hermandad » dirigée contre la France, et les radicaux italiens en résidence à Paris manifestent contre l'adhésion de l'Italie à l'alliance entre l'Allemagne et l'Autriche-Hongrie au cours d'une fête à la mémoire de Garibaldi.

(1) Bientôt après, on arrive à une entente avec l'Angleterre, et ce pays donne au ministre Mancini (comme Oncken l'écrit dans *Zeit-alter des Kaisers Wilhelm*, p. 900) la satisfaction de rendre véridique une parole qu'il avait prononcée dans sa chaire de professeur trente ans auparavant et que voici : quand l'Italie aura acquis son unité, elle devra tout faire pour fonder des colonies.

(2) « Nous ne voyons dans le rapprochement de l'Italie avec l'Allemagne et l'Autriche rien qui nous tranquillise ou nous menace. » (1er mai 1883).

(3) *Revue des Deux Mondes*, LVII, p. 281.

A la fin du mois de mars, Koloman Tisza, président du conseil hongrois, répond à la Chambre hongroise des députés à une interpellation de Helfy (membre de l'extrême-gauche italophile) concernant la Triple Alliance, et, à cette occasion, il constate que l'adhésion de l'Italie est un fait accompli, sans en dire plus sur les conditions de l'adhésion. Les feuilles allemandes, comme la presse libérale d'Autriche et les journaux de Budapest, consacrent à l'annonce de la conclusion de la Triple Alliance à Rome et à Budapest des phrases chaleureuses (la *Nationalzeitung* écrit : « Le grand événement du jour est la nouvelle du rétablissement d'une alliance pacifique de l'Europe centrale »), mais les journaux français publient de vrais articles incendiaires (le *Temps* écrit : L'Allemagne, l'Autriche et l'Italie sont en état d'obliger l'Europe à la paix). Une grande surexcitation règne au Vatican, où l'on avait cru jusqu'au dernier moment que François-Joseph ne donnerait jamais son consentement à un traité avec la Maison de Savoie, et cet état empire encore quand la princesse Isabelle de Bavière, fille de feu le Prince Adalbert, se fiance avec le duc Thomas de Savoie. La meilleure impression résulte en Italie de l'action menée en Allemagne au profit de l'île d'Ischia, si lourdement éprouvée : une souscription y donne plus d'un demi-million de *lire*. Et, lorsqu'un mois plus tard, le Prince héritier d'Allemagne va en Italie (deux fois : à son voyage d'aller à Madrid et à son voyage de retour) (1), il est accueilli avec enthousiasme (2).

En 1887, la Triple Alliance est renouvelée pour 5 ans ; en juin 1891, Rudini la prolonge jusqu'en 1897, puis de 1897 son échéance est reportée à 1902. En 1902, le cabinet

(1) Quand le Prince héritier s'embarqua à Gênes pour aller vers Madrid, une escadre russe le salua, prouvant ainsi que des rapports amicaux existaient alors entre l'Allemagne et la Russie.

(2) Quand le Prince héritier quitte l'Italie, Mancini lui adresse les paroles suivantes à la gare (le 20 décembre à minuit) : « Les souhaits de toute l'Italie accompagnent Votre Altesse Impériale ! »

Zanardelli souscri t à son renouvellement. Le dernier traité
est en vigueur jusqu'au 8 juin 1914 (1). D'après le *Berliner
Lokalanzeiger* du 22 octobre, il était convenu qu'une année
avant l'échéance on déciderait si l'une des trois puissances
ferait usage de son droit de dénonciation, ou si le traité
resterait inchangé ou s'il serait prorogé avec certaines modifications, en particulier, en matière maritime. Mais les
complications politiques de l'année 1912 amènent les puissances de la Triple Alliance « à prouver à l'ensemble de
l'univers leur étroite collaboration », à renouveler le traité
le 7 décembre, c'est-à-dire un an et demi avant son expiration, sans aucun changement, mais en y comprenant naturellement la garantie pour l'Italie de ses nouveaux territoires de Libye. Le journal italien *Vita* salue le renouvellement en ces termes : « Avant l'occupation de la Libye,
notre attitude n'était pas sûre ; à partir de maintenant, elle
sera sincère, et l'Italie ne changera pas ». La Triple Alliance
a rendu à l'Italie, pendant la grave crise de la Tripolitaine,
de grands services que les hommes politiques italiens ont
reconnus avec la meilleure volonté. En août 1912, le député et publiciste italien Enrico Buonanno écrit dans le
n° 24 du *Janus*, journal munichois : « Nous avons eu depuis trente ans et plus, grâce à la Triple Alliance, une tranquillité si grande qu'il faudrait être d'une légèreté grossière pour nouer d'autres relations dont il serait plus que
hasardeux, de notre part, d'éprouver les avantages et les
inconvénients ».

Le « mariage de raison », comme la *Frankfurter Zeitung*

______

(1) Pierre Albin, dans *Les grands traités politiques*, fournit d'autres
dates, qui d'ailleurs ne sont guère plausibles. Dans la note signée
par le secrétaire d'ambassade Maurice Herbette, on lit : La Triple
Alliance a été renouvelée en 1891 pour 12 ans, jusqu'au 20 mai 1903
avec la possibilité de s'en retirer au bout de la sixième année. Le
28 mai 1904, on doit avoir décidé sa prolongation jusqu'au 20 mai
1915. Mais ces dates ne correspondent à aucune information officieuse existante.

appelle dès 1883 la Triple Alliance et en particulier les rapports entre l'Italie et l'Autriche-Hongrie, s'est comporté d'une manière parfaite. Le cri de l' « Italie irrédente » conservera bien toujours sa force de racolage, la question des langues en Autriche-Hongrie ne cessera jamais d'éveiller certaines jalousies nationalistes, aucun ministre ne pourra venir à bout des attaques et des réclamations des journaux ni en Autriche-Hongrie, ni en Italie, mais la reconnaissance des intérêts communs sera toujours plus efficace que ces dissentiments transitoires. En Italie on voit de temps en temps réapparaître le désir de Trente, de Trieste et de la côte dalmate, en Autriche et aussi à Fiume, la perle de la couronne de Saint-Etienne, on assiste toujours à de nouvelles manifestations italophobes, mais dans les deux pays, la crainte de l'isolement amènera toujours la politique officielle à conserver des rapports de voisinage amical. Aucun ministre austro-hongrois ne pourra amener le vieil Empereur à rendre au couple royal italien une visite dans la capitale du pays allié, et on peut encore se demander si François-Ferdinand rompra avec cette conception cléricale, devenue traditionnelle, mais la Maison de Savoie en a pris son parti, de même que la famille royale italienne s'est résignée, non sans peine, à ménager les susceptibilités du Pape. Pour l'Autriche-Hongrie qui, dans la crise résultant de l'annexion de la Bosnie et de l'Herzégovine, a vu l'Allemagne à ses côtés, l'arme au clair, et l'Italie s'en tenir avec correction à l'accord balkanique de Tittoni, la politique d'alliance signifie, comme Friedjung l'a montré avec raison (1), la continuation de la politique des mariages, qui a fondé l'Autriche.

(1) HEINRICH FRIEDJUNG, *Der Kampf um die Vorherrschaft in Deutschland*, p. 8.

ANNALES DE LA TRIPLE ALLIANCE
1884-1912

1884

Signes de paix. Les démonstrations d'amitié s'accu-
mulent entre les trois puissances impériales, et elles ont
leur point culminant à Skierniewice, les 15-17 septembre,
lors de l'entrevue des trois Empereurs. Les Empereurs sont
accompagnés de leurs ministres Bismarck, Kálnoky et
Giers, qui avait visité Vienne le 20 janvier. Le 2 février,
Mancini répond à la Chambre à une interpellation relative
à la Triple Alliance en les termes d'amitié les plus chaleureux à l'égard de l'Allemagne et de l'Autriche, et il déclare
que l'union des trois pays a pour objet une défense commune des frontières. La *Kölnische Zeitung* du 20 janvier
annonce que l'on a admis jusqu'à présent que le secours
contractuel, prévu par l'alliance austro-allemande de 1879,
est prévu pour le seul cas où l'Allemagne ou l'Autriche
serait attaquée de deux côtés, mais que le *casus fœderis* est
devenu plus étroit et comprend aussi le cas où l'une des
puissances serait attaquée et où le danger serait proche et
menaçant qu'une deuxième nation s'associe au pays agresseur ; elle ajoute que l'Italie a adhéré à l'alliance pacifique
dans les mêmes conditions. Mancini déclare aussi le
5 avril à la Chambre que l'Italie est entrée dans l'alliance
en stipulant la parité et la réciprocité absolue des condi-

tions, sans rien dire de plus au sujet des dites conditions.
Le 20 février, le prince Orloff, ancien ambassadeur de
Russie à Paris et ami de Bismarck, est nommé ambassadeur à Berlin. Au 70° anniversaire de la bataille de Bar-
sur-Aube (25 février), où Guillaume Ier a reçu le baptème
du feu, l'Empereur donne audience à une députation russe
qui lui transmet les souhaits du Tsar à l'occasion de la
collation de l'Ordre de Saint-Georges, survenue 70 ans
auparavant. A cette occasion une fête politico-militaire a
lieu à Berlin au palais royal. Un dîner a lieu ensuite à
l'ambassade de Russie ; le général Gourko, gouverneur
général de la Pologne, y porte un toast très chaleureux à
l'armée allemande. En avril, la Seehandlung et Bleich-
röder émettent un emprunt russe sur le marché. Le
18 mai a lieu la déclaration de majorité de l'héritier du
Trône russe ; l'Empereur Guillaume envoie son petit-fils
Guillaume en mission extraordinaire (c'est la première
mission diplomatique confiée à l'Empereur actuel) à Pétrograd, où les autres puissances étaient représentées seulement par leurs ambassadeurs.

Koloman Tisza, président du conseil hongrois, s'explique
le 16 octobre au Parlement au sujet de l'alliance et des
rapports intimes entre la monarchie austro-hongroise et
l'Allemagne, et il exprime sa joie en ce qui concerne les
démonstrations pacifiques de la Russie. Le même ton caractérise le discours du Trône par lequel l'Empereur-Roi
François-Joseph ouvre les Délégations à Budapest : « L'entrevue que je viens d'avoir avec l'Empereur de Russie et
l'Empereur d'Allemagne, non seulement m'a offert l'occasion désirée de renouveler mes relations cordiales avec la
Maison Impériale de Russie, mais elle m'a convaincu en
même temps de l'accord réjouissant des trois souverains et
de leurs gouvernements ». Dans la discussion relative à
l'exposé de Kálnoky, le comte Julius Andrássy prend la
parole le 8 novembre pour déclarer, sur une allusion de
Szilágyi, que le désir d'établir entre l'Autriche-Hongrie et

l'Allemagne une alliance publique et constitutionnelle n'a pas été mis en avant de cabinet à cabinet, que Bismarck a bien parlé de cette question, mais que lui (Andrássy) il s'est prononcé contre elle, vu son manque d'opportunité.

Le discours du Trône qui ouvre le Reichstag le 20 novembre rappelle également l'entrevue des trois Empereurs : « Je Me réjouis de ce que l'amitié des souverains d'Autriche Hongrie et de Russie, si rapprochés de Nous par la tradition de Nos pères, la parenté des maisons régnantes et le voisinage des pays, ait pu être scellée par l'entrevue de Skierniewice de telle sorte que je puis considérer comme assurée pour longtemps sa durée dépourvue de troubles ».

Bismarck s'efforce aussi d'établir plus d'entente avec la France ; il appuie les revendications françaises à la Conférence congolaise, le 15 novembre, ce que la presse italienne attribue à l'influence de l'Italie.

Un dissentiment transitoire entre l'Autriche-Hongrie et l'Italie résulte d'un discours prononcé par Tecchio, président du Sénat italien, au sujet du poète Prado, originaire du Tyrol méridional ; dans ce discours, il était question de la « servitude » qui pesait sur les montagnes du Trentin. Le gouvernement austro-hongrois proteste à Rome, et Tecchio donne sa démission.

1885

Le principal événement de l'année est l'entrevue de François-Joseph Ier et du Tsar à Kremsier, les 25 et 26 août, précédée d'une entrevue de l'Empereur d'Allemagne et de l'Empereur d'Autriche à Gastein et d'une visite de Kálnoky à Varzin auprès de Bismarck. Giers et Kálnoky assistent à l'entrevue de Kremsier. D'après une information de la *Neue Freie Presse*, les deux derniers souverains adressent de Kremsier à l'Empereur d'Allemagne un télégramme

commun, où ils le saluent avec une très grande cordialité
et où ils expriment l'idée que tous deux le considèrent
comme présent en esprit. Le *Fremdenblatt*, organe du ministère viennois des affaires étrangères, constate bien avant
l'entrevue que l'on ne projette pas d'y conclure des conventions méritoires, mais le discours du Trône qui ouvre le
24 octobre les Délégations d'Autriche et de Hongrie déclare, avec une force particulière, que Kremsier apparaît
comme un signe précieux de durée de ces rapports étroits
et confiants entre les chefs des trois grands Empires. Et
Kálnoky dit le 31 octobre à la Délégation hongroise :
« Contrairement à l'année précédente, aucun changement
n'est survenu dans les rapports entre l'Autriche-Hongrie et
l'Allemagne, ainsi que dans les rapports de ces deux Empires avec la Russie ; nous savons tous avec quelle certitude l'Allemagne peut compter sur nous et nous sur elle :
Les relations avec l'Allemagne reposent sur des bases que
n'ébranleront des incidents d'aucune espèce (1) ». Auparavant, Koloman Tisza, président du conseil hongrois, répond, le 3 octobre, à une interpellation relative aux événements de Bulgarie, que l'entrevue des souverains à Kremsier a été un simple acte de politesse, le renouvellement de
l'amitié personnelle des deux monarques, et que l'Autriche-
Hongrie se réserve naturellement la liberté de ses décisions
pour le cas où ses efforts en vue d'arriver à une entente
seraient mis en échec (2).

Bientôt des complications menacent d'éclater en Orient,
mais la monarchie austro-hongroise, appuyée sur la Triple
Alliance, peut prendre énergiquement en main la médiation pacifique entre la Serbie et la Bulgarie ; elle oblige à
s'arrêter le Prince Alexandre, qui avait pénétré en Serbie en

____

(1) L'Allemagne et l'Autriche-Hongrie sont en lutte économique.

(2) Le comte Robilant revient quelques mois plus tard sur ce sujet.
Voir 1886.

vainqueur et elle paralyse ainsi l'influence de la Russie
dans la péninsule des Balkans.

En Italie le comte Robilant, chaleureux partisan de la
Triple Alliance (1), prend au mois de juin le portefeuille des
affaires étrangères. La médiation demandée par Bismarck
à Léon XIII dans la question des Carolines a bien pour
effet un dissentiment provisoire, mais sans qu'il en résulte
de plus graves différends.

1886

La question d'Orient domine l'année. Il en de même de
la question des rapports entre l'Autriche-Hongrie et la
Russie, qui restent relativement bons toute l'année malgré
les matières inflammables accumulées par les troubles balkaniques (Kaulbars). A Kálnoky on attribue des tendances
russophiles, et Andrássy lui-même croit apercevoir dans la
politique de son successeur un certain trouble apporté à
l'entente avec l'Allemagne. Mais cette tendance n'apparaît
pas dans la politique officielle. Friedjung constate dans sa
biographie de Kálnoky que la politique de cet homme d'Etat
a eu deux objets : le maintien de la paix et l'expulsion de
la Russie hors de la presqu'île des Balkans, deux objets
qui ont été réalisés (2).

La question bulgare amène dès le 25 janvier le comte
Julius Andrássy à présenter une interpellation au Parlement hongrois, mais Koloman Tisza, président du conseil,
refuse d'y répondre en se référant aux conversations que
les puissances sont en train de tenir. Quelques jours après,
le comte Albert Apponyi, chef de l'opposition constitution-

(1) Apparenté par sa mère à la noblesse allemande et par sa
femme à la noblesse autrichienne.

(2) HEINRICH FRIEDJUNG, *Graf Kálnoky*, dans le *Biographisches Hand-
buch* de Bettelheim, III⁰ vol.

nelle, publie dans le *Pesti Napló* sous le titre : *Notre politique extérieure et l'alliance avec la Russie,* deux articles qui soulèvent l'attention générale et contiennent tout ce qu'Andrássy laissait seulement percer dans les motifs de son interpellation, mais qu'il ne croyait pas pouvoir exprimer avec clarté, étant donné sa situation par rapport à l'avenir. Le comte Apponyi est d'avis que la politique extérieure de l'Autriche-Hongrie est fondée sur une fausse base, sur la base de la fiction d'une alliance russe : « Notre alliance avec l'Allemagne serait lésée par une alliance avec la Russie, car le devoir de l'Allemagne n'est plus celui qu'elle avait autrefois, à savoir d'appuyer directement nos intérêts orientaux dans le concert européen. Comme nos résolutions sont l'œuvre d'un compromis avec la Russie, l'Allemagne ne peut que favoriser l'accord conclu, au lieu de prendre nos intérêts en protection contre ceux de la Russie. Nous pouvons marcher côte à côte avec la Russie d'une manière pacifique, mais nous ne pouvons avoir avec elle des buts communs ».

Les discussions relatives aux rapports nouvellement consolidés de la monarchie danubienne avec la Russie trouvent un aliment de plus dans la visite de l'Archiduc Charles-Louis à Pétrograd (29 juillet). Pendant l'été, Bismarck rencontre deux fois Kálnoky ; le 22 juillet, Kálnoky lui rend visite à Kissingen et, le 8 août, l'Empereur Guillaume a, à Gastein, avec François-Joseph, une entrevue à laquelle assistent aussi Bismarck et Kálnoky. Bismarck est accompagné de son fils, de Rottenburg et de Bülow. La *Norddeutsche Allgemeine Zeitung* écrit : « Cette solennité caractérise non seulement la durée, mais aussi la croissance des rapports amicaux sur la base d'une entente réciproque absolue ». En revenant de Gastein, Bismarck va voir Giers, ministre des affaires étrangères de Russie, qui fait une cure à Franzensbad ; Giers lui rend sa visite à Berlin, le 2 septembre.

La Hongrie est désagréablement impressionnée par le

fait que les conseils communaux de Berlin et de Munich
ont décliné l'invitation de la Ville de Budapest à la fête du
deuxième centenaire de la reprise de Buda (Ofen), et mo-
tivé leur refus par l'oppression des Saxons de Transylvanie
par les Hongrois. La *Norddeutsche Allgemeine Zeitung*
n'approuve pas ces résolutions ; elle écrit à ce sujet : « Nos
rapports avec l'Autriche sont de telle nature que nous
faisons mieux de nous rappeler ces éléments qui nous
unissent à la Hongrie que ceux qui nous en séparent ».
L'Empereur Guillaume envoie à la même fête une députation militaire qui est reçue en Hongrie dans des conditions
significatives.

En octobre et en novembre, la question de l'alliance est
discutée à fond en Autriche. Le 8 octobre, le comte Taaffe,
président du conseil autrichien, dit à la Chambre des députés : « La supposition que les rapports entre notre monarchie et l'Allemagne seraient ébranlés, est dépourvue de
tout fondement ; ils reposent, après comme avant, sur les
principes énoncés à plusieurs reprises au sein de la Délégation par M. le Ministre des affaires étrangères, et il n'y a
pas lieu de se soucier d'un relâchement ou d'un trouble des
relations étroites et confiantes qui nous unissent réciproquement ». Le 13 novembre, Kálnoky fait un long discours
à la Délégation hongroise ; le ministre y affirme avant tout
que les rapports avec l'Allemagne ont fait l'objet de nombreuses discussions durant ces derniers temps, peut-être de
plus de discussions qu'il n'eût fallu, et c'est pourquoi il est
aujourd'hui « en tout cas utile » de faire quelques observations à ce sujet. Le ministre développe alors la théorie qu'il
n'est pas imaginable qu'un grand Etat, sans renoncer à
toute indépendance de son action, puisse s'obliger à intervenir dans l'intérêt, quel qu'il soit, de ses alliés. Des
rapports comme ceux qui lient l'Autriche-Hongrie et
l'Allemagne ne peuvent être appelés à jouer un rôle pratique que s'il s'agit d'intérêts des deux parties qui soient
pleinement solidaires et communs. Sur ce terrain la com-

munauté de situation de l'Allemagne et de l'Autriche-
Hongrie est plus forte et plus inébranlable que si l'on voulait se la représenter comme purement et simplement fondée
sur des textes. Il n'y a jamais eu non plus de manque d'harmonie entre les deux cabinets en ce qui concerne la question bulgare. Kálnoky trouve également des paroles chaleureuses au sujet de l'entente entre l'Autriche-Hongrie et
l'Italie ; il reconnaît l'intérêt de l'Italie à l'équilibre méditerranéen, et il exprime l'espoir « justifié » que l'accord avec
l'Italie continuera à être garanti au profit des deux pays et
de la paix.

Le comte Julius Andrássy fait le 16 novembre, à la Délégation hongroise, un exposé tout à fait remarquable où le
créateur de l'alliance entre l'Allemagne et l'Autriche-Hongrie,
combat avant tout l' « opinion » que l'alliance allemande
n'a pas apporté d'avantage essentiel à la monarchie, car
l'Allemagne aurait sacrifié les intérêts de l'Autriche-Hongrie
aux intérêts de la paix. « Comme à l'époque où l'alliance
fut édifiée, expose le comte Andrássy, je suis encore aujourd'hui d'avis qu'elle offre une garantie de la paix européenne et que nul autre groupement ou combinaison ne
pourrait la remplacer. Elle a avant tout l'avantage d'être si
naturelle que, si elle n'existait pas, on se demanderait chez
nous comme en Allemagne pourquoi elle n'existe pas. C'est
une alliance naturelle et sûre, parce que les intérêts des
deux Etats et ne se heurtent nulle part. Mais elle est bonne
aussi pour l'Europe, car c'est l'alliance de deux puissants
Empires qui ne veulent pas de conquêtes et n'y ont pas
d'intérêt, qui sont assez grands pour ne rien désirer d'autre
que de ne pas voir détruire leur développement intérieur
par des dangers extérieurs. Tant que c'était une alliance
entre deux puissances seulement, elle fonctionnait d'une
manière très simple. Il faut rechercher exclusivement dans
son caractère artificiel le motif pour lequel le nouveau
groupement des trois puissances a eu pour résultat jusqu'à
présent tout au moins une grande tranquillité en Europe,

mais, cela mis à part, qu'il n'en est rien résulté de salutaire. A partir de ce moment, l'Allemagne ne pouvait naturellement plus respecter d'une façon exclusive nos intérêts réels, mais elle devait respecter aussi ceux de la Russie, voire même les conceptions et les désirs momentanés de ce pays. Les nouveaux rapports dans lesquels cette alliance devait jouer son rôle ne pouvaient avantager aucun des participants. Elle n'était avantageuse ni pour nous ni pour la Russie, parce que la coopération étroite obligatoire opposait les intéréts respectifs d'une façon plus marquée que si l'on n'avait pas procédé de la sorte. » Dans sa réponse à ce discours, le comte Kálnoky remarque : « Je crois que l'alliance avec l'Allemagne s'est fondamentalement développée et fortifiée, au lieu de perdre du terrain, étant donné le soin particulier que je lui ai consacré. Je puis affirmer que la confiance et l'assurance des deux gouvernements en elle sont parfaites et réciproques. Il n'est pas possible de rendre publique une explication complète de ces rapports ; si j'ai dit que les mots et les paragraphes ne donnent aucune sécurité, je n'ai pas voulu dire que ces mots et paragraphes étaient inexistants. Le rapprochement avec la Russie n'a pas nui à l'alliance ». Le comte Kálnoky renouvelle cette déclaration à la Délégation autrichienne, et il ajoute : Les principes de l'alliance n'ont jamais, depuis 1879 jusqu'à présent, subi une modification quelconque, ni dans leur base ni dans leur extension ou leur efficacité.

Le discours du Trône qui ouvre le Reichstag le 25 novembre contient une affirmation très nette des efforts pacifiques de l'Empire allemand, de ces efforts pacifiques qui sont « encouragés » par l' « amitié étroite » qui lie l'Empereur d'Allemagne avec les « Cours impériales voisines ».

Pour terminer, rappelons deux discours du comte Robilant, ministre italien des affaires étrangères. Le 23 janvier, ce ministre répond à une interpellation du député Giovagnoli relative à l'attitude de l'Italie dans la question des Balkans : « Nous attendons et nous sommes prêts à tous

les événements. Au député Giovagnoli, qui se dit trop âgé
pour ressentir des sympathies à l'égard de l'Autriche, je
fais observer que je suis plus vieux que lui ». Et le ministre souligne cette réponse d'un geste significatif : il lève
son bras gauche, percé d'un coup de feu à Novaro. Le
comte Robilant constate ensuite qu'il n'y a aucune nécessité de faire des représentations contre le discours du président du conseil hongrois en date du 6 octobre (1) : il trouve
ce discours tout à fait dans l'ordre ; Tisza s'est réservé pour
les cas imprévus la liberté d'agir et l'Italie, elle aussi, s'est
réservé la même liberté d'action. Le comte Robilant trouve
aussi des paroles très chaleureuses dans sa réponse à une
interpellation de Di Sant'Onofrio, le 28 novembre (2) :
« Nos rapports avec l'Allemagne et l'Autriche-Hongrie reposent sur la base de la cordialité réciproque et des idées
pacifiques des deux Empires ». Le ministre affirme que le
but le plus élevé de l'Italie est la paix européenne, et que
l'intérêt qu'elle porte à la question bulgare n'est pas autre que
celui porté au maintien de la paix. Le *Popolo Romano* commente ce discours en disant que la Triple Alliance et aussi
l'Angleterre sont fermement résolues à repousser par la
force toute tentative de fonder l'hégémonie russe en
Orient. Le discours de Robilant amène le comte Kálnoky à
charger l'envoyé de l'Autriche-Hongrie auprès du Quirinal,
le comte Ludolf, de transmettre au ministre italien des
affaires étrangères les remerciements du ministère viennois
des affaires étrangères (3).

(1) 3 octobre (voir 1885).

(2) A cette séance de la Chambre assistent également dans la
loge diplomatique les ambassadeurs d'Allemagne (Keudell) et d'Autriche-Hongrie (Ludolf).

(3) La dépêche de Kálnoky à Ludolf a été publiée dans le Livre
Vert du gouvernement italien, communiqué le 17 décembre 1889 à
la Chambre italienne.

1887

Année du renouvellement de la Triple Alliance. On n'en connaît pas le jour. Il se peut qu'il ait eu lieu au milieu de mars, pour une durée de 5 ans (1). Outre l'instrument du traité, les souverains doivent avoir échangé des écrits autographes et conclu une convention militaire (2). Le

(1) Le sénateur Luigi Chiala publie dans son ouvrage *Pagine di Storia Contemporanea* des lettres du comte Launay, d'où il résulte que le renouvellement ne se fit pas sans difficulté et qu'il y eut forcément de longues négociations avec l'Italie.

(2) HANSEN, *Ambassade à Paris du Baron de Mohrenheim*, pp. 91 et 94. D'après le prof. FRIEDJUNG, *Der Inhalt der Dreibundes* (nº 1, *Der Greif*) un document seulement fut signé cette fois-ci (un double traité, l'un avec l'Autriche-Hongrie et l'autre avec l'Allemagne). Le Prof. Friedjung fait savoir dans le même article, en se basant sur des « allusions » qui lui ont été faites par Aehrenthal et Kiderlen-Wächter qu'une disposition particulière relative à l'avenir des Balkans a été introduite dans le traité : « Le cabinet de Vienne a déclaré qu'il désire, comme celui de Rome, le maintien du *statu quo* dans la péninsule des Balkans ; si pourtant l'Autriche-Hongrie était forcée d'élargir ses frontières dans ces territoires, l'Italie pourrait elle aussi s'étendre dans les Balkans. » Voir à ce sujet deux articles de la *Weser-Zeitung* (nºs 24065 et 24066 de l'année 1913), *Der Inhalt des Dreibundes*, par le Dr. HANS F. HELMOLT, et l'article du même dans *März* (7ᵉ année, nº 42), intitulé *Ein Märchen vom Dreibunde*. La *Kölnische Zeitung* du 13 juillet 1902 a également publié d'intéressantes informations, qui n'ont pas encore fait l'objet d'un démenti. D'après cette source, outre le traité officiel auquel s'ajoutent des protocoles relatifs à la convention militaire, il doit y avoir eu des accords verbaux entre le Roi Humbert et l'Empereur Guillaume, accords aux termes desquels les deux souverains s'obligeaient sur l'honneur à rester fidèles à l'alliance, et à exercer une pression sur les résolutions de leurs ministres pour apporter un obstacle éventuel à son interruption. Cet accord fondé sur la confiance a été communiqué à l'Empereur-Roi François-Joseph qui y a adhéré. Pour le renforcer, les trois souverains ont dû échanger des lettres autographes.

22 mars, l'Empereur confère au comte Robilant l'Ordre de l'Aigle Noir. Se référant à cette décoration, la *National-zeitung* écrit : « Cette promotion est considérée en général comme le signe d'événements d'une importance extrême. Le renouvellement de l'alliance entre l'Autriche-Hongrie, l'Italie et l'Allemagne, que l'on peut considérer comme un fait accompli, constitue de nouveau un groupe volontairement capable de former un contre-poids à tous les éléments perturbateurs de la paix. D'après les explications données par des voix autorisées de l'intérieur et de l'extérieur, l'alliance renouvelée des trois Etats garantit une couverture complète sur le terrain de la défensive ». La *Post* commente la décoration dans un sens identique et montre combien sont déraisonnables les soucis d'une partie de la presse française qui, depuis plusieurs jours, se casse la tête afin de savoir quelle acquisition territoriale l'Italie a pu stipuler pour l'avenir : « il ne s'agit pas d'une alliance offensive, mais de la défense du *statu quo* ». On peut également citer une information romaine de la *Kölnische Zeitung*, suivant laquelle l'Italie est obligée d'intervenir effectivement au cas d'une attaque française contre l'Allemagne, mais se réserve de rester neutre au cas d'une attaque russe contre l'Autriche-Hongrie. Les principaux organes de la presse italienne saluent aussi avec beaucoup de sympathie le renouvellement de la Triple Alliance. Le *Popolo Romano*, journal du vieux Depretis (qui est appelé à la tête du cabinet le 4 avril, après la retraite de Robilant, et qui y reste jusqu'à sa mort, le 29 juillet, pour être remplacé par Francesco Crispi, ancien ministre de l'intérieur), déclare que la Triple Alliance garantit les possessions territoriales de l'Italie et assure le secours absolu et illimité des alliés. L'*Opinione* montre que le renouvellement de la Triple Alliance s'efforce avant tout de maintenir la paix et constate, en réponse à une information de la *Tribuna* relative à des accroissements de territoire au profit des alliés en cas de guerre, que l'alliance n'a pas de caractère agressif d'aucune sorte.

Le projet militaire en discussion en janvier au Reichstag donne au Chancelier d'Empire l'occasion de faire d'intéressantes déclarations sur les rapports avec l'Autriche. Bismarck dit, dans son discours du 11 janvier : « Nous avons tout d'abord reconnu comme de notre devoir de nous réconcilier autant que possible avec les Etats avec lesquels nous avons eu la guerre. C'est ce à quoi nous avons pleinement réussi avec l'Autriche. L'intention et le désir d'y arriver ont d'abord régi les négociations de paix à Nikolsburg en 1866 et nous n'avons jamais, depuis lors, abandonné notre effort de regagner l'affection de l'Autriche... Nous avons avec l'Autriche des rapports plus sûrs et plus pleins de confiance que tel n'a jamais été le cas ni dans la Confédération germanique, malgré tous les traités écrits, ni auparavant dans le Saint Empire romain, après que nous nous sommes expliqués avec une confiance et une bienveillance mutuelles sur toutes les questions qui ont suscité des différends entre nous depuis des siècles ». Dans le même discours, Bismarck parle aussi de l'amitié indubitable avec la Russie et du « carré triangulaire » que forment entre eux les trois Empires. La difficulté de la tâche n'est pas « de conserver nos relations pacifiques avec l'Autriche ou avec la Russie, mais de conserver la paix entre l'Autriche et la Russie, de nous faire les avocats de la paix auprès des deux cabinets, car nous courons ainsi le risque d'être traités de Russes en Autriche et surtout en Hongrie et d'Autrichiens en Russie ». Dans un discours ultérieur, Bismarck dit : « Monsieur le député (Windthorst) avait désiré que la politique allemande fût absolument du côté de l'Autriche ; il a ensuite expliqué que nous devions nous intéresser à la question d'Orient plus que nous ne l'avons fait jusqu'à présent. Messieurs, nos rapports avec l'Autriche reposent sur la conscience de chacun d'entre nous que l'existence complète de l'une comme grande puissance est une nécessité pour l'autre, dans l'intérêt de l'équilibre européen. Mais ils ne reposent pas sur le principe, comme on l'a dit dans certaines circonstances au Parlement hongrois, qu'une des deux nations peut se mettre elle-même et mette toute sa force et toute sa politique au service exclusif de l'autre. C'est là une chose tout à fait impossible. Il y a des intérêts spécifiquement autrichiens, pour lesquels nous ne pouvons intervenir. Il y a des intérêts spécifiquement allemands pour lesquels l'Autriche ne peut intervenir. Il est de l'intérêt de l'Autriche que l'Allemagne reste une grande puissance, complète et forte. L'intérêt de l'Allemagne est de même nature en ce qui concerne l'Autriche. Mais nous ne pouvons nous approprier mutuellement nos intérêts particuliers. Nous n'avons jamais exigé de l'Autriche, et nous n'y avons aucun droit, qu'elle s'immisce dans nos querelles avec la France. Quand nous avons des difficultés avec l'Angleterre en matière coloniale ou quand nous avons des dissentiments avec l'Espagne au sujet de vétilles comme la question des Carolines, nous n'avons jamais recours à l'Autriche en invoquant nos rapports amicaux. Dans la mesure où il s'agit de notre existence réciproque de grands États puissants et libres, nous représentons des intérêts solidaires. »

Le 24 mai, Koloman de Tisza, président du conseil hongrois, répond à la Chambre des députés de Hongrie à une interpellation du leader de l'extrême-gauche, Daniel Irányi, relative à l'histoire des origines de l'occupation de la Bosnie et de l'Herzégovine, et il déclare que, dès le 15 janvier 1877, un accord a été conclu à Reichstadt entre la Russie et l'Autriche-Hongrie, et que cet accord donnait à ce dernier pays le droit d'occuper la Bosnie et l'Herzégovine.

Le 6 août, l'Empereur François-Joseph rend visite à l'Empereur Guillaume à Gastein ; le 16 septembre, le comte Kálnoky séjourne chez Bismarck à Friedrichsruh.

Le 1er octobre, Crispi va voir Bismarck à Friedrichsruh. Crispi fait la déclaration suivante à l'occasion de son entrevue avec le Chancelier : « Je respecte l'Autriche, parce que je respecte et dois respecter les traités. L'existence de l'Autriche est nécessaire à l'équilibre de l'Europe. Je le reconnais, et l'Italie sera l'alliée fidèle de l'Empire voisin. C'est à moi qu'il convient de le dire, car j'étais l'ennemi de l'Autriche, car j'ai conspiré contre elle, aussi longtemps qu'elle possédait des provinces italiennes ». Crispi dit à la Chambre : « Quand Depretis m'invita à entrer dans son cabinet, j'ai d'abord manifesté le désir de prendre connaissance du traité de triple alliance ; quand j'ai eu fini de le lire et que j'ai trouvé que c'était seulement une alliance défensive, je fus satisfait et j'acceptai le portefeuille ». Après sa visite à Bismarck, Crispi parle du renouvellement de la Triple Alliance à Turin, dans un banquet ; il dit que « nous avons ainsi rendu à l'Europe un grand service ; on a affirmé que nous avions conspiré à Friedrichsruh ; c'est peut-être vrai ; le mot ne fait pas peur au vieux conspirateur que je suis ; oui, si l'on veut, nous avons conspiré, mais pour la paix ! »

Crispi dit à un collaborateur de la *Frankfurter Zeitung* que l'Italie a adhéré à l'alliance austro-allemande parce qu'elle s'efforce de maintenir la paix et l'équilibre européen. La *Norddeutsche Allgemeine Zeitung* constate, après la visite de Crispi à Friedrichsruh, que l'entrevue a eu pour résultat l'entente complète des deux hommes d'Etat dans leur résolution de maintenir la paix d'accord avec l'Autriche, d'empêcher la guerre autant que possible et de combattre en commun en cas de besoin. La *Riforma*, organe de Crispi, aperçoit dans les conversations de Friedrichsruh un symptôme rassurant pour la situation politique de l'Europe. Seules les feuilles radicales blâment Crispi, qui se « laisse tenir en laisse par l'Allemagne ». Les journaux cléricaux expriment l'espoir d'une solution favorable de la « question romaine » ; mais Crispi répond que cette question n'existe pas et qu'en particulier Bismarck regarde les rapports du Pape avec l'Italie comme une affaire intérieure du royaume. Le 29 novembre, Crispi enregistre ceci sur son *Journal* : « Les gouvernements de Berlin et de Vienne sont d'accord pour me communiquer le contenu du traité secret de 1879 entre l'Autriche et l'Allemagne. Ils sont d'avis que rien ne peut rester caché à l'Italie. Une lettre de Bismarck du 20 courant et une du comte Kálnoky du 24 courant ont chargé les deux am·bassadeurs de se rendre auprès de moi pour me remettre la copie du traité (1) ».

La question bulgare — Ferdinand de Cobourg est élu Prince de Bulgarie le 7 juillet — est discutée en novembre à la Délégation hongroise comme à la Délégation autri-chienne, et le comte Kálnoky en profite pour rappeler l'entente, avec l'Allemagne et aussi avec l'Italie, relative à l'examen de toutes les questions en suspens (« l'adhésion de l'Italie existe non seulement depuis l'année dernière, mais, dans la situation actuelle, elle s'est manifestée avec plus de relief »). Les discours de Kálnoky et de Crispi sont aussi fort approuvés en Angleterre. Lord Salisbury, pre-mier ministre, exprime devant la Chambre Haute ses sym-pathies pour l'Italie et l'Autriche-Hongrie, et il déclare le 9 novembre au banquet du Lord Maire : « Les intérêts de ces deux États coïncident à beaucoup d'égards avec les nôtres ».

La situation ne cesse de s'aggraver. Au début de l'année, le *Fremdenblatt*, organe du ministère viennois des affaires étrangères, avait parlé de l' « exécution des armements nécessaires dans le terme le plus court » et, à la fin de l'année, le *Nemzet*, organe officieux du gouvernement hongrois, s'occupe des déplacements des troupes russes. La *Budapester Korrespondenz* constate qu'aux frontières de Galicie, la Russie a concentré trois fois plus de troupes que l'Autriche n'en a dispersé sur une superficie égale. La *Revue de l'Orient* annonce que le *casus fœderis* a été offi-

***

(1) M. Grunwald, que Crispi expulsera plus tard de Rome (en 1890).

ciellement communiqué au Tsar Alexandre. A partir du 8 décembre, des conférences militaires ont lieu à Vienne et à Budapest et les principaux journaux considèrent même la guerre comme inévitable (*Neue Freie Presse* du 7 décembre : « La Russie peut seule maintenir la paix, en modifiant sa politique de menaces et d'arrogance »).

La tension générale n'est pas non plus diminuée par le fait que Bismarck fait publier le 31 décembre dans le *Reichsanzeiger* les fausses « lettres bulgares ». Que ces lettres (où le Prince Ferdinand est appuyé dans sa candidature au Trône de Bulgarie et encouragé à la résistance contre la Russie) soient fausses, Bismarck a eu l'occasion de le montrer au Tsar, le 18 novembre, lors de sa visite à Berlin (1).

C'est sous ces auspices très défavorables que commence la politique européenne de l'année 1888.

1888

Les armements progressifs de la Russie doivent être considérés à Berlin et à Vienne comme une « menace », et l'Allemagne et l'Autriche-Hongrie se résolvent à publier leur traité secret. La publication a lieu naturellement avec l'assentiment de l'Italie qui, dès le 31 janvier, a été sollicité par les ambassadeurs d'Allemagne et d'Autriche-Hongrie. L'opinion résultant de la publication est caractérisée pour le mieux par un article de la *Kölnische Zeitung* du 22 janvier, où nous lisons : « .....Si les trompettes retentissent, si l'Autriche est impliquée dans une guerre avec la

___

(1) Voir aussi sur ce sujet la *Kölnische Zeitung* du 22 novembre et Jules Hansen, *Diplomatische Enthüllungen aus der Botschafterzeit des Barons von Mohrenheim* ; Bismarck a accusé Mohrenheim et Hansen d'avoir fabriqué ces lettres.

Russie, nous ne nous creuserons pas la tête pour savoir si cette guerre nous concerne ou non, nous marcherons tout de suite à la frontière pour assister notre alliée. Celui qui ne peut saisir ce genre de pensées et qui, pour cette raison, ignore la conception allemande de l'alliance austro-allemande, celui-là fait, sans le savoir, les affaires de la Russie ». La presse discute en même temps la question de savoir si la Belgique et les Pays-Bas ont formellement adhéré à la Triple Alliance. A ce sujet, la *Kreuzzeitung* annonce ceci : il n'y a pas eu, certes, adhésion formelle de ces Etats à la ligne de paix, mais il y a eu des conversations générales ; la nouvelle qu'une déclaration « tranquillisante » a été faite à Berlin au sujet des fortifications de la Meuse manque de tout fondement, l'Allemagne n'ayant pas eu besoin d'une déclaration de ce genre.

Jusqu'à la neuvième année, le secret a été conservé, et l'on voit maintenant que les hommes d'Etat des puissances alliées ont jugé l'avenir d'un œil perçant et avec exactitude. Le danger qui menace alors la paix européenne a bien été prévu. La Russie force les puissances alliées à faire le premier pas, dans leur action commune, et le moyen est efficace : le paix subsiste.

La publication a lieu le même jour, le 3 février, à Berlin, à Vienne et à Budapest. La note officieuse suivante la précède : « Les gouvernements de l'Allemagne et de la monarchie austro-hongroise ont jugé opportune la publication de leur alliance conclue le 7 octobre 1879, pour en terminer avec les doutes qui ont surgi de divers côtés à l'égard des intentions purement défensives de l'alliance et qui poursuivent des buts différents. Les deux gouvernements alliés sont dans leur politique dirigés par l'effort de maintenir la paix et d'en écarter les éléments de trouble autant que possible ; ils sont convaincus que la publication du contenu de leur traité d'alliance exclura tout doute à cet égard et ils se sont résolus, par conséquent, à le faire connaître ».

Cette publication cause une impression énorme. La presse constate à l'unanimité que, par la publication du traité, on déclare que les armements russes doivent être considérés comme une « menace » ; avant d'être publié, le traité avait été communiqué au Tsar à titre confidentiel, et le poids de cette communication est accru par la publication ultérieure. Les *Times* parlent de la grave offense (« *a slap in the face* ») des deux puissances à la Russie, et la *Novoïé Vremia* (et avec elle toute la presse russe) déclare que la publication du traité montre que l'Allemagne et l'Autriche-Hongrie *ne* désirent *pas* la paix.

Après la publication du traité, un banquet est donné au Casino National de Budapest en l'honneur du comte Julius Andrássy ; le comte Géza Szápáry, grand maître des cérémonies, y prononce un toast très remarqué.

Trois jours après la publication du traité d'alliance, Bismarck fait au Reichstag un de ses discours les plus réputés. L'ordre du jour comportait deux projets militaires : le projet présenté au Reichstag le 9 décembre 1887 « concernant les modifications à apporter au service militaire » et celui déposé au Reichstag le 31 janvier, relatif à l'émission d'un emprunt au profit de l'armée impériale. Bismarck donne dans son discours (1) une peinture de la « situation générale de l'Europe ». Il y représente en détail les rapports variables avec la Russie, pour en déduire la genèse du traité avec l'Autriche, publié quelque temps auparavant. Les exigences formulées en 1879 par la Russie, qui se sont enflées jusqu'à devenir des menaces, des « menaces totales de guerre du côté le plus compétent » ont forcé la politique allemande à « opter entre nos deux anciens amis ». Si nous n'avions pas conclu le traité, nous devrions le conclure maintenant. « Il a même la qualité

---

(1) Ce discours a eu un effet énorme : le fait qu'il a été mis en vers le prouve ; il parut chez Decker à Berlin « en iambes libres », par Cäsar Astfalck. Voir les autres publications dans ARTHUR SINGER, *Bismarck in der Literatur*, II° édition, pp. 156 et suiv.

supérieure de traité international, il est en effet l'expression d'intérêts réciproques durables aussi bien du côté de l'Autriche que du nôtre. Nulle grande puissance ne peut longtemps adhérer au texte d'un traité quelconque contraire aux intérêts de son propre peuple, elle est obligée, en fin de compte, de déclarer tout à fait ouvertement : les temps ont changé, je ne peux plus, — et elle doit le justifier devant son peuple et devant la partie contractante dans la mesure du possible. Mais, conduire le peuple lui-même à sa ruine en s'inspirant de la lettre d'un traité signé dans d'autres circonstances, aucune grande puissance ne l'approuvera. Ceci ne se trouve d'ailleurs pas, d'une manière quelconque, dans ces traités. Ils sont même — non seulement le traité que nous avons conclu avec l'Autriche, mais des traités analogues qui existent entre nous et d'autres gouvernements, notamment les conversations que nous avons avec l'Italie — ils sont seulement l'expression de la communauté dans les efforts et dans les dangers que les puissances ont à courir. L'Italie, aussi bien que nous, a été obligée de conquérir par la force le droit de se consolider comme nation. Toutes deux vivent maintenant en paix avec l'Autriche et ont à faire face, avec ce pays, aux dangers qui les menacent en commun, à garantir la paix, aussi chère à l'une ou à l'autre »... Ce fait consolide les traités et les rend durables. « Dès les négociations de Nikolsburg, nous eûmes l'impression que nous ne pouvions longtemps nous passer en Europe d'une Autriche forte et debout. Et, en 1870, date à laquelle la guerre éclata entre nous et la France, la voie fut ouverte à l'Autriche vers une politique raisonnable et prévoyante. » Un isolement de l'Allemagne a été évité et « nous avons, grâce à l'égalité des intérêts, grâce à ce traité qui vous est communiqué, deux amis en qui nous pouvons avoir confiance ». Bismarck termine ainsi ce passage de son discours : « Non seulement des opinions et des amitiés, mais les intérêts les plus pressants de l'équilibre européen et de notre propre avenir nous unissent à

nos alliés dans l'amour de la paix. C'est pourquoi je crois
ceci : Vous approuverez la politique de Sa Majesté l'Empereur, qui a conclu l'alliance rendue publique, bien qu'elle
ait renforcé la possibilité d'une guerre. Il est même indubitable qu'elle a gagné une force extraordinaire du fait de
l'acceptation de cette nouvelle loi, parce qu'elle a été fortifiée dans des conditions extraordinaires par la collaboration de l'Empire allemand ». Après quelques discussions
militaires, la discussion revient sur les menaces russes et
finit par l'expression, devenue célèbre : « Nous, Allemands,
nous craignons Dieu, et rien d'autre au monde ! »

Le discours de Bismarck soulève une discussion approfondie à la Chambre autrichienne des députés (1) ; le comte
Taaffe déclare qu'il était déjà en fonctions quand l'alliance
a été conclue, et qu'il ne peut donc en être l'adversaire ;
c'est seulement lorsqu'il était président du conseil qu'elle
s'est renforcée et consolidée, et il espère qu'elle durera
longtemps encore. Crispi saisit bientôt (le 17 mars) l'occasion de parler de la Triple Alliance à la Chambre ; il
affirme que le besoin d'une alliance a existé en Italie avant
la conclusion de la Triplice (2).

Le 9 mars, l'Empereur Guillaume Ier rend son âme à
Dieu, et le 15 juin, l'Empereur Frédéric III le suit dans
l'immortalité. Pendant ces 99 tristes journées, Bismarck
déclare au Dr. Franz, président du consistoire supérieur de
l'Eglise évangélique autrichienne (3), que la formation de
l'alliance austro-allemande et son maintien constituent la
base de toute sa politique. Le troisième empereur de la
Maison de Hohenzollern n'y change d'ailleurs rien. C'est
avec raison que le baron Ernst von Plener, conseiller se-

____

(1) L'union nationale allemande réclame le 7 février la ratification
parlementaire du traité.

(2) Crispi trouve en été l'occasion de liquider avec Kálnoky une
série de questions pendantes au moyen de conversations verbales.
L'entrevue des deux hommes d'Etat a lieu le 25 août à Eger.

(3) Voir POSCHINGER, *Also sprach Bismarck*, vol. III, p. 9.

cret et ministre autrichien, a écrit à l'occasion du 25ᵉ anniversaire du gouvernement de l'Empereur Guillaume II (1) ;
« L'Empereur Guillaume est toujours resté fidèle à l'alliance... Dans les moments difficiles, les plus graves, il
a jeté dans la balance tout le poids de la puissance allemande en faveur de notre monarchie... et, non sans raison,
la ville de Vienne, pour reconnaître avec gratitude ses sympathies toujours existantes à l'égard de notre pays, a donné
à la plus belle partie de la *Ringstrasse* le nom de *Kaiser-
Wilhelm-Ring* (Boulevard de l'Empereur Guillaume), pour
y honorer et y perpétuer son nom ». Déjà les dépêches
échangées entre Berlin, Vienne et Rome à l'occasion de
l'accession de Guillaume II au Trône et les toasts portés
lors de ses visites d'entrée en fonctions à Vienne (2) et à
Rome contiennent une affirmation très nette de l'alliance.
Et, le 25 juin, le jeune Empereur dit dans son discours du
Trône à l'ouverture du Reichstag : « Notre alliance avec
l'Autriche-Hongrie est officiellement connue. Je m'y main-
tiens avec la fidélité allemande, non seulement parce qu'elle
est conclue, mais parce que J'aperçois dans cette union
défensive un fondement de l'équilibre européen, ainsi qu'un
legs de l'histoire allemande, dont le contenu est aujourd'hui
approuvé par l'opinion publique de toute la nation allemande, et correspond au droit des gens traditionnel

(1) *Nord und Süd*, nᵒ de juin 1913.
(2) Le fait, conditionné par les dispositions de voyage de l'Empereur d'Allemagne, que Guillaume II rend à Pétrograd sa première
visite, et ne va qu'en octobre à la Cour de Vienne, est considéré
par Pierre Albin dans son ouvrage *L'Allemagne et la France en
Europe*, sans fondement aucun, comme une preuve de ce que
Guillaume II, se rappelant l'avertissement donné par son grand-père,
d'entretenir avec la Russie de bons rapports, s'efforce de faire sa
première visite à Pétrograd, « mécontentant ainsi son allié François-
Joseph et l'opinion autrichienne ». Jusqu'à quel point cette affirmation est infondée, les journaux de Vienne le font voir en parlant du
voyage à Pétrograd, ainsi que la polémique entre la *Moskauer Zeitung* et la *Norddeutsche Allgemeine Zeitung*.

de l'Europe, tel qu'il existait jusqu'en 1866 d'une manière incontestée. Des rapports historiques analogues et des besoins nationaux similaires nous lient à l'Italie. Les deux pays veulent s'en tenir aux bénédictions de la paix pour vivre dans le repos résultant de la consolidation de leur unité récemment conquise, de la formation de leurs institutions nationales et du développement de leur bien-être ».

Lorsqu'en octobre l'Empereur Guillaume II fait à la Cour de Rome sa visite d'entrée en fonctions (1), une démonstration se produit qui est enflée de façon tout à fait arbitraire par les adversaires de la Triple Alliance : à l'arrivée de l'Empereur à Rome, juste comme la voiture de gala passe sous l'arc de triomphe, de petites feuilles imprimées en rouge tombent sur les souverains; on y lisait : « *Abasso la tripplice alliunza ! Viva la Francia ! Viva l'Alsacia e Lorrena ! Viva Trento e Trieste* ». Une enquête est menée et prouve que les placards avaient été imprimés à Marseille. Avant l'entrevue de Rome, l'Italie avait demandé l'intervention de l'Allemagne auprès du gouvernement français, au sujet de la question de Massaoua. L'ambassadeur d'Allemagne à Paris était chargé de communiquer au gouvernement français que, « si l'Italie se trouvait engagée en de graves complications », elle ne resterait pas isolée (2). Mais cette in-

(1) L'Empereur est accompagné de Herbert Bismarck qui offre à Crispi que l'Allemagne fera en sorte que l'Autriche traite mieux ses sujets italiens, grâce à quoi des embarras seront épargnés à lui (Crispi) et l'irrédentisme perdra du terrain. Crispi avait rendu visite au prince le 21 août, à Friedrichsruh, et lui avait dit, à cette occasion, à propos de l'Autriche : « Il est impossible que nos rapports avec l'Autriche deviennent d'un seul coup aussi cordiaux que nos rapports avec l'Allemagne. Les souvenirs douloureux sont encore trop nombreux... La génération qui a vu des soldats autrichiens cravacher des femmes n'est pas encore disparue ! » (*M. Crispi chez Monsieur de Bismarck*. Rome, 1894).

(2) Dépêche du comte Launay dans le Livre Vert italien du 5 décembre 1888; voir aussi PIERRE ALBIN, *L'Allemagne et la France en Europe* (1885-1894), p. 173, et les sources auxquelles il se réfère.

tervention du comte Münster n'a pas lieu, car Goblet, ministre français des affaires étrangères, ne poursuit pas l'affaire.

Au milieu de septembre, l'Archiduc Albert séjourne à Berlin. Il est salué avec joie par tous les journaux. Selon la *Nationalzeitung*, la visite de cet Archiduc qui, depuis 1864, s'est tenu à l'écart de Berlin et de la Prusse et qui, lorsqu'on parlait d'éléments antiprussiens en Autriche, était toujours considéré comme le chef spirituel de cette tendance, a une importance particulière ; le changement d'idées du prince autrichien contient la preuve la plus forte que l'on puisse imaginer de la nécessité naturelle de l'alliance austro-allemande.

En novembre, le *Schwarzgelb*, feuille viennoise sans importance, se livre contre l'alliance austro-allemande à des attaques qui déchaînent une véritable guerre d'articles. On répand à Rome le bruit qu'une tension est née dans les rapports entre l'ambassadeur à la Cour de Vienne, le prince Reuss, et le comte Taaffe, et on raconte que Taaffe inspire les attaques du publiciste viennois, Moritz Szeps, parent de Clémenceau, contre la Prusse. Ces bruits sont dépourvus de tout fondement, surtout en ce qui concerne la personne de Moritz Szeps. Szeps qui était apparenté avec l'homme politique français par le seul fait que sa fille avait épousé le frère de Clémenceau a publié en particulier la même année dans le *Wiener Tagblatt* des articles (les uns de sa plume, les autres de la plume de Norbert Bechhöfer), extraordinairement favorables à la Triple Alliance.

Terminons par une information de Jules Hansen (1), d'après laquelle des « négociations très importantes » ont

Billot, Crispi et Despagnet, puis les dépêches au général Menabria (n°ˢ 52 et 54) publiées dans le Livre Vert français consacré aux affaires commerciales.

(1) *Diplomatische Enthüllungen aus der Botschafterzeit des Barons v. Mohrenheim,* pp. 99 et suiv.

été menées à la fin de l'année entre les Etats de la Triple
Alliance et l'Angleterre au sujet de l'adhésion de ce pays à
l'alliance : c'est Crispi qui est la force agissante au cours
de ces négociations ; sur sa proposition, un officier supérieur anglais va à Berlin et à Vienne pour y conclure des
conventions militaires entre l'Angleterre et les Etats de la
Triple Alliance.

1889

La Chambre hongroise des députés se livre le 25 février
à une manifestation unanime en faveur de la Triple
Alliance. Le comte Albert Apponyi, chef de l'opposition
modérée, déclare : « Abstraction faite d'opinions particulières respectables, mais tout à fait isolées, il n'y a pas en
Hongrie de nuance de parti qui n'adhère à l'alliance avec
l'Allemagne et ne la regarde comme le point cardinal de sa
politique». Et Ignace Helfy l'approuve au nom de l'extrême
gauche : « En Hongrie, un gouvernement ne pourrait tenir
six mois s'il suivait une politique s'écartant de la politique
d'alliance avec l'Allemagne ». Koloman de Tisza, président
du conseil, exprime alors sa « joie la plus loyale » du fait
que les deux partis de l'opposition sont si nettement favorables à l'alliance avec l'Allemagne et l'Italie ; il ne considère pas cette alliance comme assez éphémère pour que
les soupçons de la presse étrangère hostile puissent lui
nuire d'une manière quelconque, car l'alliance repose sur
une base beaucoup plus solide que celle de la sympathie
pure et simple, sur la base de l'intérêt bien compris des
deux Etats.

Le Roi Humbert d'Italie séjourne en mai à Berlin. La
réception extrêmement chaleureuse qu'il trouve dans la
capitale de l'Empire amène la Chambre italienne des
députés à adresser au Reichstag une adresse de remercie-

ments, dont le président Levetzow donne lecture et à laquelle il ajoute : « Ces remerciements nous émeuvent de la façon la plus sympathique ; je me considère comme autorisé à faire cette déclaration, et à exprimer de façon appropriée et dans un lieu approprié nos sentiments et notre joie relatifs à l'alliance conclue entre l'Allemagne et l'Italie et qui assure la paix mondiale ». Au banquet donné le 25 mai en l'honneur de Crispi, Benda salue le président du conseil italien comme l'une des colonnes de l'alliance pacifique italo-allemande. Crispi le remercie : « *Les deux dynasties et les deux peuples sont unis, plus encore que par le lien politique, par les intérêts, par la cordiale amitié, par les buts communs, par tout ce qui unit naturellement les nations et qui n'a pas besoin d'autres institutions artificielles* ». Le Dr. Miquel constate que le peuple allemand voit dans la Triple Alliance une union durable qui doit survivre aux hommes d'Etat qui lui ont trouvé une forme adéquate. D'anciens souvenirs nous unissent avec l'Etat impérial austro-hongrois, le souvenir d'efforts égaux vers l'unité et la liberté nous lient à la nation italienne, « nous regardons avec la confiance la plus complète du côté de nos alliés et nous en attendons autant de leur part ; puisse la dernière épreuve être épargnée à la forte et puissante alliance, nous espérons que Dieu y veillera ! »

En juin et en juillet, on affirme à Vienne et à Rome la fidélité à l'alliance dans des conditions très nettes. Le 24 juin, le comte Kálnoky déclare à la Délégation autrichienne que l'Autriche-Hongrie possède en l'Italie à tous égards une alliée aussi sûre que l'Italie en Autriche-Hongrie. En juillet, le comité pour Trente et Trieste est dissous ; cette mesure de Crispi, sa réponse à une interpellation du député Cavallotti sur un incident survenu dans les eaux istriennes, et enfin la répression des manifestations irrédentistes en septembre produisent à Vienne la meilleure impression. Sur la question irrédentiste, les *Mémoires* de Crispi contiennent des renseignements intéressants ; ils

contiennent une lettre du comte Julius Andrássy, datée de
1874, et adressée au comte Wimpffen, alors ambassadeur
d'Autriche-Hongrie à Rome, où l'homme d'Etat hongrois
dépeint les dangers d'une politique ultra-nationale et la
nécessité de la coopération des gouvernements austro-
hongrois et italien contre les exagérations irrédentistes,
puis une dépêche de Crispi, du 29 juillet 1889, à De Launay,
ambassadeur à Berlin, chargeant ce dernier de prier le
prince chancelier d'adresser à Vienne « des paroles de
prudence et de modération », pour que les autorités autrichiennes traitent les Italiens de la monarchie « avec plus de
douceur » : le Chancelier d'Empire remplit cette mission
en chargeant le prince Reuss « de s'occuper non officiellement » dans une conversation avec le comte Kálnoky de
« la question scabreuse au moment opportun ».

En août, l'Empereur-Roi François-Joseph se rend à la
Cour impériale allemande. Au dîner de gala du 13 août,
l'Empereur Guillaume prononce un toast où figurent les
paroles suivantes : « Dans Mon peuple comme dans Mon
armée, on est solidement et fidèlement attaché à l'alliance
conclue par Nous ! » En novembre, le comte Kálnoky
rend visite au prince Bismarck à Friedrichsruhe.

Les manifestations de solidité de la Triple Alliance ne
cessent de se renouveler ; les chauvins français écument de
rage (1), et Charles de Maurel écrit dans son livre, paru la
même année, *le Prince de Bismarck démasqué*, que Rome
et Vienne sont devenues les vassales de Berlin (2) !

____

(1) Voir l'article d'Anatole Leroy-Beaulieu dans la *Revue des Deux
Mondes* du 15 juillet 1889.
(2) Page 251.

1890

Année de la retraite du vieux Chancelier d'Empire.
Après la nomination de Caprivi, tous les facteurs prépondérants se hâtent d'assurer qu'ils restent attachés d'une
manière inébranlable à la Triple Alliance. Et, de même que
les nationaux-libéraux insèrent dans leur manifeste électoral le souci des rapports d'alliance avec l'Autriche-
Hongrie et l'Italie, de même toutes les grandes organisations
politiques des deux autres Etats se déclarent fidèles à la Triple
Alliance. Le 8 avril, l'Empereur Guillaume fait remettre à
Vienne à l'Empereur-Roi François-Joseph, par le comte
Wedel, une lettre autographe, mais, auparavant, le comte
Caprivi avait déjà salué par écrit le comte Kálnoky (il va
même le 1er octobre à Vienne). Dans le premier interview
qu'il donne après sa retraite à un journaliste, le 10 mai,
Bismarck affirme à Lvoff, correspondant de la *Novoïé Vré-
mia* que l'existence de l'Autriche est aussi nécessaire à
l'Allemagne que l'existence de la France l'est à la Russie ;
jusqu'au Congrès de Berlin, il a cherché à marcher d'accord avec la Russie et à satisfaire, à ce Congrès, aux désirs
de la Russie comme l'aurait fait un secrétaire de Chouvaloff,
et pourtant la Russie, l'année suivante, menaçait l'Allemagne d'une guerre ; il s'est alors résolu à conclure à
Vienne une alliance avec l'Autriche. Bismarck dit le
22 juillet au même interviewer (1) : « En 1879, j'ai eu entre
les mains un document à l'existence duquel je n'avais
jamais cru ; la menace de guerre y était deux fois répétée.
Ce document a décidé de mon voyage auprès de mon ami
Andrássy ; c'est alors que naquit la Triple Alliance aujour-
d'hui existante ».

(1) Voir Poschinger, *Neue Tischgespräche und Interviews*, vol. I,
p. 346.

Au début de juin, Bismarck reçoit M. Kingston, correspondant du *Daily Telegraph*, à qui il dit les mots suivants à propos de la Triple Alliance (1) : « Comment la Triple Alliance se comporte-t-elle maintenant ? Aussi puissante que jamais, solidement fondée sur une base large de confiance réciproque et d'intérêts communs. Elle n'est pas moins étroite dans la collaboration de ses participants qu'immuable dans sa résolution de maintenir la paix. Elle durera, parce qu'elle sert à la prospérité générale et parce qu'elle est l'émanation naturelle d'efforts sains et d'une compréhension humaine également saine. Pour beaucoup de motifs, son principe est le suivant : Un pour tous et tous pour un. Une Autriche forte est non seulement essentielle à la conservation de l'équilibre européen, mais aussi particulièrement nécessaire à l'Allemagne. Si cet Empire n'existait pas, il faudrait le créer dans notre intérêt... L'amitié qui unit l'Allemagne et l'Italie est en outre pleinement naturelle, car ces pays ne sont pas des Etats voisins et l'un des deux ne désire pas prendre quelque chose à l'autre. L'amitié de l'Autriche et de l'Italie est de même nécessaire à toutes deux... Une alliance plus prudente et plus utile que la Triple Alliance n'a jamais été conclue... Grâce à la Triple Alliance, je suis fondé à croire la paix de l'Europe solidement garantie et sa durée assurée pour longtemps, à moins que le Tout Puissant ne nous envoie une de ces terribles catastrophes qui anéantissent toutes prévisions et tous calculs raisonnables. » Le 13 juin, Bismarck accorde un très long interview à l'historien autrichien Friedjung pour son livre *Der Kampf um die Vorherrschaft in Deutschland*. Bismarck y discute la pré-histoire de la guerre de 1866, qu'il considère comme la conclusion d'une longue période. La même année, nous avons encore un autre interview de Bismarck, peut-être apocryphe, par un « Autrichien alle-

(1) Voir Poschinger, *Neue Tischgespräche und Interviews*, vol. I, p, 314.

mand », reproduite par A. v. Unger dans son livre *Unter-
redungen mit Bismarck*. Dans cet interview, Bismarck
aurait affirmé avec une force particulière : « Nous autres
qui vivons en ce moment et nos petits-enfants, nous avons
besoin d'une Autriche, d'une Autriche forte ; c'est là pour
l'Allemagne un accroissement de puissance ! » Nous mentionnons enfin un article des *Hamburger Nachrichten* du
22 décembre, apparemment inspiré par Bismarck, qui constate que la force de la Triple Alliance ne repose pas le moins
du monde sur les sympathies que l'alliance trouve chez les
nations participantes ; mais l'Allemagne (ceci cadre presque
mot pour mot avec les déclarations faites par Bismarck à
diverses reprises) ne peut se procurer les avantages de la
Triple Alliance au moyen de sacrifices économiques et
payer ainsi un tribut à l'Autriche.

L'Autriche-Hongrie formule des sentiments analogues.
Koloman de Tisza, président du conseil hongrois, prononce
des paroles chaleureuses en faveur de la Triple Alliance, à
l'occasion de la réception de nouvelle année de son parti
et la mort, survenue le 18 février, du comte Julius Andrássy, soulève de chaudes manifestations dans les deux
Etats de la monarchie en faveur de la création de Bismarck
et d'Andrássy. La presse des deux pays saisit aussi l'occasion de la retraite de Bismarck pour prendre à l'unanimité
position pour la « continuation de la politique étrangère ».
La *Presse* de Taaffe affirme que nul changement de personne ne pouvait ébranler l'alliance, et que l'on peut
même affirmer que ces inquiétudes causées par la retraite
de Bismarck à l'Est et à l'Ouest contribueront à consolider
encore la Triple Alliance. Le *Fremdenblatt* de Vienne,
organe du ministère des affaire étrangères, déclare que la
Triple Alliance repose sur la reconnaissance d'une communauté d'intérêts si profonde que la retraite d'un ministre
même si important ne peut compromettre la situation de la
paix. De même le *Pester Lloyd* constate que l'échange de
vue entre Caprivi et Kálnoky a eu pour résultat un accord

absolu sur toutes les questions rattachées à la Triple
Alliance. Seuls les Jeunes Tchèques et leurs journaux critiquent l'alliance sur un ton violent. Dans son discours
relatif au budget, le 22 avril, le Jeune Tchèque Waschaty
appelle l'Autriche une émanation de la chancellerie d'Empire allemande. Le 9 juin, à la séance de la commission de
la Délégation autrichienne, le comte Kálnoky affirme que
les rapports avec l'Allemagne n'ont jamais été plus pleins
de confiance, plus solides et plus évidents que maintenant :
« Le passage sur le Trône allemand de trois souverains et
le changement des principaux hommes d'Etat n'a pas eu
pour effet la moindre oscillation de l'alliance, ce qui montre
le mieux possible quelles racines solides elle a poussées.
A Berlin et à Rome, des déclarations récemment faites par
des personnes haut placées montrent combien on y est
convaincu de la solidité inébranlable de l'Alliance. Les
tentatives quotidiennes des adversaires de l'alliance en vue
de l'ébranler et de provoquer des doutes à son encontre ne
doivent induire personne en erreur. Ces efforts resteront
vains dans l'avenir, comme ils l'ont été pendant les dix
dernières années ». Et le comte Louis Tisza, président de la
Délégation hongroise, déclare, dans son discours de clôture
du 28 juin, que cette assemblée voit dans l'existence de la
Triple Alliance la principale garantie de la paix.

Les rapports entre l'Autriche-Hongrie et l'Italie subissent
la même année une amélioration très remarquable. Dès le
11 juin, le comte Kálnoky expose à la Délégation hongroise
qu'il est heureux de pouvoir penser à l'entente toujours
amicale avec l'Italie alliée, avec laquelle se sont établis des
rapports de confiance, ainsi qu'une communauté d'efforts
qui peut seulement faire progresser les buts pacifiques des
deux nations. Certes des troubles irrédentistes ont lieu à
Görz et à Trieste, mais l'attitude énergique de Crispi fait à
Vienne la meilleure impression. Le 8 octobre, Crispi fait,
à un banquet donné à Florence, un discours où il fustige
l'irrédentisme avec une force particulière : « Le but immé-

diat de l'agitation irrédentiste est le déchirement de la Triple Alliance. Il est naturel qu'un parti qui revendique pour lui la puissance mondiale désire la dislocation de la Triple Alliance dans l'espoir de rétablir l'union des puissances catholiques, au profit du Vatican, aussitôt que l'Autriche ne serait plus l'amie et l'alliée de l'Italie. L'alliance est devenue loyalement amicale ». Crispi indique que le jeune Empereur d'Allemagne a deux fois salué la *Roma intangibile,* avec non moins de loyauté, quoique pas d'une manière très démonstrative, étant donné la situation de l'Autriche catholique à l'égard de l'Italie. Le marquis Rudini, chef des conservateurs, se déclare aussi en termes chaleureux partisan de la Triple Alliance ; à l'occasion des nouvelles élections à la Chambre, à la fin d'octobre, il adresse à l'*Opinione* une lettre où il écrit que la période de paix, dont l'Italie a besoin, aussi bien à l'intérieur qu'à l'extérieur, est assurée par la Triple Alliance. D'après une information du *Figaro* de Paris, du 29 septembre, Crispi aurait déclaré à Naples, à M. Saint-Cère, son correspondant, comme « très important » le fait que la Triple Alliance venait à échéance en 1892 et n'était pas encore renouvelée ; Crispi envoit un démenti à la *Riforma.*

Dans ses *Mémoires,* Crispi publie une dépêche de De Launay, en date du 14 août, où l'ambassadeur d'Italie à Berlin lui annonce que l'Empereur François-Joseph (alors en visite à Berlin) s'est dit heureux et très content que le Roi d'Italie ait à ses côtés un président du conseil aussi actif. Sa Majesté, dit le télégramme, attribue une très grande valeur aux avantages de l'alliance avec l'Italie, en ce qui concerne la paix générale ; le comte Kálnoky fera tout son possible à l'égard des Italiens d'Autriche. Les *Mémoires* contiennent aussi d'intéressantes déclarations du baron Bruck au sujet des paroles prononcées par l'Empereur-Roi François-Joseph, à propos de la question de la visite de l'Empereur à Rome. A l'occasion du discours prononcé à Florence par Crispi, le comte Kálnoky envoie au baron Bruck une dépêche que publie dans son journal, le 1er février 1913, le correspondant romain de la *Neue Freie Presse*, Robert di Fiori ; dans ce télégramme, M. von Bruck est chargé de saluer Crispi au nom de Kálnoky, et de lui dire que son discours peut être considéré comme une nouvelle preuve que la Triple Alliance, si nécessaire à la paix, repose sur une base solide qui possède dans la personnalité prudente et énergique de Crispi un gardien fidèle et prêt à toutes les éventualités.

1891

Crispi donne sa démission le 31 janvier. Le marquis di Rudini, son successeur, renouvelle en juin la Triple Alliance (1). Le 14 février, il développe son programme devant la Chambre, et il déclare que l'Italie fera preuve d'une « fidélité certaine et solide » à l'égard de ses alliées (2). Le

(1) Maggiorino Ferraris, député en rapports étroits avec Rudini, président du Conseil, déclare, dans une lettre insérée dans le *Corriere della Sera* du 6 juin, que le point le plus essentiel du traité est la disposition en vertu de laquelle aucun des Etats contractants ne peut compter sur l'appui de ses alliés au cas d'une guerre d'agression quelconque, mais que toute attaque dirigée contre l'une des trois puissances entraînera aussitôt la participation armée des deux autres ; de plus l'Allemagne et l'Autriche auraient garanti les possessions italiennes sans avoir exigé de l'Italie une contre-garantie. (Ces dernières lignes se réfèrent à la France et concernent l'Alsace-Lorraine. Remarque de l'auteur.) Cpr. aussi *Berlin-Wien-Rom*, Berlin, Duncker et Humblot, 1892.

(2) Le discours de Rudini amène le vieux sénateur Jacini, qui avait toujours été un chaud partisan de l'alliance, particulièrement avec l'Allemagne, à protester contre la possibilité d'un changement de front de l'Italie (dans un article de la *Nuova Antologia* du 16 février, c'est-à-dire peu avant sa mort, survenue le 25 mars suivant) mais aussi à mettre en garde contre « l'élargissement en précipice de la crevasse existant entre les deux nations latines ».

28 juin, Rudini déclare à la Chambre, aux applaudissements enthousiastes d'une énorme majorité, que « la Triple Alliance continuera à exister dans l'avenir ». Le 9 novembre, Rudini annonce une fois de plus le renouvellement de la Triple Alliance : « Par le renouvellement des liens qui nous unissent à l'Autriche-Hongrie et à l'Allemagne, le gouvernement royal croit avoir consolidé une situation appropriée à cette politique d'entente dont nous avons surtout besoin... Avec l'Allemagne et l'Autriche-Hongrie, nous avons maintenu et renforcé cette solidarité des vues et des intérêts, qui a laissé des traces durables ».

Le renouvellement de la Triple Alliance est proclamé dans les trois Etats d'une manière particulièrement marquante — un écho énergique contre la démonstration de Cronstadt. La presse parisienne est tout à fait âpre contre l'Allemagne et l'Autriche-Hongrie. Un article intitulé *La Triple Alliance* et paru dans la *Revue des Deux-Mondes* du 15 février (1) incrimine Bismarck d'avoir remis à la monarchie danubienne la Bosnie et l'Herzégovine, mais il oublie que cette question a été tranchée dès 1877 par la Russie à Reichstadt, et qu'à ce moment on était arrivé à une entente entre la Russie et l'Autriche au sujet de cette question.

Le 29 juin, l'Empereur d'Allemagne, allant de Hambourg à Héligoland, fait savoir à M. Waldemar Nissen, président de la *Paketfahrt-gesellschaft*, en personne, que, depuis le 28 juin, la prolongation de la Triple Alliance est chose faite pour 6 ans. Quand le couple impérial va en juillet en Angleterre, un protocole est signé à Hatfield, où Marschall, secrétaire d'Etat, accompagne l'Empereur, qui établit l'iden-

(1) De A. Benedetti, inséré ensuite dans son livre *Essais diplomatiques* (Paris, 1895) ; dans le même article, Benedetti avait salué Rudini sur le ton le plus chaleureux : « Rudini et ses collègues justifieront, avec la confiance du souverain, l'attente de tous les amis de l'Italie ».

tité des intérêts de la Triple Alliance et des intérêts de l'Angleterre.

En même temps que l'on apprend le renouvellement de la Triple Alliance, la question d'une adhésion de l'Angleterre est discutée dans les parlements et les journaux, et l'expression « Triple Alliance à quatre » prend sa volée. Le « flirt anglo-triplicien », comme dit Pierre Albin (1), remonte à l'année 1887 (2), au moment où le rapprochement de l'Angleterre ne paraît cependant être que factice. L'Angleterre a résolu avec les trois puissances toutes les questions pendantes : avec l'Italie la question de la Méditerranée, avec l'Autriche-Hongrie la question d'Orient et avec l'Allemagne la question des zones d'influence en Afrique. Le 22 juin, sir James Fergusson, sous-secrétaire d'Etat anglais, fait connaître à l'univers que les « dispositions de la Triple Alliance » ont été communiquées à l'Angleterre « à titre confidentiel » ; il ajoute d'ailleurs que « le gouvernement anglais ne participe pas à la Triple Alliance », mais toute la presse de l'Angleterre et du Continent commente la communication confidentielle du traité en disant qu'elle a pour objet d'amener l'Angleterre à s'unir avec les trois puissances continentales. Le *Standard* écrit à ce sujet (avant la visite de l'Empereur d'Allemagne en Angleterre) : « Il n'y aura certes pas de traités à signer, ni d'entente à établir, mais il est possible que les paroles prononcées à Windsor exercent une influence historique aussi mondiale que les signatures conservées avec soin dans les chancelleries des Etats de l'Europe ». La déclaration de Fergusson trouve le 28 juin un écho au Sénat italien. Rudini avait annoncé le même jour à la Chambre le renouvellement de la Triple Alliance (la séance prit un cours très orageux et elle dut être levée par suite d'un pugilat entre des membres

_____

(1) Voir PIERRE ALBIN, *L'Allemagne et la France en Europe (1885-1894)*, pp. 312 et suiv.

(2) Voir les déclarations de Salisbury en 1887.

de l'extrême-gauche et du parti gouvernemental). L'après-midi, après que le gouvernement a défendu une réunion publique, pour laquelle un appel vibrant avait été lancé, Cavallotti et Imbriani organisent une manifestation à laquelle Giovanni Bovio tient un discours incendiaire. Le soir, Rudini se fait interpeller au Sénat par Taverna. Le président du conseil italien annonce une fois de plus le renouvellement des traités de triple alliance et parle ensuite des rapports anglo-italiens : « L'Italie veut le maintien de l'équilibre et du *statu quo* en Europe, et notamment dans la mer Méditerranée. Pour atteindre ce but, le gouvernement n'a pas attendu jusqu'aujourd'hui pour chercher à nous unir et à conclure des traités avec les pays qui ont les mêmes idées que nous et des intérêts analogues aux nôtres· Il y a quelques années un échange d'idées a eu lieu au sujet de nos rapports avec l'Angleterre. Fergusson a parlé au Parlement anglais de cet échange d'idées d'une manière conforme à la vérité. Les deux pays se proposent d'agir en commun pour la paix et le *statu quo*. L'homme d'Etat anglais ne voit aucune question où la manière de voir de l'Italie diffère de celle de l'Angleterre ». Pendant les quelques jours qui suivent, Fergusson parle trois fois encore sur ce thème. Le 3 juillet, il déclare, contrairement, en apparence, à son discours du 22 juin, qu'il ne peut donner aucune information sur les traités de triple alliance, renouvelés « paraît-il » en ce moment, mais il n'y a là, nous l'avons dit, qu'une contradiction apparente, puisque, le 22 juin, Fergusson ne pouvait connaître que les anciens traités. Les 3, 6 et 11 juillet, il répète qu'un accord existe avec l'Italie au sujet du maintien du *statu quo* dans la Méditerranée. Sans doute inspiré par le ministère des affaires étrangères, Max Falk, rapporteur de la commission de l'extérieur de la Délégation hongroise, établit dans le *Pester Lloyd* que les sympathies de l'Angleterre pour la Triple Alliance « ont la qualité de se manifester en actes puissants au moment du danger ». Dès la première déclaration de Fergusson, Flourens dit à un interviewer hongrois, du *Magyar Nemzet*, que le rapprochement franco-russe est devenu plus étroit en raison du rapprochement de l'Angleterre et des puissances centrales ; certes, ajoute-t-il, aucun traité formel n'existe, mais nous avons des documents écrits qui peuvent être considérés avec confiance comme des traités. C'est à ce moment qu'a lieu la visite à Fiume et à Venise de l'escadre anglaise de la Méditerranée ; l'Empereur-Roi François-Joseph et le Roi d'Italie paraissent à bord du vaisseau-amiral anglais, et le toast du Roi d'Italie parle des rapports intimes entre l'Italie et l'Angleterre (La Double Alliance y répond par la réception de Cronstadt) (1). Le *Morning Post* qualifie la visite de la flotte au port de Fiume d'acte d'amitié rendu d'autant plus opportun par l'alliance historique qui existe entre la Grande-Bretagne et l'Empire des Habsbourgs, et le *Standard* écrit : « L'Angleterre connaît les intentions pacifiques de l'Autriche-Hongrie ; aussi les partage-t-elle et les appuie-t-elle », et il ajoute : « Nous ne croyons pas nous trouver en un tel accord avec n'importe quel autre Etat ». La visite de l'Empereur Guillaume à Windsor et la réception enthousiaste de l'amiral honoraire de la flotte anglaise à Londres peuvent être considérées comme le couronnement de l'œuvre d'entente. Les journaux anglais saisissent l'occasion pour déclarer à l'unanimité que les zones d'influence allemande et anglaise en Afrique ont été tracées à la satisfaction des deux Etats, et qu'ainsi est tombée la dernière barrière qui séparait l'Angleterre des intérêts des Etats de la Triple Alliance. « Il n'en avait jamais été de même auparavant en Angleterre », constatent les *Hamburger Nachrichten* dans leur relation des fêtes anglaises : « Pour son rapprochement de l'Allemagne et de la Triple Alliance, l'Angleterre possède dès maintenant un équivalent suffisant ; elle reçoit au moins

(1) Freycinet dit, le 8 octobre, à Marseille : « La paix n'est plus seulement dans la main des autres, elle est aussi dans les nôtres et n'en est, par suite, que mieux assurée ».

autant qu'elle donne ». Une lettre de Barthélemy Saint-Hilaire, sénateur, ancien ministre des affaires étrangères, au
collaborateur d'un journal parisien qui voulait interroger
l'ancien confident de Thiers sur l'isolement de la France,
apporte une remarquable contribution à l'histoire de ces
journées. M. Barthélemy Saint-Hilaire écrit entre autres
choses : La Triple Alliance sera demain la Quadruple
Alliance ; l'Angleterre, la seule nation avec laquelle nous
pouvions nous allier sans nous abaisser, va où son intérêt
la pousse, et cet intérêt conduit l'Angleterre à une union
avec les trois puissances qui sont résolues à contenir la
Russie dans ses désirs de conquête mondiale.

Le renouvellement de la Triple Alliance surexcite la
lutte des catholiques cléricaux contre le gouvernement italien. L'*Osservatore Romano* qualifie ce renouvellement
d'humiliation des catholiques italiens, et le *Fränkische
Volksblatt* manifeste les mêmes idées à la fin de septembre :
« L'Autriche s'est abaissée à être l'écuyère de la Prusse, au
lieu de penser à 1866 et à ses pertes comme ancienne
puissance confédérale allemande ».

En octobre, le Roi Charles de Roumanie passe à Berlin.
On discute à nouveau la question de l'adhésion de son
pays à la Triple Alliance. On se souvient que le comte
Julius Andrássy a déjà tracé les lignes fondamentales de
l'amitié réciproque et qu'il a même posé la question de
confiance pour faire voter le traité de commerce qui représentait pour la Roumanie la reconnaissance de l'indépendance économique. Des accords concrets ne paraissent pas
avoir été conclus cette fois, car le Roi n'était pas accompagné de Florescu, son président du conseil. La *Post* du
1er novembre écrit qu'une adhésion de la Roumanie à la
Triple Alliance n'aurait d'intérêt que sous la condition
d'une garantie des possessions territoriales de la Roumanie
par l'Allemagne et l'Autriche-Hongrie, mais que ces garanties ne pourraient avoir de sens et de valeur que si
l'Etat, dont les puissances en question doivent être les ga-

rantes, avait à offrir un équivalent de force et d'importance, ce qui n'est pas le cas de la Roumanie.

Le comte Caprivi saisit deux fois, le 27 novembre (discussion du budget) et le 10 décembre (traités de douane et de commerce avec l'Autriche-Hongrie, l'Italie et la Belgique), l'occasion de parler du renouvellement de la Triple Alliance : « Les journaux, dit-il le 27 novembre à propos de la démonstration de l'amiral Gervais à Cronstadt, ont peut-être profité du renouvellement de la Triple Alliance pour trop faire retentir timbales et trompettes, mais ce renouvellement n'a en soi rien changé dans nos relations avec nos voisins de l'Est et de l'Ouest. » Le 10 décembre, Caprivi affirme qu'il ne convient pas de mener une guerre économique contre des Etats avec lesquels on conclut une alliance, et il déclare que la Triple Alliance, faite dans un but de défense réciproque, n'a pas les moindres buts agressifs. »

Comme le montre la réponse de Julius Szápáry, président du conseil hongrois, à une interpellation (14 mars), la Triple Alliance a entrepris une action commune auprès du gouvernement de Sofia, pour réclamer l'expulsion des nihilistes hors de Bulgarie.

En novembre et en décembre, on discute à Vienne et à Budapest le renouvellement de la Triple Alliance. Le 14 novembre, le comte Kálnoky parle de l'entrevue de Rudini et de M. de Giers, qu'il a vue « sans méfiance d'aucune sorte ». L'alliance avec l'Italie a été prolongée, pour une série d'années, sans qu'il y ait eu des changements fondamentaux ou qu'il ait été créé de nouvelles obligations. Le ministre peut affirmer que les rapports avec l'Allemagne n'ont pas varié, si cette expression convient pour des rapports qui n'ont cessé de devenir plus intimes à la longue et qui renforcent sans arrêt les liens existant entre les contractants. Le 27 novembre, Kálnoky parle à la Délégation autrichienne de la question du Pape et dit que c'est là un problème dont on ne peut s'occuper sans infliger à la nation italienne la blessure la plus profonde. Une tournure ironique employée par Kálnoky à la fin de son discours est télégraphiée à Rome après avoir été dénaturée, et elle soulève à la Chambre italienne une discussion passionnée au cours de laquelle le ministre Nicotera proteste contre le fait que la « solution de la question du Pape ne soit pas encore trouvée ». Le malentendu se dissipe aussitôt, et Rudini constate que l'attitude de l'Autriche-Hongrie dans la question de la Papauté a toujours été loyalement amicale à l'égard de l'Italie et que, « si l'unité italienne devait être menacée, l'armée austro-hongroise serait à nos côtés ».

Le 23 octobre, Crispi envoie à un journaliste français une lettre où il dit entre autres choses : « L'alliance des trois monarchies allemande, austro-hongroise et italienne s'est constituée pour garantir la paix de l'Europe, et elle ne désire absolument pas de conquêtes. Elle est maintenant le premier noyau de la Confédération de l'Europe. Si la France le veut bien, elle peut s'adresser aux trois puissances, qui l'accepteront avec enthousiasme dans leur alliance. »

A la Chambre autrichienne des Députés, les Jeunes Tchèques et les antisémites protestent contre le renouvellement de la Triple Alliance. Le 24 juin, Suess repousse les attaques du Jeune Tchèque Waschaty et, le 14 décembre, Taaffe, Plener et Bilinski réfutent les critiques adressées par Lueger à l'Allemagne et à Caprivi. Taaffe, président du conseil, exprime « au nom de l'Autriche » son regret que l'on ait parlé sur ce ton à un moment où la possibilité est née de consolider, non seulement au point de vue politique, mais encore au point de vue économique, l'alliance politique qui existe entre les trois grandes puissances.

1892

Quelques déclarations remarquables de Bismarck sur la Triple Alliance sont à mentionner au cours de cette année. Bismarck dit à Friedrichsruhe (1) à un correspondant du *New York Herald* : « Une Autriche indépendante et puissante est une nécessité pour l'Allemagne et, si la France et la Russie l'attaquent, nous ne pourrions rester des spectateurs indifférents. Mais il n'y a pas réciprocité dans ce cas. L'Autriche ne nous garantit pas du tout qu'elle sera notre alliée, si la France nous attaque, bien que nous soyons obligés de la défendre à l'Est comme à l'Ouest. L'Autriche a une seule obligation : nous assister au cas d'une guerre avec la Russie ». Au repas qui suit le mariage de Herbert et de la comtesse Hoyos à Vienne, le prince prononce le toast suivant : « Je remercie d'abord M. le comte Andrássy (2) d'avoir rappelé l'union politique des deux grands Empires auxquels nous appartenons, une union à l'établissement de laquelle Monsieur son oncle, mon cher ami, a tant contribué. Jusqu'à présent je suis resté fidèle à ma sympathie pour l'Autriche-Hongrie, je lui resterai toujours fidèle, parce qu'en Allemagne, elle est l'expression la plus naturelle de nos besoins cordiaux ». Le 24 juin, la *Neue Freie Presse* de Vienne publie une interview du vieux Chancelier d'Empire, où le prince proteste contre les tendances austrophobes qu'on lui attribue de certain côté ; certes, il n'a rien contre l'Autriche, il a seulement attaqué le gouvernement allemand à cause des traités de commerce : « J'ai trouvé tout à fait naturel que l'Autriche ait utilisé à son

_____

(1) Voir Poschinger, *Neue Tischgespräche und Interviews*, vol. I, p. 370.

(2) Géza Andrássy.

Singer   9

profit la faiblesse et l'insuffisance de nos négociateurs ». Il dit le 27 juin (1) à un correspondant des *Münchner Neueste Nachrichten* : « Nous devons d'abord l'alliance à la circonstance extérieure que des lettres maladroites à l'extrême ont été envoyées de Pétrograd à Berlin. On doit pourtant se mettre en tête que l'alliance avec l'Allemagne n'est qu'une alliance défensive. Elle ne doit garantir qu'une chose, c'est que l'Autriche ne pourra être attaquée par la Russie. Il y a là une assurance qui repose sur la réciprocité ». Le 10 juillet, le prince donne la réponse suivante à la demande d'un Hongrois (2) : « Je compte notre alliance aujourd'hui existante avec l'Autriche-Hongrie parmi ces institutions juridiques qui nous gouvernent tous et que nous sommes tous résolus à garantir. C'est là une vieille tradition historique : nous avons appartenu depuis des siècles, l'Autriche-Hongrie et nous, au même Empire. C'est là un legs historique du passé, mais aussi un besoin de la politique moderne. Je compte que nous conserverons toute notre fidélité aux amis austro-hongrois, à cet Empire qui est notre allié, quels que soient ses besoins et les dangers susceptibles de le menacer. Je n'ai pas travaillé sans difficulté à cette alliance, et on me calomnie avec maladresse en affirmant que je la déplore et que je veux porter dommage à cette alliance naturelle, nécessaire à l'équilibre européen, que je considère comme solidement fondée sur nos antécédents nationaux et sur nos besoins actuels et à laquelle il nous faudra toujours revenir. Nous nous sommes « pris aux cheveux », comme on dit là-bas, avec l'Autriche presque une fois par siècle, mais nous sommes toujours redevenus frères et le resterons toujours, s'il plaît à Dieu. » Le 31 juillet, le prince fait à Iéna un discours d'où nous tirons le passage suivant : « La guerre civile de 1866 était tout à

---

(1) Voir POSCHINGER, *Neue Tischgespräche und Interviews*, vol. I, p. 380.

(2) Voir POSCHINGER, *Die Ansprachen des Fürsten Bismarck*, p. 215.

fait inévitable. Nous n'avons pourtant pas laissé d'opinion irréconciliable chez notre adversaire de cette époque. Il nous est arrivé d'en revenir, à l'égard de l'Autriche, à des rapports analogues à ceux que les projets constitutionnels de Francfort avaient essayé en vain de réaliser. Nous les avons aujourd'hui plus mûrs, plus complets et plus efficaces qu'à ce moment ». Les *Leipziger Neueste Nachrichten* du 5 novembre rapportent une conversation de Bismarck avec le Dr. Hans Blum, où le Chancelier d'Empire parle de la Russie et de la confiance que lui témoignait le Tsar Alexandre II : « J'ai considéré l'alliance des trois Empereurs comme une union à proprement parler plus solide encore par la nature et par la nécessité naturelle que la Triple Alliance actuelle, qui, il est vrai, ne pourrait être dissoute que contre la volonté et contre les intentions des gens capables d'un jugement politique appartenant aux trois pays alliés » ; et, plus loin : « En ce qui concerne l'Italie, seule la Savoie est vraiment très monarchique ; au Nord, on flirte plutôt avec la France proche parente et républicaine, et au Sud on est plutôt sous l'influence du Pape ».

En juin, le couple royal italien va à Postdam. Au dîner de gala du 21 juin, l'Empereur Guillaume louange ses hôtes dans un toast extrêmement chaleureux : « la blonde sœur Germania salue sa belle sœur Italia, et par ma bouche elle salue les deux Majestés ! »

Le 20 novembre, à un banquet donné à Palerme, Crispi fait un discours où il attaque en termes violents Rudini (à qui l'Empereur d'Allemagne et l'Empereur-Roi François-Joseph ont conféré de hautes distinctions honorifiques en janvier), à cause du traité de commerce, et il déclare que l'Italie est celle des trois alliées qui souffre le plus de la Triple Alliance ; lors du renouvellement du traité, Rudini aurait dû faire en sorte que l'Italie tirât des avantages de ses traités de commerce avec les puissances centrales.

En octobre, le comte Széchényi, ambassadeur d'Autriche-Hongrie à Berlin, est rappelé de son poste et remplacé par

le comte Ladislas de Szögyény-Marich qui ne tarde pas à
devenir *persona gratissima* à Berlin.

La Délégation hongroise fait à nouveau une démonstration
unanime en faveur de la Triple Alliance ; le délégué Ugron,
de l'extrême-gauche, francophile bien connu, déclare lui-
même qu'il ne connaît en Hongrie personne, ni individus
ni fractions de parti, qui ne soit satisfait de la Triple
Alliance. En Autriche, les Jeunes Tchèques attaquent
l'Allemagne et la Triple Alliance : à la Chambre des
députés le professeur Masaryk, à la Délégation Eym, mais
Kálnoky répond à ce dernier que la majorité écrasante de
la Délégation est pour la Triple Alliance.

Caprivi, Chancelier d'Empire, dépose le 23 novembre au
Reichstag le projet militaire ; à cette occasion, il prononce
un long discours, dont nous extrayons le passage suivant
relatif à la Triple Alliance : « La Triple Alliance n'est peut-
être aussi populaire dans aucune des trois nations que chez
nous, et je crois que le pays considère comme l'une des plus
grandes œuvres de Monsieur mon prédécesseur la création
de cette Triple Alliance. Nous sommes attachés à la Triple
Alliance et convaincus que nos alliés y sont également
attachés ». Le Chancelier d'Empire motive le projet militaire en disant que la Triple Alliance n'est pas en état de
lever le même nombre de troupes que la France et la
Russie ; il affirme l'impossibilité de tenir compte des Autrichiens et des Italiens ou de contingenter militairement les
nations alliées : « Il restera toujours que, si la guerre
éclate, nous aurons à porter la principale charge sur nos
épaules ; il n'y a pas là d'injustice, car nous sommes des
trois Etats le seul qui soit forcé de frapper des deux côtés ! »
Lors de la discussion du projet militaire, le député Lieber
(du Centre) déclare le 14 décembre : « Bien loin de vouloir
nuire d'une façon quelconque à la Triple Alliance, nous
sommes, de notre côté, fermement convaincus que le rétablissement du droit et de la justice sur son vrai terrain, la
restauration de l'indépendance territoriale du Saint-Siège ne

pourrait que contribuer à donner plus de sécurité à un membre des plus importants de cette Alliance et à l'Alliance tout entière. Je peux d'ailleurs encore ajouter à cette déclaration, pour dissiper tous les doutes, que personne parmi nous ne pense à vouloir l'indépendance territoriale du Saint-Siège au détriment de la Triple Alliance. **Sur ce point, tous les catholiques se trouveront en plein accord** ».

1893

Danger de guerre de la part de la Russie. Il en résulte dans les trois Etats de la Triple Alliance une affirmatio nette de la fidélité à la Triple Alliance.

Le 11 janvier, le comte Caprivi fait à la commission militaire un long discours où il dit, entre autres choses, d'après des informations de journaux d'ailleurs corroborées à plusieurs reprises par la suite : « Le fil directeur de notre politique extérieure est et reste le maintien de l'Autriche-Hongrie comme grande puissance et dans son intégrité. Nous commettrions une grande erreur en nous rapprochant de la Russie contre l'Autriche en vue d'avantages momentanés... Le renouvellement de la Triple Alliance au bout de la période actuelle est d'ailleurs à espérer, mais il n'est pourtant pas d'une certitude absolue. L'alliance avec l'Italie a pour objet principal de garantir contre la France la frontière méridionale de l'Autriche. La puissance territoriale de l'Autriche est importante pour nous, surtout si l'Autriche transfère le théâtre de la guerre au nord des Carpathes ». Le Chancelier d'Empire discute ensuite, comme dans son discours du 23 novembre de l'année précédente, les rapports des forces militaires, et répète que la Triple Alliance est en minorité à l'égard de la France et de la Russie au point de vue militaire.

Au milieu de mars a lieu un très chaleureux échange de télégrammes entre Rome et Berlin. L'Empereur Guillaume annonce sa visite à Rome pour les noces d'argent du couple royal italien. Le Roi Humbert répond : « Pour Marguerite et moi, ce sera une fête de Te revoir avec Ta femme à Rome, où Votre présence sera aux yeux de mon peuple un gage nouveau et très précieux de l'amitié intime et de l'alliance qui unit nos nations et nos couronnes ». Le couple impérial allemand arrive à Rome le 20 avril (l'Empereur-Roi François-Joseph est représenté par l'Archiduc Régnier) et l'Empereur Guillaume dit le 22 avril au dîner de gala donné au Quirinal : « La sympathie qui unit les nations allemande et italienne, et qui s'affirme avec une nouvelle force en ces journées, va de pair avec notre amitié personnelle ». En septembre, le Prince héritier d'Italie assiste aux manœuvres autour de Coblence, et des toasts très chaleureux sont échangés le 2 septembre à la table d'honneur. L'opinion en Italie est caractérisée par le fait que même les adversaires du ministère Giolitti sont favorables à la politique extérieure de ce cabinet. Le 23 octobre, le marquis Rudini adresse à ses électeurs une lettre où il dit : « Les alliances ont assuré la paix et empêché l'isolement de l'Italie ; elles sont pour l'Italie un bienfait inappréciable, et c'est même pour cette raison que cette politique doit être traditionnelle pour l'Italie ». Le 15 novembre, le comte Kálnoky va voir le Roi Humbert à Monza, et il y confère avec son collègue italien, Brin, et avec l'ambassadeur Nigra. La crise économique, qui déprécie dans le pays le papier-monnaie de 15 0/0, renverse le cabinet Giolitti, et le Vieux des Montagnes, Crispi, revient à la tête du gouvernement.

En Autriche-Hongrie, le comte Kálnoky saisit l'occasion d'affirmer la fidélité de la monarchie danubienne à l'alliance, au cours de la session des Délégations. Le ministre austro-hongrois des affaires étrangères déclare dans son exposé du 3 juin que les relations de l'Empire avec l'Allemagne et

l'Italie sont toujours aussi intimes et le resteront toujours.
Le ton pacifique de cet exposé et l'affirmation de la bonne
entente avec la Russie sont mal interprétés par une partie
de la presse de l'Empire allemand ; la *Nationalzeitung* et les
Münchener Neueste Nachrichten commentent ce discours
en disant qu' « au Ballplatz de Vienne, on a plus de gratitude à l'égard de la Russie qu'à l'égard de l'Allemagne, »
de sorte que Kálnoky se voit amené à déclarer le 5 juin :
« Il n'est pas question d'une variation politique de l'Autriche. L'alliance avec l'Allemagne et l'Italie n'exclut pas
de bonnes relations avec les autres puissances, et le prince
Bismarck, qui a posé la première pierre de la politique
d'alliance, a lui-même toujours affirmé que les rapports les
plus amicaux possibles avec la Russie sont la meilleure
garantie du maintien de la paix. Il est donc insensé, lorsque
nous constatons que nos relations avec la Russie sont amicales, que des journaux allemands aperçoivent dans cette
constatation quelque chose de semblable à un éloignement
de nos rapports d'alliance. Je ne puis que constater encore
une fois que nous restons sur le même terrain, sans changements, pour ce qui concerne l'alliance, que nous y
sommes attachés avec la même loyauté et la même honnêteté qu'auparavant, que cette alliance est purement défensive et consacrée au maintien et à l'assurance de la paix. »
Le *Berliner Tageblatt* approuve les déclarations de Kálnoky en écrivant : « Si un rapprochement austro-russe se
produit, il aura une importance double comme conséquence éminente de la politique pacifique de la Triple
Allience ; mais il n'y aura pas là une raison de méfiance
entre l'Allemagne et l'Autriche ».

L'anniversaire de la date à laquelle le Prince Guillaume,
par la suite l'Empereur Guillaume II, s'est vu conférer le commandement du 34ᵉ régiment d'infanterie, donne lieu à une
manifestation cordiale et favorable à l'alliance à Löcse
(Leutschau). L'Empereur d'Allemagne est représenté à
cette fête par le lieutenant-colonel von Deines, attaché mi-

litaire, qui prononce un toast très chaleureux sur un ton de camaraderie (10 octobre).

Donnons pour terminer une déclaration du prince Bismarck. Le vieux Chancelier d'Empire a le 29 avril un entretien avec le Dr. Hans Blum (1), à qui il dit à l'occasion immédiate de l'alliance austro-allemande : « En 1879, conformément à la convention insérée dans le Traité de Berlin, une commission appointée par les grandes puissances et les Etats participants s'est rendue dans le Sandjak de Novi-Bazar pour y tracer enfin les frontières. La Russie demanda alors, d'après trois lettres personnelles du Tsar, alors à Livadia, à l'Empereur Guillaume, que le représentant de l'Allemagne fasse toujours ce que voudrait et désirerait le représentant de la Russie ».

1894

Elections en Allemagne. Aucun parti ne prend position contre la Triple Alliance. Le manifeste électoral du Centre affirme que ce parti n'a approuvé les traités de commerce avec l'Autriche-Hongrie et l'Italie que par considération pour la Triple Alliance, qu'une guerre douanière aurait compromis l'union si nécessaire à la sécurité de l'Allemagne et au maintien de la paix mondiale. Les souverains échangent des visites : le 29 mars, François-Joseph va voir Guillaume à Abbazia et, en septembre, l'Empereur d'Allemagne assiste aux grandes manœuvres à Köszeg (Güns). Au cours de son voyage de retour à Berlin, l'Empereur Guillaume envoit d'Odenberg une dépêche très chaleureuse à l'Empereur-Roi François-Joseph (26 septembre) et, le jour suivant, nomme l'Archiduc Albert feld-maréchal général de l'armée

____

(1) Voir BLUM, *Persönliche Erinnerungen an den Fürsten Bismarck*, vol. IV, p. 268.

prussienne. En octobre, changement de chancelier : Caprivi
s'en va et le prince Chlodwig zu Hohenlohe-Schillingfürst
lui succède. Le 1ᵉʳ novembre, l'Empereur Alexandre III
meurt, et Nicolas II monte sur le trône : les rapports entre
les puissances de la Triple Alliance et la Russie s'améliorent
grâce à la conclusion de traités de commerce.

En Autriche, les Jeunes Tchèques ne cessent leurs attaques
contre la Triple Alliance. En mai, ont lieu des manifestations dans les rues de Prague et, en septembre, les Dr. Pazak
et Kaftan expriment devant la Délégation la méfiance des
Tchèques à l'égard de la politique d'alliance de Kálnoky. A
la délégation hongroise, l'opposition fait annoncer par le
comte Apponyi son attachement indéfectible à la politique
de la Triple Alliance. François Kossuth, revenant en Hongrie
vers la fin d'octobre d'un voyage en Italie, se déclare également pour la Triple Alliance, et en particulier pour le
maintien de relations amicales avec l'Italie, sa seconde
patrie. Le comte Kálnoky saisit à de nombreuses reprises
l'occasion de se prononcer en faveur de la Triple Alliance.
Le 17 septembre, il annonce l'adhésion de la Roumanie à la
Triple Alliance. Il dit à la commission du budget de la Délégation autrichienne : « La Roumanie fut, parmi les pays
en dehors de la Triple Alliance, l'un des premiers qui en a
reconnu les buts pacifiques et qui s'est résolu à s'y consacrer (1) et à chercher un rapprochement avec les puissances de l'Europe centrale ».

(1) Le mot « denselben » a donné lieu de son côté à une controverse intéressante. Dans le texte du discours remis aux correspon-
dants des journaux pour les feuilles du soir, on lit « demselben »
(à savoir à la Triple Alliance elle-même et non pas aux buts de la
Triple Alliance) C'est en vain que le Ministre lui-même a remplacé
dans le sténogramme la lettre « m » par la lettre « n ». Dans les journaux du matin du 18 septembre, le texte reproduit ci-dessus parut
cependant déjà, car il fut emprunté au procès-verbal officiel de la
Délégation, c'est-à-dire au registre général rédigé par le bureau des
sténographes.

Crispi lui aussi monte fidèlement la garde à Rome. Les 4 et 5 mai, les radicaux attaquent avec violence la Triple Alliance, qu'ils accusent d'avoir creusé le fossé des relations commerciales avec la France et d'avoir ainsi causé la crise économique de l'Italie. Blanc, ministre des affaires étrangères, répond que la Suisse neutre est traitée par la France tout comme l'Italie. Le 27 mai, Imbriani adresse au gouvernement une interpellation au sujet du procès du memorandum roumain de Koloszvár («le gouvernement a-t-il l'intention d'entreprendre une action pour protéger les droits nationaux opprimés des peuples latins de l'Autriche-Hongrie»?) mais Crispi refuse de répondre. Un article paru en janvier dans les *Times*, affirmant que Rudini avait abandonné la Triple Alliance quand il était à la tête du gouvernement et voulu se rapprocher de la France, est vivement discuté dans la presse. La *Tribuna* répond : Rudini n'a pas abandonné la Triple Alliance, mais il a seulement voulu y modifier la position de l'Italie; les rapports avec la France n'ont d'ailleurs pas tardé à empirer, et la Triple Alliance a été renouvelée sans aucun changement. Rudini lui-même proteste avec énergie dans l'*Opinione* contre toutes ces assertions.

En septembre la question polonaise vient en discussion en rapport avec la politique de la Triple Alliance. Au banquet-manifestation (discours de Koscielski et de Kusztelan) succède la réponse mordante de l'Empereur à Thorn et, de son côté, Bismarck prend position contre l'agitation panpolonaise, dans deux discours prononcés à Varzin. L'organe de la noblesse polonaise, la *Gazetta Norodowa*, écrit à ce sujet : «Nous ne désespérons pas qu'adviendra l'époque où la politique, représentée par la Triple Alliance, exigera que l'on aide la nation polonaise à jouer de nouveau un rôle autonome dans son poste ancien de protection de la civilisation occidentale contre les attaques de l'Orient; aussi restons-nous fidèles à la Triple Alliance et aux puissances qui la composent» (1).

(1) Cpr. *Offenes Sendschreiben an den Fürsten Bismarck von einem*

La conférence des journalistes et écrivains allemands qui
a lieu à Hambourg entreprend le 1er juillet un voyage de
gratitude à Friedrichsruhe. A la question d'un Autrichien,
Bismarck répond entre autres choses : « Je me réjouis cordialement qu'à nouveau se produise une coopération
meilleure que dans l'ancien Bundestag, où les chevaux
étaient attelés en même temps à l'avant et à l'arrière des
voitures, de sorte que nous ne pouvions avancer. Nous
dûmes malheureusement nous séparer. Ce fut une guerre
fratricide, comme on l'a dit avec raison. Nous avons tous
regretté d'avoir à la faire, mais elle était inévitable. Dès 1866,
nous eûmes en Bohème le sentiment que nous voulions nous
y comporter de telle sorte que nous puissions un jour nous
retrouver. La guerre n'est même allée que jusqu'aux limites
du maximum de nécessité. Dès que nous eûmes obtenu à
Vienne ce que nous voulions, nous eûmes en Allemagne le
besoin de conserver à l'Autriche sa puissance antérieure et
même, si possible, de la rendre encore plus forte ; nous appartenons en effet les uns aux autres, nous et les Allemands
du Sud, y compris nos compatriotes autrichiens, mais nous
ne pouvions nous unir par des liens plus étroits, et vous
non plus. Vous avez votre existence propre dans le bassin
du Danube, et elle ne peut dépendre de Berlin. Mais vous
êtes pour nous de bons amis et alliés ».

Polen, Zurich, 1894, et aussi *Réponse d'un gentilhomme polonais* (tirage à part de la *Reichswehr* de Vienne), et enfin la brochure parue
à Budapest dès 1886, *Ein Ungar über Bismarck, Reflexionen zu den
Ausweisungen der Polen aus Preussen*, d'Ogari.

1895

La fête du quatre-vingtième anniversaire de Bismarck
soulève en Allemagne et en Autriche-Hongrie de vives
manifestations en faveur du créateur de la Triple Alliance.
En Autriche les démonstrations nationales allemandes
revêtent par endroits un caractère anti-autrichien, de sorte
que le ministre autrichien de l'intérieur, le baron de
Bacquehem, saisit l'occasion de déclarer le 30 mars à la
Chambre des députés : « En Autriche ce genre de manifestations doit trouver une limite dans ce fait que l'idée d'Etat
ne peut pas non plus y être laissée dans l'ombre d'une
manière transitoire ». Le lundi de Pâques, le chancelier
grisonnant reçoit dans le Sachsenwald l'hommage des
Styriens. Un bouquet d'edelweiss et de bruyère est le salut
réfléchi que lui apportent des Alpes ses admirateurs. Au
cours de la réception des Styriens, le prince Bismarck fait
un long discours où il loue leur fidélité millénaire qui
remonte aux temps des légendes. La Triple Alliance, dit-il,
remonte presque à la même époque et l'ancienne souveraineté impériale s'étendait même de la Mer du Nord aux
Pouilles. Notre Triple Alliance recouvre à peu près l'ancien
territoire revendiqué par les successeurs de Charlemagne
après la séparation de la Gaule, notre France actuelle.
« Je crois, continue Bismarck, que nous pourrons marcher
ensemble et rester liés d'une manière durable, avec plus
de durée que quand autrefois nous avons vécu unis. J'espère
que nous avons trouvé une forme sous laquelle nous pouvons vivre les uns avec les autres... Nous revenons toujours
ensemble, parce que nous nous donnons les uns aux autres
et notamment, telle qu'est aujourd'hui l'idée européenne

d'Etat, nous ne pouvons croire en un avenir paisible de l'Europe que s'il y a fidélité et amitié mutuelles... Une alliance de l'importance de la Triple Alliance actuelle peut toujours dire d'elle-même, empruntant l'ancienne devise écossaise : *Nemo me impune lacessit*, et elle sera en état de se défendre. Si d'ailleurs on a également le besoin de rechercher un appui, le rapprochement avec l'Autriche est plus indiqué pour nous que tout autre. L'histoire nous recommande également de nous unir à l'Italie. Dans les deux pays, nous avons souffert de l'impéritie du gouvernement impérial commun, car nous nous sommes déchirés entre nous en constituant des empires trop grands pour pouvoir subsister. Nous devions nous rencontrer une fois de plus, nous avons senti que c'était nécessaire à notre santé. »

En mai Kálnoky tombe et le comte Agenor Goluchowski entre au Palais du Ballplatz de Vienne. Le 11 juin, le nouveau ministre des affaires étrangères fait son exposé et il y déclare que sa politique est contenue dans les quelques paroles que voici : « Maintien inébranlable de la situation créée par l'alliance amicale des trois puissances de l'Europe centrale, non seulement n'excluant pas le souci des rapports les meilleurs et les plus amicaux avec toutes les autres nations indifféremment, mais encore le conditionnant nettement ». Le discours du trône, prononcé la veille, se réfère aux fêtes de Kiel qui avaient eu lieu en juin. Le 11 septembre, l'Empereur-Roi François-Joseph, nomme l'Empereur d'Allemagne général de cavalerie.

Le 10 juin, Hanotaux avait proclamé officiellement pour la première fois, à la Chambre française, l'alliance franco-russe, ce qui n'empêche pas l'amélioration des rapports officiels de l'Allemagne avec les puissances de l'entente. Dans la question d'Extrême-Orient et dans la question arménienne, l'Allemagne est aux côtés de la Russie, et les puissances de la Triple Alliance font en commun avec les autres pays une démonstration navale dans les eaux turques.

1896

A la fin du mois d'octobre 1896, les révélations des *Hamburger Nachrichten* (1) (n° 251 du 24 octobre) font explosion comme une bombe. L'auteur de l'article intitulé : *Fürst Bismarck und Russland* constate dans une polémique avec la *Vossische Zeitung* que la bonne entente des politiques allemande et russe avait déjà été établie à Skierniewice et était restée en cet état jusqu'en 1890. On lit dans cet article : « Jusqu'à cette époque les deux Empires étaient en plein accord sur ce fait que, si l'un d'eux était attaqué, l'autre resterait dans une position de neutralité bienveillante... Cette entente n'a pas été renouvelée après le congé du prince Bismarck, et, si nous sommes exactement renseigné sur ce qui s'est passé à Berlin, ce n'est pas la Russie, de mauvaise humeur à cause du changement de chancelier, mais le comte Caprivi, qui déclina la continuation de cette assurance réciproque, alors que la Russie y était prête ». Cette publication soulève non seulement en Allemagne, mais aussi en Autriche-Hongrie et en Italie — la chose est très compréhensible — une sensation extraordinaire. Bismarck est violemment attaqué par une partie de la presse, en particulier par celle des deux derniers Etats et qualifié de « traître à la Triple Alliance ». Et, comme le *Reichsanzeiger* du 27 octobre, dans la partie non officielle, refuse toute discussion de cette question en se référant au secret d'Etat, le débat s'engage sur le point de savoir si Bismarck avait ou non le droit de faire cette divulgation.

(1) Voir l'ouvrage récemment paru, *Bismarck*, de Hermann Hofmann, et l'article d'Arthur Singer : *Die Hamburger Enthüllungen und der Pester Lloyd*, dans le *Pester Lloyd* du 8 novembre 1913.

Les journaux amis de Bismarck, et, en particulier, les *Leipziger Neuesten Nachrichten*, constatent qu'il n'existe pas d'accord de ce genre en opposition avec les dispositions de la Triple Alliance. La *Münchener Allgemeine Zeitung* et la *Badische Landeszeitung* voient dans le traité russe un complément de la Triple Alliance ; le *Hamburger Korrespondent* renvoie à la déclaration de Caprivi : le gouvernement n'aurait pas mérité le reproche d'avoir rompu le fil qui nous unit à la Russie. Les *Hamburger Nachrichten* prétendent en termes très nets qu'il ne s'agit pas d'un secret d'Etat ; de même que l'Allemagne n'a pas exigé le secret pour la Triple Alliance, de même la publication du traité dont il s'agit n'a pas eu lieu purement et simplement sur le désir de la Russie. L'affirmation que l'accord germano-russe, arrivé à expiration en 1890, n'était pas compatible avec la fidélité envers la Triple Alliance est tout à fait fausse. La Triple Alliance tout entière *in corpore* pouvait, quand la Russie y était disposée, conclure avec elle le même accord qui exista jusqu'en 1890 entre la Russie et l'Allemagne. On lit dans un troisième article des *Hamburger Nachrichten* (n° 258 du 1ᵉʳ novembre) : « Nos deux alliés n'ignoraient pas la contre-assurance contractée avec la Russie, et ils la redoutaient beaucoup ; au contraire, on a vu avec satisfaction que l'Allemagne a toujours utilisé ses rapports avec Pétrograd pour dissiper les désaccords entre les deux empires voisins, pour arranger leurs différends ». Le *Reichsanzeiger* (2 novembre) répond une fois de plus : « L'obligation de tenir secrètes les négociations menées avant 1890 avec la Russie empêche d'enquêter sur leur contenu matériel. »

Pendant des semaines on voit durer la discussion relative à ces révélations, en particulier en ce qui concerne la Triple Alliance. Bismarck reçoit de nombreuses approbations (1), et des associations politiques, comme le *Nationa-*

(1) Voir Poschinger, *Bismarck-Jahrbuch*, vol. IV, 4ᵉ partie, pp. 330 et suiv.

liberale Verein de Karlsruhe, prennent position pour lui
dans cette querelle. Le *Berliner Tageblatt* est d'avis qu'un
renouvellement du traité était encore à recommander ;
d'autres journaux, tels que la *Vosscsihe Zeitung*, doutent de
la légitimité des révélations : « Celui qui a souvenir des
événements qui se sont déroulés de 1887 à 1888 ne peut
conserver aucun doute à ce sujet. On sait aussi que, pendant la crise bulgare, la Russie fit à Rome des ouvertures
secrètes, aux termes desquelles elle offrait Trieste à l'Italie
si ce pays se mettait à ses côtés dans une guerre avec
l'Autriche et l'Allemagne, tandis qu'en même temps la
France proposait à l'Italie, sous les mêmes conditions, de
lui assurer la possession du Trentin ; Depretis rejeta ces propositions loyalement et sans hésiter. Si l'assurance de neutralité n'avait pas existé, la presse et la diplomatie austro-
hongroises auraient eu à se plaindre d'une félonie sans
exemple ». La *Frankfurter Zeitung* constate que les divulgations n'avaient fait que mûrir une méfiance transitoire
entre les puissances de la Triple Alliance. L'organe du
ministère viennois des affaires étrangères, le *Fremdenblatt*,
justifie l'attitude du gouvernement allemand et exprime
l'opinion que ces révélations ne sont pas en état d'ébranler
la confiance en la sincérité et la fidélité de la politique
allemande. Dans la presse anglaise, elles suscitent de violents blâmes ; le *Standard* montre que l'Europe voit dans
le maintien de la Triple Alliance une des garanties fondamentales de la paix et ajoute qu'il est triste de voir
cet homme, qui a rendu des services incomparables à la
paix par l'union des puissances centrales, chercher maintenant à compromettre cette unité. Une note officieuse de
l'*Agencia Italiana* constate que le traité de contre-assurance n'a pas été un secret pour le gouvernement italien,
que celui-ci savait que les dispositions du traité n'étaient
pas contraires aux devoirs de la Triple Alliance. Je termine
cette revue des journaux par les *Preussische Jahrbücher*,
dont un long article montre que l'accord germano-russe

n'était pas dirigé contre l'Autriche, mais contre l'Angleterre, mais qu'il fallait en regretter la divulgation, car elle avait provoqué chez les alliés l'impression d'une déloyauté démesurée (1).

Les « révélations de Hambourg » sont discutées à la séance du Reichstag du 16 novembre. Le comte von Hompesch adresse au Chancelier d'Empire une interpellation le priant de donner des renseignements sur l'influence exercée par les révélations sur la situation de l'Allemagne dans la Triple Alliance. L'interpellateur justifie sa demande en exprimant l'espoir que le directeur actuel de la politique allemande s'en tiendra au traité avec l'Autriche et l'Italie sans s'en laisser détourner. Le Chancelier d'Empire, le Dr. prince zu Hohenlohe-Schillingfürst répond aussitôt : il refuse les « renseignements administratifs » en faisant appel au « secret absolu » promis de son côté, et il constate que « le nuage de méfiance », qui s'était dès l'abord manifesté dans certaines couches de la population des pays dont il s'agit, s'est dissipé à nouveau et que « nos rapports avec nos alliés s'inspirent après comme avant d'une confiance réciproque absolue ». Après le Chancelier d'Empire, le secrétaire d'Etat baron Marschall von Bieberstein prend la parole et, dans un long discours, « explique les motifs qui ont déterminé en 1890 la politique allemande à l'égard de la Russie » ; il repousse sans hésitation la pensée que l'Allemagne ait jamais convenu avec un Etat quelconque ce qui « était incompatible avec les traités existants », et il

---

(1) Sur l'impression causée en France par ces révélations, voir Pierre Alban, *L'Allemagne et la France en Europe*, pp. 236 et suiv. Cpr. aussi la brochure parue à Zurich dès 1887, *Bismarcks politisches Testament oder der geheime preussisch-russische Vertrag*, de E. Faldre, où neuf ans avant les divulgations de Hambourg fut mentionnée l'existence d'un traité russo-prussien, avec, il est vrai, des passages apocryphes, et où le conseil était donné à l'Autriche : « de ne pas servir tôt ou tard de proie russo-prussienne et de conclure plutôt une alliance avec l'Angleterre, la France et la Turquie ».

Singer   10

affirme avec une force particulière comme le principal
devoir de la politique allemande « un attachement fidèle et
absolu à nos alliances avec l'Autriche-Hongrie et l'Italie ».
Je résume brièvement les débats qui se greffèrent sur ces
deux déclarations (naturellement en ce qui se rapporte seulement à la Triple Alliance) : le Dr. Lieber montre la confiance dont jouit dans la population l'alliance avec l'Autriche-Hongrie et il affirme qu'un accord du genre du traité
de contre-assurance avec la Russie ne pourrait être conclu
tant que durerait la Triple Alliance. Le baron von Manteuffel croit que les gouvernements alliés avaient eu connaissance de ce traité de contre-assurance qui avait aussi
été conclu dans l'intérêt de la Triple Alliance. Pour le
Dr. Ennecerus, la Triple Alliance n'est pas seulement un
traité conclu par les souverains et les gouvernants, mais
elle a poussé des racines dans l'esprit et dans le cœur de la
nation ; le traité de neutralité n'a en rien entamé les liens
amicaux. Le député Richter attaque Bismarck en termes
violents ; il dit de la Triple Alliance : « La Triple Alliance
n'est pas seulement à nos yeux un produit momentané de
la prudence diplomatique, mais elle repose sur les intérêts
communs durables des peuples alliés... Si les traités avec
la Russie ont eu un caractère tel qu'on ne puisse les communiquer aux autres puissances de la Triple Alliance, ils
ont quand même heurté l'esprit, sinon le texte, de la Triple
Alliance. » Richter se réfère à un interview de Bismarck,
paru la veille dans le *Neues Wiener Tagblatt*, que l'orateur suivant, le comte Mirbach, déclare apocryphe au nom
du comte Herbert Bismarck, qui fera en personne la même
déclaration par la suite. Liebknecht qualifie le traité russo-
allemand de « trahison d'un allié », Kardoff et Paasche
défendent Bismarck, Liebermann von Sonnenberg polémique avec Richter ; Hausmann adresse au gouvernement
la question suivante : peut-il donner des renseignements
sur le fait qu'il existe un traité d'assurance entre l'Italie,
Etat tripliciste, et l'Angleterre ; Rickert défend Caprivi,

puis les débats sont clos (1). Le 1ᵉʳ et le 10 décembre, la Chambre hongroise des députés discute la question des révélations de Hambourg. Le Président du Conseil, le baron Desider Bánffy, refuse d'entrer dans une discussion des demandes qui lui sont adressées, et il montre qu'à la même occasion les facteurs prépondérants et toute l'opinion publique se sont exprimés de la façon la plus nette, en Allemagne, pour l'observation loyale et absolue des obligations contractuelles auxquelles l'Allemagne s'est engagée dans le traité de Triple Alliance ; il affirme qu'aujourd'hui comme autrefois la Triple Alliance est la base solide et inébranlable de la politique austro-hongroise. Quelques jours plus tard, le 17 décembre, la *Neue Freie Presse* contient un article visiblement inspiré de Friedrichsruhe et dont l'auteur exprime l'opinion que le traité germano-russe n'a menacé aucun intérêt de la Triple-Alliance, et qu'il a même trouvé l'approbation des hommes d'Etat austro-hongrois.

La discussion relative aux révélations de Hambourg se propage jusqu'en Italie. Après la session bismarckienne du Reichstag, des journaux viennois affirment qu'il existe également un traité secret entre l'Italie et la Russie. Le 9 décembre, Rudini se laisse interviewer sur cette nouvelle par le directeur de l'*Italie*. Rudini dément l'information, mais il raconte qu'en 1891 on a fait de grands efforts en vue de faire sortir l'Italie de la Triple Alliance. Quelques mois après que la Triple Alliance eût été scellée à nouveau, il s'était rencontré à Monza avec de Giers et à cette occasion il était arrivé à convaincre de Giers de la tendance absolument pacifique de la Triple Alliance. Les *Hamburger Nachrichten* du 11 décembre répondent qu'il existe un accord en vertu duquel la Russie s'engage, pour compenser les concessions de l'Italie dans la politique orientale,

(1) Sur la politique de Bismarck à l'égard de la Russie, voir *Gedanken und Erinnerungen*, vol. II, chap. xxx.

à exercer à Paris sa médiation en faveur de l'Italie, sous certaines conditions. La *Frankfurter Zeitung* constate que le Maroc a permis un rapprochement de l'Italie avec la France (1), ce que le prince Bülow qualifie plus tard d'un flirt que l'on pouvait bien permettre à l'Italie alliée sans danger pour l'alliance (2).

Les autres événements de cette année (dans la mesure où ils se réfèrent à la Triple Alliance) sont vite passés en revue :

La Triple Alliance intervient pour le *statu quo*, en plein accord avec la Russie, à propos des troubles d'Arménie.

Les puissances de la Triple Alliance s'occupent de la question égyptienne pour faire libérer les Italiens opprimés par les Derviches.

Lors des visites du couple impérial allemand à Vienne et à Venise, des toasts et des télégrammes extrêmement chaleureux sont échangés. Aux jours troubles d'Adoua, le couple impérial allemand s'efforce, par des visites à Gênes, à Syracuse et à Venise, de manifester ses vives sympathies pour l'Italie. A Naples a lieu un concert, avec la coopération de la musique du vaisseau impérial, au profit des blessés d'Afrique. Quand les troupes italiennes remportent un succès à Kassala, l'Empereur adresse de Syracuse une dépêche de félicitations au Roi d'Italie.

Dans son discours programme, Rudini affirme devant la Chambre et le Sénat le maintien de l'adhésion italienne à la Triple Alliance. En mai, en juin et en juillet, Rudini et le duc de Sermoneta, ministre des affaires étrangères, font des déclarations très favorables à l'Alliance. Le discours de Rudini du 1er juillet suscite une polémique de presse. Un résumé de ce discours est télégraphié à Berlin par l'agence télégraphique officieuse ; Rudini, partant de ce que les

---

(1) Le 28 septembre, Visconti-Venosta avait passé avec Hanotaux un traité relatif à la Tunisie, qui fut suivi le 1er octobre d'une convention de navigation.

(2) Voir *Geschichte der Frankfurter Zeitung*, p. 878.

rapports amicaux entre l'Italie et l'Angleterre étaient le complément naturel de la Triple Alliance, avait dit que le gouvernement se proposait d'améliorer les conventions de la Triple Alliance dans l'intérêt de l'Italie et de ses alliés et il en avait expliqué nettement la possibilité ! La *Norddeutsche Allgemeine Zeitung* du 2 juillet relie à cette information la remarque suivante : « Nous devons admettre qu'il y a ici transmission défectueuse des paroles de l'homme d'Etat italien, car nous ne savons rien ici d'une intention de modifier le traité de Triple Alliance nouvellement prolongé » (1). Le lendemain, l'*Agencia Stefani* déclare que Rudini a dit que « rien ne s'oppose à une amélioration des traités de la Triple Alliance d'accord avec les puissances contractantes, si l'on doit reconnaître l'opportunité d'une amélioration », mais qu'il a également affirmé que la Triple Alliance garantit maintenant d'une manière absolue les intérêts de l'Italie et que toute interprétation que l'on en tire, en vue de faire croire que l'on veut apporter des modifications au traité, est complètement erronée.

Le discours du trône par lequel François-Joseph ouvre la session des Délégations à Budapest célèbre les succès de la Triple Alliance, dont la participation solide et consciente dans toutes les questions européennes importantes a contribué au maintien de la paix. Le discours contient aussi une manifestation de sympathie tout à fait particulière à l'égard de l'Italie : « C'est avec une chaleureuse compassion que Nous suivons les événements qui se déroulent en Afrique sur le théâtre de la guerre, là où l'armée de notre fidèle alliée, dans une lutte difficile contre un adversaire de beaucoup plus nombreux, a maintenu haut l'honneur du drapeau italien ». Dans son exposé du 9 juin, le comte Go-

____

(1) C'était le troisième renouvellement ; nous n'en savons pas le jour exact, mais on peut le fixer à la fin du mois de juin. On n'en a pas fait d'autre mention officielle. La « prorogation » paraît s'être effectuée d'une manière automatique, car aucune des puissances contractantes n'a fait usage de son droit de dénonciation.

luchowski déclare qu'il est presque inutile d'affirmer chaque fois l'intimité, la confiance réciproque et l'entente étroite qui règnent entre nous et nos alliés ; le groupe de la Triple Alliance s'est comporté d'une manière excellente : les rapports avec l'Allemagne sont meilleurs que jamais et les relations avec l'Italie sont tout aussi intimes et fondés sur la confiance.

Le voyage de l'Empereur-Roi François-Joseph à Bucarest (à l'occasion des fêtes des Portes de Fer, le 28 septembre) est commenté par la presse, qui voit dans l'adhésion de la Roumanie à la Triple Alliance un fait accompli. Dans son toast de Herkulesbad, le Roi Charles exprime l'espoir que la rencontre contribue « à serrer plus étroitement encore les liens amicaux, établis de façon si heureuse entre nos Etats, » mais, bien que Goluchowski et Démètre Stoudza, président du conseil roumain, fussent amis intimes, il ne semble pas que l'on ait signé de traité.

Mentionnons enfin le mariage du prince héritier d'Italie, Victor-Emmanuel, avec la princesse Hélène Petrovitch Njegosch de Monténégro (24 octobre), qui est commenté par la presse austro-hongroise comme un « acte de la politique balkanique de l'Italie ».

1897

Mouravieff, le nouveau ministre russe des affaires étrangères, a des soucis du côté de l'Asie. En vive opposition avec l'Angleterre, il se rencontre avec les puissances de la Triple Alliance. Les questions politiques qui font leur apparition, en première ligne l'agitation crétoise (1), qui con-

(1) « Le concert européen avant la question crétoise était la réunion à laquelle se développait ce flirt qui conduisit alors à tant

duit à la guerre gréco-turque, trouvent unies les puissances de l'Europe centrale. La bonne entente de la Russie et de l'Allemagne amène la visite du comte Mouravieff à Berlin et à Kiel, et le président du conseil hongrois, le baron Desider Bánffy, exprime le 4 février l'espoir que la rencontre de l'homme d'État russe et des facteurs prépondérants de l'Empire allemand, « si étroitement lié avec nous », avantagera les bons rapports entre la Russie et l'Allemagne comme entre la Russie et l'Autriche-Hongrie.

Tandis que d'une part l'Allemagne conserve de bonnes relations avec la Russie, on assiste de l'autre à une amélioration surprenante des rapports franco-italiens ; dans la question crétoise l'Italie se met aux côtés de la France et de l'Angleterre. Dans un discours électoral, prononcé le 7 mars à Caraglio, Giolitti déclare : « Les alliances dont l'Italie a toujours loyalement observé les dispositions et auxquelles elle restera toujours fidèle sont une garantie sûre de la paix mondiale ; comme le maintien de la paix est le but principal de la Triple Alliance, toute amélioration des rapports avec les autres pays est conforme à son esprit ». La visite du couple royal italien à Homburg vor der Höhe amène une manifestation cordiale de l'amitié italo-allemande. Comme des informations contradictoires se répandent sur ce voyage, le ministre des affaires étrangères, Visconti Venosta, dit ce qui suit à un rédacteur du *Corriere della Sera* : « En vérité, les circonstances sont telles que le ministère n'a pas hésité un instant à accompagner le Roi dans son voyage en Allemagne. Si on ne l'a pas fait connaître tout de suite, cela vient de ce que nous voulions auparavant savoir à Rome qui serait à Homburg avec l'Empereur d'Allemagne. En ce qui me concerne personnellement, je vais très volontiers en Allemagne, nation à laquelle nous lient une solide amitié

d'autres flirts, » dit le baron Leopold von Chlumecky, *Oesterreich-Ungarn und Italien*, p. 17, voir aussi Albert Billot, *La France et l'Italie*; *Histoire des années troubles, 1881-1899*, Paris, 1905.

et le désir commun de maintenir la paix en Europe ». A la grande table d'honneur, à Homburg, l'Empereur Guillaume porte un toast extrêmement chaleureux. «... Non seulement mon cœur, mais la patrie allemande tout entière salue en Votre Majesté le grand prince, l'ami intime de Mon feu père, l'allié fidèle, dont la venue ici montre à nouveau à Nous et au monde que le lien de la Triple Alliance se maintient inébranlable et solide, de la Triple Alliance qui a été fondée dans l'intérêt de la paix, et, cela de plus en plus longtemps qu'elle poussera des racines dans la conscience des peuples et y portera des fruits avec plus de force et de profondeur ! »

L'Empereur Guillaume s'exprime en termes encore plus cordiaux à Budapest, où il porte un toast le 21 septembre au dîner de gala, après les ovations des Hongrois, qui sont d'une chaleur sans exemple : « Regardant Votre Majesté comme un fils à l'égard de son paternel ami » ; « Grâce à la sagesse de Votre Majesté, notre alliance subsiste solide et indissoluble pour le salut de nos peuples et l'Europe est en paix depuis longtemps et y restera à l'avenir ! »

De retour, l'Empereur d'Allemagne reçoit la visite du Tsar, à la Cour duquel il se rend en août, et le discours du trône du 30 novembre insiste avec une satisfaction particulière sur la « réception brillante et cordiale » à Peterhof et à Budapest.

Le discours du trône de l'Empereur-Roi François-Joseph, le 17 novembre, fait les constatations suivantes : « Après comme avant, Nos rapports d'alliance avec l'Allemagne et l'Italie forment la base inébranlable de Notre politique. Maintenir et fortifier cette base, tel est l'effort constant de Mon gouvernement », et il ajoute : « Aux garanties de la paix jusqu'à présent existantes s'est ajoutée la tournure amicale de nos rapports avec l'Empire russe ». Le discours du trône trouve l'accueil le plus amical dans la presse russe ; les *Novosti* expriment la conviction que la regrettable compétition des deux puissances dans la péninsule des Balkans est maintenant devenue une réminiscence historique. Les manifestations oratoires du comte Goluchowski sont formulées sur le même ton. Dans son exposé du 20 novembre, le ministre austro-hongrois des affaires étrangères déclare : « La Triple Alliance s'est acquis le droit de cité en Europe et nous nous efforçons constamment de consolider sa situation... En ce qui concerne l'Italie, j'ai eu l'occasion, lors de la visite à la cour royale à Monza (1), de constater l'entente complète dans la conception et le traitement des questions politiques ». Le 23 novembre, Goluchowski affirme avec encore plus de netteté : « La Triple Alliance est le pilier de notre politique... elle est une alliance pacifique, mais les garanties du maintien de la paix ne peuvent qu'être accrues par l'établissement de relations amicales avec les autres puissances ». Le *Siècle* enregistre avec une satisfaction particulière l'affirmation du bon accord entre la Russie et l'Autriche-Hongrie et se flatte de croire que l'entente avec la Russie doit signifier un affaiblissement quelconque des relations de la Triple Alliance, malgré le caractère bien net de l'exposé de Goluchowski. Les *Hamburger Nachrichten* parlent également des développements russophiles de Goluchowski, les comparent avec le traité de contre-assurance de Bismarck et concluent : « Auparavant l'Autriche était dans le double moulin, mais aujourd'hui elle a le double moulin ».

Les combats livrés par les Allemands d'Autriche trouvent

---

(1) Les paroles échangées à Monza eurent surtout trait aux questions balkaniques. Dans l'affaire de Crète, l'Italie avait déjà pris une position qui n'était pas conforme aux intentions de l'Allemagne et de l'Autriche-Hongrie. Comme une entente se fit alors entre la Russie et l'Autriche-Hongrie, Visconti-Venosta exprima le désir que l'Italie et l'Autriche-Hongrie déclarassent leur désintéressement territorial complet en Albanie. C'est d'ailleurs ce que concéda Goluchowski à Monza. Pour plus de détails, voir ALEXANDER BLASKOVICH, *Unsere Monarchie und Italien*, dans le numéro de septembre du journal hongrois *Nyugat*.

un écho dans la séance du Reichstag du 14 décembre. Dès fin octobre, Mommsen avait prié les Allemands d'Autriche de persévérer dans la lutte qui leur était imposée, en leur exprimant les sympathies de tous les Allemands de l'Empire. Au Reichstag allemand, le député Zimmermann se prononce pour les Allemands autrichiens, tandis que le Guelfe Hodenberg se félicite de ce que l'on n'ait pas permis en Allemagne une campagne des libéraux Allemands d'Autriche, partisans de l'annexion et traîtres à leur pays, et croit que la Triple Alliance est vacillante, parce que l'Italie n'y a pas trouvé son compte. Le secrétaire d'Etat von Bülow lui répond que l'opinion d'après laquelle la Triple Alliance est ébranlée d'une façon quelconque se trouve dépourvue de tout fondement. La Triple Alliance se réjouit d'être dans la meilleure des situations, nos relations avec l'Autriche-Hongrie et l'Italie sont également bonnes et les journées de Budapest n'ont contribué qu'à les améliorer. Le secrétaire d'Etat termine en mentionnant la situation paisible des affaires intérieures dans les Etats étrangers.

La visite du couple royal de Roumanie à Budapest le 29 septembre, ainsi que le toast de l'Empereur-Roi François-Joseph, où il célèbre la Roumanie comme un élément d'ordre et de paix, donne de nouveau aux journalistes l'occasion de discuter la question de l'adhésion de la Roumanie à la Triple Alliance.

Donnons pour terminer une réminiscence relative à Bismarck, publiée la même année. Le 7 juin, le *Berliner Tageblatt* publie une lettre de Bucher à François Pulszky, un ami de Louis Kossuth, datée du 16 mai 1877 : « Tant qu'existeront Bismarck et sa tradition, l'Allemagne ne spéculera jamais sur le partage de l'Autriche-Hongrie. Une rupture ne peut venir que de vous. Nous voulons être bons voisins avec vous, et, si la méfiance disparaît, qui semble maintenant attisée une fois de plus par une intrigue transparente, nous pourrons avoir des rapports plus étroits, — une garantie réciproque de possession, — ce que nous avons proposé à

Beust et que celui-ci a rejeté avec mépris. Tenez-vous en
seulement au comte Andrássy que nous faisons tout notre
possible pour conserver ».

1898

Le grand chancelier Otto von Bismarck, fondateur de la
Triple Alliance, ferme pour toujours les yeux le 30 juillet.
Horst Kohl édite la même année ses *Gedanken und Erinnerungen*, complétés en 1901 par l'appendice en deux vo-
lumes intitulés : *Kaiser Wilhelm I* et *Aus Bismarcks Briefwechsel* (1).

La Triple Alliance n'est pas intéressée aux grands événements politiques de cette année : la guerre hispano-amé-
ricaine et la tempête soudanaise. Seule des nations de la
Triple Alliance, l'Italie prend part à l'œuvre de pacification
de la Crète, l'Allemagne et l'Autriche-Hongrie ayant retiré
leurs troupes de l'île, parce qu'elles ne voulaient pas imposer au Sultan le nouveau gouverneur (le Prince Georges
de Grèce).

En mai une vive discussion surgit à l'occasion d'un soi-
disant accord austro-russe, dont la *Frankfurter Zeitung* du
16 mai a annoncé la conclusion. Le comte Goluckowski
profite de la réunion des Délégations pour qualifier cette
nouvelle d'invention grossière. Dans son exposé, le ministre constate que la Triple Alliance a toujours la même
situation inébranlable ; l'Alliance n'est pas conclue pour une
courte période, mais elle est « une œuvre solide, formant
la base de notre politique ».

Le 4 mars, la Chambre hongroise des députés rejette une

____

(1) Voir ARTHUR SINGER, *Bismarck in der Literatur*, 2ᵉ éd., pp. 245
et suiv.

motion de François Kossuth, saluant le Parlement italien à propos du Jubilé de la Constitution ; cette résolution offre à la presse irrédentiste d'Italie l'occasion de se livrer à de violentes attaques contre l'Autriche-Hongrie et la Triple Alliance.

Fin novembre le Reichsrat autrichien et en décembre le Reichstag (lors du vote du budget en première lecture) discutent l'expulsion de sujets étrangers hors du territoire allemand. A la Chambre autrichienne des députés, Thun, premier ministre, répond aux interpellations déposées par le Club des Jeunes Tchèques et des Polonais qu'il n'y a pas là une violation des principes du droit des gens, mais que pourtant le ministère des affaires extérieures est intervenu dans la politique prussienne à l'égard des étrangers, et, « si les espoirs attachés aux assurances du cabinet de Berlin n'étaient pas réalisés, on envisagerait des mesures correspondantes, fondées sur le principe de réciprocité ». Les déclarations de Thun sont très sévèrement jugées par la presse de l'Empire allemand ; aussi le gouvernement autrichien estime-t-il nécessaire de faire paraître une note officieuse dans la *Wiener Abendpost* : « On a reproché au comte Thun la tendance d'une politique inamicale, alors qu'il n'avait pas attribué les expulsions à une intention de l'Allemagne contraire à l'alliance. Son Excellence est administrativement, et aussi personnellement, un partisan aussi convaincu que fidèle non seulement de nos rapports contractuels, mais aussi des relations intimes des deux Empires, comme n'importe lequel des facteurs prépondérants de la monarchie ». Au Reichstag, le secrétaire d'Etat von Bülow déclare : « Ces expulsions n'ont pas altéré nos rapports internationaux... La Triple Alliance n'a pas été ébranlée, elle ressemble à une forteresse en temps de paix, sur les glacis de laquelle les arbres croissent de plus en plus chaque année, mais ceci n'empêche pas qu'en cas de guerre, ce que je ne prévois ni désire pour le moment, la forteresse peut être mise à l'abri en le moindre temps possible. Les trois Etats ont leur autonomie intérieure et leur indépendance, et ils se tiennent solidement unis en face des questions extérieures. La Triple Alliance repose sur des intérêts clairs et simples. Chacun des trois contractants a le même intérêt à son maintien et, comme elle est très éloignée de plans offensifs ou agressifs, elle est en fin de compte bonne pour tous les peuples et conforme au grave problème de la paix européenne. Mais, à cette occasion, je ne peux tout à fait négliger d'observer qu'il est d'une manière générale recommandable de ne pas trop discuter sur des alliances existantes, éprouvées et fonctionnant à la satisfaction de tous les participants. Car il en est des alliances comme des femmes. Ce sont celles dont on parle le moins qui sont les meilleures en définitive ». Sur le bien fondé de la mesure prise en Allemagne, sur les expulsions elles-mêmes, des conversations amicales s'échangent en ce moment qui « ont le caractère d'intimité qui caractérise nos relations générales avec le gouvernement autrichien ».

Le 21 novembre le traité de commerce franco-italien est renouvelé (1); l'initiative en venait du comte Canevaro, ministre des affaires étrangères dans le cabinet Pelloux; d'après des informations authentiques, l'intention de conclure un traité de commerce avec la France fut auparavant communiquée à Vienne comme à Berlin (2).

(1) La lutte autour du traité avait duré 10 ans. L'Italie avait dénoncé à la fin de 1886 le traité du 24 mai 1882, et il s'ensuivit une période sans traité, qui amena bientôt une guerre douanière. Le traité du 21 novembre fut ratifié en février 1899. Voir aussi l'article *La France et l'Italie,* d'ERNEST LEMONON, dans le n° 2 du périodique mensuel de Paris : *La Revue Politique Internationale.*

(2) Voir *Oesterreich-Ungarn und Italien,* du baron LEOPOLD VON CHLUMECKY, note de la page 15.

1899

Madagascar, Samoa, le Soudan, l'Afrique du Sud : dans aucune de ces questions la Triple Alliance n'est engagée comme telle. Les Etats qui la composent prennent part à la Conférence de la Paix à la Haye avec vingt-trois autres pays. Aucun événement important n'est à mentionner cette année du point de vue de la politique de la Triple Alliance. Il n'y a à enregistrer que les faits suivants :

Lors de la discussion des projets militaires au Reichstag allemand (12 janvier), le baron von Hertling (du Centre) fait un long discours où il s'occupe aussi de l'Autriche et de l'Italie : « En ce qui concerne l'Autriche, on ne peut exprimer à l'égard de l'Etat ami que les sympathies les plus vives et manifester l'espoir que le vieil Empereur réussisse à triompher des difficultés intérieures. Les difficultés financières de l'Italie ne sont que les suites des difficultés politiques et sociales qui y existent, ainsi que des conditions économiques défavorables. L'Italie officielle devrait se séparer complètement des éléments révolutionnaires qui y ont joué un grand rôle. Les éléments conservateurs devraient être mis à la tête et on devrait surtout résoudre d'une façon quelconque la question romaine. »

Kramarz, membre jeune-tchèque de la Chambre autrichienne des députés, publie, dans le numéro de février de la *Revue de Paris*, une attaque contre la Triple Alliance : « depuis l'entente avec Pétrograd, dit-il, l'Autriche n'a plus besoin de voir la direction supérieure de ses destinées à l'ambassade allemande de Vienne; la Triple Alliance ressemble à un vieux piano de luxe usé, que l'on ne peut pas encore mettre dans le cabinet de débarras, mais sur lequel on ne joue plus ». Contre l'agitation jeune-tchèque, les partis d'opposition austro-allemands (à l'exclusion des nationalistes allemands) s'unissent sur un programme commun dont le huitième point affirme le « maintien indissoluble à l'alliance avec l'Empire allemand ».

Théophile Delcassé (qui avait pris le portefeuille des affaires étrangères, en juin 1898, dans le cabinet Brisson) constate en janvier devant la Chambre française qu'il y a eu maints changements dans les rapports franco-italiens pendant les dix dernières années (1). Canevaro, ministre italien des affaires étrangères, exprime la même opinion à la séance du Sénat du 10 février (discussion de l'accord commercial franco-italien), mais il déclare que l'on doit observer que cette harmonie ne doit pas faire supposer que la France abandonnera ses devoirs à l'égard de la Double Alliance, ni l'Italie les siens à l'égard de la Triple Alliance ; il y a là ni un abandon de la politique antérieure, ni la recherche de nouvelles alliances : une hypothèse de cette nature serait un outrage à la loyauté du gouvernement français et à l'honnêteté politique du cabinet italien.

Le développement croate en Istrie indispose l'Italie. L'établissement d'écoles croates et les faveurs accordées aux Slovènes par le gouvernement autrichien suscitent à Trieste des démonstrations irrédentistes. Pour la même raison, des députés se livrent à la séance de la Chambre du 13 décembre à de violentes attaques contre l'Autriche et la Triple Alliance. Le député de Martino, qui fait au cours de cette séance un discours particulièrement mordant, est nommé peu de temps après sous-secrétaire d'Etat aux affaires étrangères.

(1) Le nouveau traité de commerce conclu le 21 novembre 1898 (voir 1898) avait ouvert l'ère de l'amitié franco-italienne. Le traité de Commerce fut suivi d'un projet relatif au chemin de fer Nice-Coni. Et, le 21 mars 1899, l'accord méditerranéen peut être signé. Cette convention assurait à l'Italie, moyennant la reconnaissance des droits de la France sur le Maroc, un droit de préférence sur Tripoli. Ce traité secret ne fut communiqué à l'Allemagne et à

1900

L'Empereur-Roi François-Joseph vient à Berlin pour les fêtes données à l'occasion de la majorité du Prince héritier. Onze ans se sont écoulés depuis sa dernière visite et Berlin prépare au vieil Habsbourg une réception enthousiaste qui trouve de l'échc dans la presse des deux pays. Seul, Harden se tient à l'écart, dans la *Zukunft* ; il y écrit que la Triple Alliance est devenue depuis longtemps un fantôme, un jouet ; certes elle existe encore, mais on n'essaie seulement pas d'en faire une arme sanglante en la sortant du cadre de la politique décorative.

Le 4 mai, au repas de gala, les deux souverains échangent des toasts d'une cordialité extrême. « La réception triomphante que les Berlinois ont faite aujourd'hui, dit l'Empereur Guillaume, s'adresse avant tout à la personne éminente de Votre Majesté, comme au souverain grand et sage. Mais mon peuple voit aussi dans Votre Majesté l'ami et allié fidèle de Mon bienheureux grand-père, de Mon père et de Moi-même... En même temps, Votre Majesté a fait connaître au monde, par sa visite, combien solide et sûre est l'alliance conclue par Votre Majesté avec Mon bienheureux grand-père et avec le souverain du beau pays du midi, l'Italie. Certes cette alliance est non seulement un accord entre les pensées des princes, mais, plus longtemps elle se maintient, plus elle pousse de profondes racines dans la conviction des peuples ; et, dès que les cœurs des peuples battent à l'unisson, rien ne peut plus les

l'Autriche qu'en 1902 (voir RICHIERI, *La Tripolitania e l'Italia*, Milan, 1902) et Prinetti en donna connaissance à la Chambre le 14 décembre 1902 (voir 1902).

arracher les uns aux autres. Des intérêts communs, des sentiments communs, des joies et des douleurs supportées en commun unissent nos peuples depuis plus de vingt ans, et, bien qu'on l'ait souvent méconnu et arrosé de mépris et de critiques, il est arrivé aux trois peuples de garantir la paix et d'être regardés comme un asile de paix dans le monde tout entier. Aussi Mon peuple s'incline-t-il aujourd'hui devant le Sage et le Doyen de cette Alliance. » Citons les phrases suivantes extraites de la réponse de François-Joseph Ier : « L'amitié indissoluble qui Nous unit constitue aussi un bien précieux pour Nos Empires et Nos peuples. Élargie grâce au concours de Notre ami et allié vénéré, Sa Majesté le Roi d'Italie, elle représente pour l'Europe un boulevard de la paix. Pour le soin apporté à cette œuvre bénie, que je fus si heureux de fonder avec Votre illustre père, Votre Majesté s'est acquis des mérites impérissables comme gardien vaillant d'un héritage également précieux pour toutes les parties. » En même temps le duc de Naples est à Berlin, et l'occasion lui est offerte de discuter quelques questions pendantes, la politique d'Orient en particulier.

Le changement de souverain en Italie donne à la fidélité des alliés une seconde occasion, mais d'un caractère triste, de se manifester : le 28 juillet, l'anarchiste Angelo Bresci tue le Roi Humbert à Monza et Victor-Emmanuel III monte sur le trône. Un échange cordial de dépêches entre Berlin, Vienne et Rome affirme le maintien de la Triple Alliance. L'Empereur Guillaume télégraphie de Bremerhaven : « Puisse toujours exister l'amitié qui unissait nos maisons et nos peuples pendant le gouvernement de Ton père ! » Le rapport du président du conseil Saracco au Roi Victor-Emmanuel, en date du 14 novembre, se prononce aussi en faveur d'un maintien invariable de la politique de triple alliance.

La même année la discussion parlementaire de cette politique n'a lieu qu'à la Délégation autrichienne et à la Chambre hongroise des députés. Le 12 janvier la Délégation autrichienne s'occupe une fois de plus de l'expulsion des sujets autrichiens hors d'Allemagne (1). D'une part Goluchowski reconnaît bien, en réponse aux attaques des Jeunes Tchèques, le bon droit des autorités allemandes, mais d'autre part il constate que l'intervention de l'ambassade austro-hongroise a fait en partie rapporter et en partie suspendre 18 expulsions. Les Jeunes Tchèques continuent leurs attaques à la session de mai des Délégations. Le 28 mai, Goluchowski fait un long discours où il s'exprime ainsi au sujet de la Triple Alliance : « Comme il y a vingt ans, la Triple Alliance est une alliance pacifique par excellence. L'entente avec la Russie en ce qui concerne les Balkans ne change d'ailleurs rien à l'essence de la Triple Alliance. C'est seulement une garantie supplémentaire de paix, ce n'est rien de plus. La Triple Alliance n'est en aucune façon un piano qui a besoin de réparations (2). En outre, un renforcement de la Triple Alliance est superflu, et il est seulement nécessaire de réfuter l'idée nouvelle que rien du tout n'a changé dans la Triple Alliance. La rencontre des Empereurs à Berlin a tranquillisé l'un et instruit l'autre. L'Italie est aussi un facteur nécessaire de la Triple Alliance, et elle est hautement considérée à Berlin et à Vienne, où l'on est convaincu que, si l'occasion s'en présente, elle s'acquittera de ses obligations. On ne peut soutenir l'idée que la Triple Alliance affaiblit l'Italie sur le terrain économique. Si elle n'appartenait pas à la Triple Alliance, elle devrait faire partie d'une autre combinaison qui exigerait les mêmes sacrifices en vue de sa propre sécurité. » Les Jeunes Tchèques renou-

----

(1) Une question analogue se pose en été entre l'Italie et l'Allemagne. Au début de juin paraît une communication non officielle du ministère italien des affaires étrangères, vivement combattu par la presse de l'Empire allemand, qui détourne les sujets italiens d'accepter les offres des propriétaires fonciers de la Prusse orientale.

(2) Réponse à l'article de Kramarz dans la *Revue de Paris* (voir 1899).

vellent leurs attaques contre la Triple Alliance à l'occasion
des nouvelles élections, et les Allemands de Bohême font
paraître un appel demandant « un rattachement à l'Empire
allemand au moyen d'une union fondée sur le droit des
gens ».

A la Chambre hongroise des députés, le président du
conseil Koloman de Széll répond aux attaques du leader
francophile d'une fraction de l'extrême-gauche, Gabriel
Ugron : « A l'intérieur de la Triple Alliance existe une
parité complète, en ce sens que chaque allié a autant de
valeur qu'il jette de force dans le plateau de la balance.
Les intérêts de l'Autriche-Hongrie et de l'Allemagne ont
noué l'alliance et les sentiments du peuple l'ont scellée !...
Une rupture du lien serait un fait néfaste. En Allemagne
on est pénétré, et avec raison, de l'importance et de la valeur de l'alliance. Quand Ugron affirme que l'Allemagne se
comporte mal avec nous au point de vue économique, il
faut certes avouer que la situation n'a pas été arrangée d'une
manière tout à fait favorable. L'Allemagne a coutume de
séparer sa politique économique de sa politique générale,
non seulement en ce qui nous concerne, mais à l'égard des
autres puissances. C'est regrettable... mais cela ne peut
mettre en question la grande importance de cette
alliance ».

Le 18 octobre, Bülow est mis à la tête des affaires de
l'Empire et aussitôt commencent à Rome, Vienne et Berlin les négociations relatives au renouvellement des traités
de commerce de l'Italie avec l'Allemagne et l'Autriche-
Hongrie. Les difficultés que l'on rencontre au cours des négociations font progresser en Italie l'agitation contre la
Triple Alliance, qui avait pris son essor avec le réveil de la
question albanaise. Les éléments raisonnables mettent les
gens en garde contre les exagérations ; l'ambassadeur
d'Italie à Vienne, le comte Nigra, profite de l'occasion, lors
d'un entretien avec le correspondant viennois de la *Patria*,
pour indiquer que, si l'Autriche ne renouvelle pas la clause

douanière relative aux vins, ceci ne peut exercer d'influence
sur la Triple Alliance : l'Italie est attachée au plus haut
point à cette alliance, parce qu'elle est la seule garantie de
ses intérêts dans la Méditerranée, et cela de telle façon
qu'aucune autre alliance ne pourrait la remplacer. En avril
toute l'Italie retentit du mot d'ordre « Mare Nostro » et la
Tribuna écrit : la Mer Adriatique doit être véritablement
une mer italienne. Les journaux de la péninsule découvrent
soudain le protectorat austro-hongrois sur l'église catholique en Albanie (qui remonte au traité de Vienne de 1615)
et aperçoit le plus grand danger dans le fait que l'Autriche-
Hongrie subventionne les couvents albanais. L'année précédente, l'Italie manifestait déjà un vif intérêt pour l'Albanie (la société apulienne avait créé un service permanent
de vapeurs qui comportera en 1901 deux voyages par semaine pour San Giovanni) et cet intérêt devient encore plus
prononcé lorsque Guicciardini, le spécialiste des questions
albanaises, fait ressortir le 15 décembre, dans un discours
au Parlement, l'importance du sujet. Le futur ministre des
affaires étrangères proteste contre la pénétration austro-
hongroise en Albanie à l'occasion des négociations relatives
à l'avant-projet. Le 18 décembre, le ministre Visconti-Venosta répond aux attaques de Guicciardini : « En ce qui
concerne l'Albanie, je puis assurer que les gouvernements
austro-hongrois et italien ont déjà eu l'occasion de discuter
leurs intérêts propres au sujet des côtes turques de l'Adriatique et de reconnaître que ces intérêts ont leur garantie
dans l'observation et le maintien du *statu quo* territorial » ;
en Autriche-Hongrie, la déclaration suscite la satisfaction
générale ; le ministre viennois des affaires étrangères fait
constater dans une note officieuse du *Pester Lloyd* (19 décembre, édition du soir) que ce discours annonce non pas un
arrangement, mais un accord. Le fait est qu'entre les deux
gouvernements il y a un échange de notes en vue de compléter l'accord de Monza, échange qui conduit à une entente que la littérature politique appelle l'accord albanais

de 1900. Le contenu n'en est pas connu, mais il ne pouvait s'écarter beaucoup des propositions de Visconti-Venosta. Malgré cet « accord », les débats ne s'apaisent ni dans la presse ni dans les parlements et, les années suivantes, il est même la source de maints différends entre Vienne et Rome.

Le 17 décembre le général comte Pálffy transmet d'Erdöd au Roi Victor-Emmanuel III un autographe de François-Joseph Ier, qui porte à la connaissance du Roi sa nomination au grade de colonel du régiment d'infanterie impérial et royal n° 28 (le Roi Humbert avait été autrefois colonel du même corps). En même temps, M. de Szögyény-Marich, ambassadeur d'Autriche-Hongrie à Berlin, remet à l'Empereur d'Allemagne un autographe de son souverain, qui exprime sa gratitude au sujet du renouvellement du feld-maréchalat intérimaire.

Pour finir, disons quelques mots des événements les plus importants de l'année au point de vue de la politique mondiale : la guerre sud-africaine accapare les forces de l'Angleterre, et le soulèvement des Boxers, qui a pour point culminant le meurtre du ministre allemand, von Ketteler, trouve l'ensemble du monde civilisé uni dans l'expédition entreprise pour l'expiation de ce crime.

1901

L'Empereur d'Allemagne, dans son discours du trône à l'occasion de l'ouverture du Reichstag le 4 février, consacre à la Triple Alliance ces paroles chaleureuses : « La cordialité est inchangée qui marque nos rapports étroits avec les puissances alliées ». Le 15 avril, l'Empereur-Roi François-Joseph salue le prince héritier d'Allemagne. à la Hofburg de Vienne, par ces mots : « Cette visite mettra une fois de

plus en lumière les relations si cordiales de nos deux maisons ainsi que notre intimité politique ». Le discours du
trône, qui ouvre le 21 mai les Délégations austro-hongroises, paraphrase les paroles de l'Empereur d'Allemagne :
« C'est avec satisfaction que, cette fois encore, je puis me
référer à nos rapports cordiaux inchangés avec les royaumes
qui nous sont alliés ».

Le lendemain, le comte Goluchowski, ministre austro-
hongrois des affaires étrangères, s'exprime ainsi sur la
Triple Alliance : « La politique extérieure de l'Autriche-
Hongrie se meut dans le cadre certain d'un attachement
étroit à ses alliés, avec un souci parallèle de rapports de confiance avec les autres pays et surtout avec l'État russe, son
voisin. La tendance des bruits divers, grâce auxquels on
veut ébranler la croyance en la solidité de la Triple Alliance,
est trop transparente pour ne pas être connue tout de
suite. Des discussions de cette nature ne mériteraient guère
une mention particulière si on ne voyait pas s'ajouter directement aux éléments bien connus du travail antérieur les
efforts d'autres cercles qui voudraient lier la question des
alliances politiques à la conclusion des traités de commerce.
Aujourd'hui que les questions économiques prennent
chaque jour plus d'importance, on ne peut plus guère défendre la thèse d'après laquelle une lutte économique s'ac-
commode tout à fait bien de ces rapports politiquess
d'alliance. Il est certain qu'un *modus vivendi* économique
doit être cherché et trouvé dans l'intérêt de l'intimité de ces
relations... Mais on tirerait bien plus loin que le but et on
prêterait son appui à une théorie répréhensible si l'on voulait faire dépendre des alliances politiques visant un objet
plus élevé d'un état absolument satisfaisant des questions de
politique commerciale et subordonner ainsi les revendications de la raison d'État à des sujets de nature matérielle...
Les avantages offerts par la constellation tripliciste en raison de son caractère éminemment pacifique et de son partage
égal des droits et des devoirs entre les participants sont trop

évidents pour être abandonnés. Il serait répréhensible de
faire naître, au moyen d'une excitation et d'une tromperie
systématiques de larges couches de la population, ne ren-
contrant aucune résistance, des courants qui ne pourraient
être les bienvenus, en raison de leur force de relâchement
et de destruction, que pour ces éléments remuants pour lesquels l'état présent de l'Europe est une épine dans l'œil, en
raison de motifs bien connus. Contre des mouvements de ce
genre, on ne peut réagir d'une manière assez décisive en
éclairant l'opinion publique avec compétence : on a, en
effet, éveillé son attention sur le fait que, dans la mesure où
la situation commerciale exige l'examen le plus approfondi
et où le devoir le plus opportun de tout gouvernement est de
s'en occuper avec le maximum d'activité, une alliance politique n'est pas un objet qui puisse être réalisé sans compromettre de graves intérêts, non parce que des alliances ne
peuvent être conclues pour des raisons de courtoisie, mais
en principe, parce qu'elles correspondent à un besoin plus
élevé et que des intérêts réciproques y trouvent leur garantie. Celui qui aurait le tort d'entrer dans des combinaisons
de ce genre parce qu'elles assurent des avantages sur le
terrain de la politique commerciale, serait également irres-
ponsable de les rejeter, parce qu'elles ne donnent pas cette
satisfaction absolue que l'on pourrait attendre au point de
vue économique ».

Bientôt après, les cercles politiques austro-hongrois discutent vivement une brochure parue à Paris au milieu de
juin, écrite par un ancien secrétaire du ministère austro-
hongrois des affaires étrangères, Rimler ; l'auteur y affirme
que le politicien hongrois Gabriel Ugron, du parti de l'Indépendance, avait traité, avec Delcassé, ministre français
des Affaires étrangères en vue de la fondation d'une banque
franco-hongroise, au capital de 150 millions de francs.
Cet établissement financier devait contribuer à la rupture
de la Triple Alliance et combattre l'influence économique
des capitaux allemands en Autriche-Hongrie. Delcassé aurait

recommandé l'affaire à un financier parisien, puis il l'aurait laissée de côté. Le fait est discuté le 28 juin par la Chambre hongroise des députés. Gabriel Ugron déclare qu'il n'a pas demandé d'argent à Delcassé, qu'il voulait seulement fonder une banque en Hongrie avec des capitaux français. Il considérait comme patriotique d'entretenir des rapports entre la France et les intérêts hongrois, car la France est toujours intervenue en faveur de l'indépendance des nations, par exemple en ce qui concerne l'Italie et l'Amérique du Nord. La fondation d'un parti francophile en Hongrie, pays agenouillé dans la poussière devant l'Allemagne, empêcherait ses intérêts d'être lésés par l'Allemagne à toute occasion, notamment au sujet de l'importation du bétail et des céréales. Les attaques dirigées contre lui provenaient seulement de raisons personnelles, et non de l'intérêt porté à la Triple Alliance. Au nom du parti gouvernemental, Edmond Gajári prend la parole pour flétrir « les procédés d'Ugron comme de lourdes offenses contre la morale politique ».

Au Reichsrat autrichien, les partis slaves profitent des débats qui ont eu lieu en décembre au Reichstag autour de la question polonaise pour se livrer à de nouvelles attaques contre la Triple Alliance, mais Körber, président du conseil, les repousse avec énergie.

Un changement de cabinet s'est accompli en Italie au début de l'année. Le nouveau premier, Zarnadelli, qui mettra plus tard sa signature sous les traités de la Triple Alliance, fait le 25 mars les déclarations suivantes au correspondant de l'édition parisienne du *New York Herald*. « En ce qui concerne l'avenir, l'Italie n'entrera dans des alliances qu'après mûre réflexion. L'intérêt du pays doit l'emporter sur toutes les autres considérations. Le ministère a à s'occuper non seulement des traités d'alliance, mais aussi des traités de commerce, car on doit savoir quelle influence les rapports commerciaux peuvent exercer sur les rapports politiques. Les traités politiques d'alliance de l'Italie expireront avant les traités de commerce. Nous saurons longtemps à l'avance à quoi nous aurons à nous en tenir à l'égard de l'un de l'autre. Personnellement, il a de vives sympathies pour la France. »

Le « flirt de l'Italie avec la France » projette ses ombres.

En juin nous trouvons à la Chambre, un intéressant débat, à propos du budget du ministère des affaires étrangères ; la discussion se réfère surtout à l'Albanie. Guicciardini la commence et la termine ; tout d'une haleine il loue la Triple Alliance et il suspecte la fidélité de l'Autriche-Hongrie. D'après lui, on ne peut admettre que l'Albanie deviennent la proie d'une grande puissance ou d'un petit Etat placé sous la protection d'une grande puissance. Le régime austro-hongrois de l'église catholique en Haute-Albanie est vraiment souverain, et cette partie du pays est donc complètement assujettie à la monarchie danubienne. Il y a un autre danger pour l'Italie : les beys de la Basse-Albanie envoient leurs fils au Theresianum de Vienne. Nous avons souffert Bizerte, conclut l'orateur, mais nous ne pouvons admettre que Durazzo devienne une seconde Bizerte. Il est secondé par le radical de Marinis (le futur ministre de l'instruction publique) qui réclame le port de Valona pour l'Italie comme clef lui donnant la souveraineté dans l'Adriatique : Guicciardini attribuait d'ailleurs une importance particulière à ce port dans ses *Lettres sur l'Albanie* (1). Luzzatti parle de la question des traités de commerce et déclare pour terminer que l'on doit se consacrer en même temps au maintien de la Triple Alliance et à des rapports amicaux entre l'Italie et la France. Barzilai tonne contre l'Allemagne. Le rapporteur Campi plaide bien en faveur du renouvellement de la Triple Alliance, mais seulement en vue d'un accord spécial relatif à l'Albanie et à Tripoli, et il parle de la sympathie du pays pour ces autres Italiens qui ne sont pas encore réunis à la patrie. Le 14 juin Prinetti,

(1) Traduction allemande, p. 17.

ministre des affaires étrangères (1), prend la parole. Avant
tout, il répond à Barzilai et lui rappelle que lui, Prinetti, il
a tenu en 1891 un violent discours contre la Triple Alliance
« Barzilai a sans doute oublié les marques distinctives de
notre politique extérieure d'il y a dix ans, quand la Triple
Alliance avait trouvé en Italie un écho sympathique plus
par suite des tendances individuelles qu'en vertu des dispositions qu'elle comportait, quand se passèrent des événements qui heurtaient les sentiments d'une grande nation et
lésaient ses intérêts, à savoir le relâchement de nos
rapports politiques et la guerre commerciale avec la France,
ainsi que l'ascension de nos dépenses militaires au-dessus
de nos forces. Mais, depuis, la situation a changé de fond
en comble. Depuis cette époque, la Triple Alliance n'a
cessé de montrer son caractère pacifique. On a vu qu'en
fait elle n'impose pas d'augmentation des dépenses militaires, car ces dépenses ont pu être réduites à un niveau
correspondant à nos propres moyens. A l'alliance s'unissent
les traités de commerce avec les puissances alliées, et ces
traités ont eu pour effet de rendre plus cordiaux les rapports
politiques. Les événements ont également montré, par la
suite, que des relations intimes avec la France ne sont pas
inconciliables avec la Triple Alliance. Il y a même une
grande différence entre les circonstances présentes et celles
qui existaient quand je fis mon discours de 1891. On ne
peut méconnaître que la Triple Alliance a donné une base
solide à la politique italienne et a prêté un secours efficace
au maintien de la paix européenne ». Il reconnaît ouvertement l'action du gouvernement italien en Albanie, mais il
renvoie aux déclarations de Visconti-Venosta, en 1900, et
il déclare : « Je suis heureux de faire aujourd'hui la même
déclaration et de la faire mienne en pleine conscience et

(1) Vico Mantegazza accuse Prinetti et Zanardelli (ce dernier
avait aussi reçu quelques députations de Trieste et de Trente) d'avoir
appuyé le mouvement irrédentiste (Voir son livre *L'Altra Sponda*).

avec une assurance tranquille ». Prinetti accentue beaucoup
l'entente avec la France, lors de la séance de la Chambre
du 14 décembre, où il répond à une demande du député
Guicciardini que les négociations avec le gouvernement
français auraient eu pour résultat un « accord complet dans
les vues des deux parties au sujet des zones d'influence (1) ».
Cette déclaration du ministre est accueillie en France avec
joie. Le *Temps* écrit qu'à l'avenir il n'y aura plus de Méditerranée entre la France et l'Italie, et Alcide Ebray dit,
dans le *Journal des Débats*, que les paroles de Prinetti équivalent à la fondation d'une alliance franco-italienne. A ces
opinions de la presse française, le *Popolo Romano* répond
que l'entente avec la France déjà frayée par Visconti-Venosta
est maintenant parfaite, mais qu'il ne faut pas l'interpréter
comme altérant d'une manière quelconque la Triple Alliance.
La rencontre du duc de Gênes et de Loubet à Toulon, en
avril, sous le patronnage de Delcassé, et les discours qui y
sont échangés ne sont pas pris trop au tragique par la
presse allemande. A la suite de l'entrevue de Toulon,
Barrère déclare cependant à la réception des Français
établis à Rome, donné à l'occasion de la nouvelle année
(1902), que l'entente franco-italienne est absolue en ce qui
concerne les intérêts des deux pays dans la Méditerranée (2).

Crispi meurt la 11 août. Le *Norddeutsche Allgemeine
Zeitung* lui consacre de chaleureux adieux : « Il nous convient d'honorer avec gratitude la mémoire de l'homme qui
fut un promoteur zélé de l'alliance pacifique de l'Europe
centrale ».

Signalons à titre de détail tout au moins intéressant le
discours de Massabuau, député français, à la séance du 3 dé-

(1) Voir 1889.
(2) La déclaration de Barrère et les explications données par Delcassé à ce sujet ont bien été démenties dans le *Giornale d'Italia*
malgré Ojetti, mais Ojetti les maintient dans leur intrégralité dans
une dépêche à ce journal.

cembre lors de la discussion du budget de la guerre : il préconise l'adhésion de la France à la Triple Alliance, par exemple son union avec l'Allemagne et l'Angleterre. Une chose est certaine, dit alors le *Matin*, c'est que ce mot a été prononcé pour la première fois depuis 1870 à la tribune de la Chambre.

1902

C'est l'année du quatrième renouvellement de la Triple Alliance. On en indique la date au 28 juin. L'instrument du traité porte les signatures du Chancelier d'Empire von Bülow et des ambassadeurs Szögyény-Marich (Autriche-Hongrie) et comte Lanza (Italie). Suivant des informations concordantes, rien n'est changé à sa forme. En ce qui concerne la convention militaire, conclue en même temps, on annonce que les Etats alliés se sont entendus sur les points suivants : au cas d'une guerre entre la France et l'Allemagne, l'Italie doit envoyer des troupes sur le Rhin par le Tyrol, et au cas d'une guerre entre l'Autriche et la Russie elle doit faire passer un corps d'armée en Hongrie, pour gagner le Pruth, entrer en Bessarabie et faire campagne sous le haut commandement du Roi Charles de Roumanie ; de même des troupes austro-hongroises doivent marcher vers la Silésie prussienne par la Bohême, sous les ordres de Léopold de Bavière (1), gendre de François-Joseph Ier. Nous enregistrons cette version bien que toutes ses parties paraissent invraisemblables ; abstraction faite de son contenu, qui est absolument inconciliable avec la stratégie, on ne peut non plus guère admettre que des accords d'une telle nature, puissent obtenir la publicité.

(1) Voir ALBERT WIRTH, *Weltgeschichte der Gegenwart*, p. 24.

Les rapports franco-italiens avaient fait l'objet d'une vive
discussion avant le renouvellement des traités de Triple Alliance ; on voit dans la presse l'écho de bruits relatifs à un
accord définitif franco-italien au sujet de Tripoli (1), que l'autorité confirmera plus tard. Les journaux italiens sérieux ne
prennent position qu'avec hésitation en ce qui concerne ces
questions : le *Popolo Romano* dément bien l'échange de
documents entre l'Italie et la France, mais il concède qu'il
y a eu « échange de pensées » entre les gouvernements. La
Tribuna s'exprime avec plus de netteté ; elle avertit que
l'amitié avec la France trouble la Triple Alliance, elle prie
donc les Etats alliés de garantir avec une loyauté absolue
les intérêts de l'Italie et elle montre que les succès importants de la politique française doivent être une leçon pour
les puissances alliées.

Le 8 janvier, le Chancelier d'Empire Bülow parle au
Reichstag de ces discussions des journaux : « Il y a toujours eu des gens qui se sont sentis de temps en temps
pressés de tuer la Triple Alliance. Mais la Triple Alliance'
se réjouit encore de son excellente santé, et je pense et espère qu'il en sera d'elle comme des personnes dont on annonce faussement la mort et qui n'en vivent que plus longtemps. On a souvent tenu des propos inconsidérés sur
la nature, le genre et l'essence de la Triple Alliance.
Elle n'est pas une société d'acquisition. Elle n'est pas offensive, mais défensive, elle n'est pas agressive, mais pacifique à un haut degré. M. le comte Stolberg vient de dire
qu'elle ne repose pas sur une combinaison artificielle. C'est
tout à fait juste. Du point de vue historique, la Triple

(1) Voir 1899. L'accord assurait définitivement Tripoli à l'Italie
sur les bases des sphères d'intérêts délimitées par la convention du
21 mars 1899, où l'Italie promettait son désintéressement à l'égard
du Maroc. Le 5 juillet, Delcassé répondit à ce sujet à une question
du député Chastenet « que, en aucun cas et sous aucune forme,
l'Italie ne pourrait devenir ni l'auxiliaire, ni l'instrument d'une
agression contre notre pays ».

Alliance représente la conciliation entre les conquêtes nationales qui ont eu leur source dans les combats des années
60 et 70 et les principes de stabilité qui ont assuré la paix
de l'Europe pendant un demi-siècle, après la fin des tempêtes napoléoniennes, sur la base des traités de Vienne. La
Triple Alliance lie le passé au présent et assure l'avenir.
Elle n'exclut d'ailleurs pas les bonnes relations de ses membres avec les autres puissances. C'est sans raison, à mon
avis, qu'une partie, très petite il est vrai, de la presse allemande a manifesté un certain trouble à l'occasion des accords franco-italiens. Dans un ménage heureux, l'époux ne
doit pas non plus faire mauvais visage si sa femme fait un
innocent tour de danse avec un autre ; l'essentiel est qu'elle
ne le trompe pas ; elle ne le trompera pas si tout va pour le
mieux chez lui. La Triple Alliance n'impose à ses membres
aucune sorte de devoirs embarrassants ; en particulier la
Triple Alliance, à ce moment même où ceci a été mis en
avant dans la *Norddeutsche Allgemeine Zeitung*, d'après
les coupures qui m'ont été présentées, n'oblige aucun de
ses participants à maintenir des forces de terre et de mer à
une hauteur déterminée. Je croirais même volontiers que,
sans la Triple Alliance, tel ou tel de ses participants isolés
serait obligé à des efforts militaires plus considérables et à
de plus grandes dépenses de guerre que maintenant qu'il
est membre d'un groupe puissant. Les accords franco-italiens au sujet de certaines questions méditerranéennes ne
sont pas non plus contraires à la Triple Alliance. Elles
n'empiètent pas, en principe, sur le terrain de la Triple
Alliance ». Le Chancelier conclut: « Les buts de la politique
mondiale actuelle s'étendent sur des objets qui sont loin des
frontières de l'Allemagne. Je cite, par exemple, la côte septentrionale de l'Afrique, la Perse, l'Asie orientale. Si la
Triple Alliance n'est plus pour nous une nécessité absolue,
elle reste extrêmement précieuse comme garantie la plus
forte de la paix et du *statu quo*, abstraction faite qu'elle
constitue un lien de la plus grande utilité entre les Etats

qui doivent conserver de bons rapports de voisinage étant
donné leur situation géographique et leurs traditions historiques.

Prinetti, ministre italien des affaires étrangères, développe
son programme à la Chambre les 14 mars et 22 mai. Le 14
mars, il déclare : « Je puis assurer à la Chambre que les bons
rapports avec la France, mentionnés dans ma déclaration du
14 décembre et si heureusement rétablis, ne nuisent en aucune
manière à la vieille amitié traditionnelle entre l'Italie et
l'Angleterre. Je profite très volontiers de l'occasion pour
ajouter que les rapports anglo-italiens n'ont jamais pu être
plus cordiaux et plus intimes que maintenant ». Le 22 mai,
Prinetti répond à une demande du député San Martino relative à la question albanaise : « L'Italie et l'Autriche-Hongrie
sont d'accord pour voir dans le maintien du *statu quo* les
meilleures garanties de leurs intérêts réciproques. Mais les
deux gouvernements ne cesseront pas de voir avec un complet
désintéressement le développement naturel du peuple albanais. On a supposé que le renouvellement de la Triple Alliance pouvait nuire aux bonnes relations avec la France,
qui ont été rétablies d'une manière si heureuse. Bülow et Goluchowski ainsi que lui (Prinetti) avaient déjà déclaré auparavant que la Triple Alliance, qui a pour objet des
buts absolument pacifiques, et qu'elle était bien éloignée
d'empêcher l'une quelconque des parties contractantes
de participer à un accord avec de tierces puissances. La
Triple Alliance ne contient rien d'agressif contre la France,
rien qui en menace la tranquillité et la sécurité et, par
suite, aucune sorte d'obstacle au maintien et au développement de rapports cordiaux avec la nation latine sœur
de l'Italie. Comme on a affirmé que des conventions spéciales et des protocoles annexes ont été introduits dans le
traité de triple alliance qui en changeaient l'esprit politique
et lui donnaient un caractère agressif contre la France, il se
croit obligé de déclarer que ces protocoles et conventions
n'existent pas... » Aux yeux du ministre, une politique

extérieure, quelques succès qu'elle obtienne, ne pourrait être regardée comme aussi habile ni comme aussi heureuse si elle n'assurait pas au pays des rapports satisfaisants sur le terrain économique. L'avenir montrera si la politique qu'il suivra dans les négociations relatives aux traités de commerce sera avantageuse à l'Italie. Personne, certainement, ne pourrait le convaincre que le meilleur moyen d'obtenir de bons traités de commerce avec l'Autriche et l'Allemagne serait de ne pas renouveler les traités politiques. « Aucun nuage ne trouble l'horizon politique. Aujourd'hui le programme commun des puissances est de résoudre d'une manière pacifique les questions dont la solution exposerait autrement aux chances d'une guerre. En plein accord avec deux autres grandes puissances méditerranéennes, l'Italie est au mieux en situation de poursuivre dans le monde son œuvre de pacification et de réconciliation ». Le 15 décembre, Prinetti parle à nouveau de la question des traités de commerce en exprimant l'espoir que les négociations auront une issue favorable : les représentants italiens ont fait preuve, au cours de ces négociations, d'un esprit de haute impartialité et du vif désir d'arriver à une prompte décision. L'Italie trouve également bon accueil aussi bien de la part de Bülow (qui négocie en personne à Venise avec Prinetti) qu'auprès de Goluchowski, qui, malgré la contre-attaque des agrariens d'Autriche et de Hongrie, fait à l'Italie de précieuses concessions pour ses vins.

Le 28 août, le Roi d'Italie fait un voyage à Berlin. L'Empereur Guillaume souhaite la bienvenue à son hôte, lors du dîner de gala : il le salue comme « un allié fidèle après le renouvellement de l'alliance nouée entre Nous et Notre éminent ami, Sa Majesté l'Empereur et Roi François-Joseph, alliance qui se continue, ancienne et puissante, qui s'est implantée dans l'existence de nos peuples, et qui, après avoir assuré la paix en Europe pendant des dizaines d'années, continuera encore à l'assurer pendant longtemps ».

Le Roi d'Italie répond : « » Nos peuples progresseront sur
la route de la civilisation, garantis par cette vieille alliance
entre l'Italie et les deux puissances impériales, où l'opinion
générale aperçoit un emblême de la paix et de sa protection la plus efficace ».

Le 26 février et 18 mars, des scènes très scandaleuses se
déroulent à la Chambre autrichienne des députés ; le député Schönerer en forme le centre. Le chevalier von Schönerer déclare que son parti s'efforce de faire naître avec
l'Allemagne des rapports constitutionnels et termine son
discours par le cri : « Gloire et salut aux Hohenzollern ! »
La manifestation des nationalistes allemands soulève les
protestations des leaders des autres partis allemands :
Derschatta, Funke et Kathrein, et une note officieuse de la
Norddeutsche Allgemeine Zeitung les juge d'une manière
décisive.

Le projet de loi déposé le 21 mars au Landtag prussien
sur le renforcement du germanisme en Posnanie et en
Prusse occidentale donne aux Polonais et aux Tchèques
d'Autriche l'occasion d'une nouvelle agitation contre la
Triple Alliance. Le Club polonais demande à ses membres
de travailler à la Délégation « à libérer l'Autriche de la
suprématie allemande ». Quand l'Empereur d'Allemagne
parle de l' « orgueil polonais » lors de la consécration de
l'église Sainte-Marie à Marienburg, l'agitation augmente
encore en Autriche, d'autant plus que les pangermanistes
encensent l'Empereur à l'occasion de son discours. Le
27 mai, le Jeune Tchèque Kramarz demande que le ministère des Affaires étrangères intervienne dans la campagne
relative au détachement des catholiques de la papauté
(*Los-von-Rom-Bewegung*), et Goluchowski lui explique
que le gouvernement allemand a agi avec une correction
extraordinaire et qu'il n'y a aucun motif d'intervention. A
la séance de la Délégation du 7 mai, Kramarz se livre à de
violentes attaques contre la Triple Alliance, tandis que le
leader des Polonais, Kozlowski, justifie la politique de la

Singer   12

Triple Alliance malgré l' « attitude chicanière du gouvernement prussien à l'égard des Polonais ».

Dans la même séance, le comte Goluchowski parle du renouvellement imminent de la Triple Alliance : « Construite sur la base d'intérêts qui coïncident, dépourvue toujours de toute tendance agressive, l'union éminemment conservatrice des puissances de l'Europe centrale poursuit encore les buts pacifiques et sublimes, auxquels elle doit sa naissance, avec une confiance d'autant plus grande qu'on peut apercevoir dans ce groupement, après les déclarations répétées de gens fameux au sujet des buts non moins pacifiques de la Double Alliance qui se trouve en face d'elle, un complément et un développement extrêmement précieux de ses propres devoirs ».

Le discours de l'Empereur d'Allemagne à Marienburg fait l'objet, le 10 juin, à la Chambre autrichienne des députés d'une question à la présidence, mais le Dr. Körber, président du conseil, répond avec énergie aux attaques du Jeune Tchèque Klofac. Il est intéressant que, par suite d'une mystification, la direction de la police de Prague ait publié le 3 juillet un pamphlet contre l'Empereur d'Allemagne. Le 13 juillet a lieu à Tannenberg une grande fête nationale slave en vue de protester contre la politique polonaise de la Prusse. En ce qui concerne l'affaire de Wreschen, le *Fremdenblatt* de Vienne fait paraître une note officieuse disant que la preuve est produite à nouveau qu'il ne peut y avoir dans l'intimité des rapports entre les deux gouvernements de malentendus susceptibles de faire naître des difficultés.

Le 6 décembre, le président du conseil hongrois, de Széll, parle des négociations relatives au traité de commerce avec l'Allemagne et, le 12 décembre, il repousse une invitation de l'opposition à dénoncer les traités de commerce le 31 décembre.

Malgré les déclarations de Prinetti, la question albanaise fait toute l'année l'objet d'une vive discussion dans les journaux austro-hongrois et italiens. La société apulienne se voit concurrencée par l'*Ungarisch-Kroatische Seeschiffahrts-gesellschaft* qui organise des voyages réguliers pour la côte de l'Albanie. La même année A. di San Giuliano publie ses *Lettres d'Albanie,* d'abord dans le *Giornale dItalia,* puis sous forme de livre. C'est avec un intérêt particulier que l'on prend connaissance de la lettre, parue dans le numéro du *Giornale d'Italia* en date du 23 juillet (1), où San Giuliano parle de sa visite aux écoles d'Albanie. Il écrit au sujet des examens dans les jardins scolaires italiens : « Je ne cache pas que j'ai été ému lorsqu'aux premiers accents émouvants de la marche royale je vis ces enfants étrangers se lever et que je les entendis chanter en italien : *Viva l'Italia et viva il re* ». Giuliano a aussi assisté à une classe dans une école confessionnelle austro-hongroise : « L'hymne impérial autrichien y fut bien chanté, mais en italien, ce qui produit un effet contraire à celui que recherche l'Autriche ».

1903

Le Maroc, la Macédoine et le Venezuela, tels sont les problèmes de l'année. Les chefs d'Etat les traitent dans des rencontres personnelles. La Russie et l'Autriche-Hongrie se sont accordées sur un programme de réformes (2), au début d'octobre, au cours d'une entrevue des deux souverains à Vienne, c'est-à-dire à Mürzsteg : il s'agit de pour-

(1) Dans l'édition allemande, sous forme de livre, p. 49.

(2) « Le programme de réformes n'a pas donné de solution à la question d'Orient, il a seulement ajourné la solution de la question en maintenant le *statu quo*. » (RICHARD CHARMATZ, *Deutschösterreichische Politik*, 1907, p. 366).

suivre l'amélioration de la situation désespérée de la population chrétienne en Turquie d'Europe. L'Autriche-Hongrie et la Russie sont favorables à une action commune. Le Roi Edouard vient à Rome et à Paris. Le Roi et la Reine d'Italie sont reçus avec enthousiasme dans la capitale de la France. Mais, dans leurs rencontres, les souverains de la Triple Alliance affirment sur un mode solennel leur fidélité au pacte qui les unit. L'Empereur d'Allemagne, dans son discours du trône du 3 décembre, exprime sa joie rétrospective d'avoir eu « un échange personnel d'idées avec ses hauts alliés à Vienne et à Rome ainsi qu'avec le souverain ami de l'Empire russe ».

Les fêtes de Rome brillent d'un éclat particulier. Depuis qu'il porte la couronne impériale, Guillaume II vient à Rome pour la troisième fois ; ses fils ainés l'accompagnent. Des toasts cordiaux s'échangent au dîner de gala du 3 mai. Le Roi d'Italie qualifie l'entrevue de « gage » d'amitié intime : « Depuis trois générations déjà un lien solide existe entre Nos maisons, Nos armées et Nos peuples ». L'Empereur d'Allemagne répond : « J'y vois (dans la réception cordiale) la constatation que le peuple italien regarde avec une sympathie entière l'union de Nos deux nations et désire son maintien dans les mêmes conditions ». Le lendemain, le président Biancheri, dans une allocution à la Chambre, fait allusion à cet « échange de sentiments cordiaux entre le Roi Victor-Emmanuel et l'Empereur Guillaume » et parle de « l'inclination et de la sympathie qui unissent les nations italienne et allemande ». Parmi les comptes rendus de cette entrevue, un article du *Berliner Tageblatt* mérite une attention particulière : « L'affirmation solide de l'alliance dans la bouche des deux souverains pourrait tomber comme de la rouille sur les espérances de beaucoup d'hommes politiques étrangers qui, étant donné le fait d'autres rencontres avec des chefs d'Etat qu'a eues ou que peut encore avoir le Roi d'Italie, se sont crus justifiés à conclure que la Triple Alliance était deve-

nue un mot vide de sens. Est également importante la
déclaration de l'Empereur d'Allemagne que l'alliance est
restée « inchangée ». Le fait que l'Empereur d'Allemagne
a assujetti à la volonté du Vatican le cérémonial de sa
réception, d'une façon très nettement différente à ce qui
s'est passé pour le Roi d'Angleterre, l'hommage significatif
de l'Empereur au Pape est utilisé par la presse française
pour troubler les rapports entre l'Italie et l'Allemagne. La
Norddeutsche Allgemeine Zeitung prend position contre
une dépêche de l'*Agence Havas* suivant laquelle la nature de
la visite impériale chez le Pape a causé une impression pénible dans l'Italie officielle ; elle refuse tout fondement à
cette nouvelle : « Si à cette communication était liée l'intention de soulever l'opinion italienne contre l'Allemagne,
la tentative pourrait complètement manquer son but : en
fait les formes extérieures de la visite de Sa Majesté au
Pape à Rome ne pourraient que faire naître l'impression
tout à fait opposée à celle dont parle l'*Agence Havas*, car
l'observation de formes solennelles lors de la visite au
Vatican aux yeux du monde a montré combien peu le Pape
est troublé dans la jouissance de son droit de souverain ».
Vienne est mécontente que l'on n'ait pas pensé à l'Autriche-
Hongrie au cours de ces fêtes.

Le 18 septembre, des toasts extrêmement cordiaux sont
échangés à la Hofburg de Vienne. L'Empereur-Roi François-Joseph salue son hôte comme un « ami et allié fidèle »
et parle du « sentiment de chaude gratitude qui ornera le
tissu déjà si solide de nos rapports mutuels avec une force
nouvelle et certainement accrue ». L'Empereur d'Allemagne dit dans sa réponse : « La vue des fiers régiments
de Votre Majesté m'a causé une joie cordiale, car ils sup-
portent l'union de nos pays et consolident nos deux armées pour le bien de la paix en Europe ».

A l'occasion de la discussion du budget des Affaires
étrangères, le comte Bülow, Chancelier d'Empire, fait le
19 mars un long discours, où il donne des explications

détaillées sur la Triple Alliance. Le but principal de ses
développements parait être d'établir l'idée (qu'il avait
exprimée en janvier 1902 (1) et à laquelle s'était référé le
leader du centre, le baron von Hertling) que la Triple
Alliance n'est pas une nécessité absolue. Ces paroles
n'avaient eu que le but diplomatique d'améliorer la situation de l'Allemagne dans les négociations relatives au
renouvellement de la Triple Alliance, et elles étaient même
dirigées contre ces éléments qui avaient affirmé que le renouvellement de la Triple Alliance était plus nécessaire à
l'Allemagne qu'aux autres participants. Le comte Bülow
dit : « Le fait que le renouvellement de la Triple Alliance
a eu lieu au bon moment prouve que la Triple Alliance ne
repose pas sur des constellations politiques casuelles, transitoires ou artificielles, mais sur des intérêts et des besoins
durables, fondés sur les circonstances, d'une importance
égale pour chacune des trois puissances. La Triple Alliance
n'impose à notre développement intérieur et extérieur
d'autre limite que celles que requiert le maintien du *statu
quo* et en même temps de la paix. Elle se distingue de toute
une importante série d'alliances antérieures, et en particulier de la Sainte Alliance, qui y hésitait, voulant s'immiscer
dans le développement intérieur des Empires. Son renouvellement ne se fit pas sans retards ni difficultés. En Autriche-Hongrie comme en Italie, il existe des adversaires de
l'alliance ; la plupart sont également les adversaires des
institutions constitutionnelles de ces pays. Ils ont été soutenus par des courants anti-triplicistes dans les nations qui
ne font pas partie de la Triple Alliance. C'est pour réagir
contre cela que le renouvellement de l'alliance en a conservé le caractère défensif sans limitation ni affaiblissement. Nous nous en tenons à l'alliance avec notre fidélité
allemande, mais nous avons aussi toutes les garanties possibles que les puissances alliées nous sont fidèles. La Triple

(1) Voir 1902.

Alliance n'a rien à faire avec des questions de politique
douanière et commerciale. Le renouvellement ne serait pas
non plus acheté au moyen de concessions douanières ». Le
comte Bülow mentionne enfin la déclaration de Delcassé au
Parlement français, d'après laquelle l'Italie ne participera
jamais à une action offensive contre la France. Le Chancelier d'Empire ne peut que répondre en affirmant le caractère défensif de la Triple Alliance, mais il montre avec netteté que tous les cas d'alliance qui existaient auparavant
subsistent depuis le renouvellement, et il fait voir que
l'Italie est obligée de venir en aide à l'Allemagne au cas
d'une attaque française. Au cours de la même séance, le
comte Bülow prend une seconde fois la parole ; il y est
amené par la déclaration du Professeur Hasse, pangerma-
niste, contre le « chauvinisme magyar », à l'occasion du jugement de journalistes allemands en Hongrie, et dans laquelle cet orateur dénie tout caractère véridique au fait que
la Hongrie est le soutien principal de la Triple Alliance. Le
comte Bülow repousse ces attaques, et il exprime son regret au sujet de la manière dont Hasse a parlé d'un Etat et
d'un peuple qui est depuis longtemps un allié fidèle de
l'Allemagne. Comme preuve que le gouvernement allemand a adopté pour principe de n'influencer en aucune
façon la situation politique intérieure des Allemands sujets
de pays étrangers, le comte Bülow donne lecture de
quelques documents datant de l'époque où il était dans
l'administration : un rapport du consul général d'Allemagne à Budapest, en date du 22 février 1883, l'instruction
y relative du prince Bismarck, en date du 2 mars de la même
année, et enfin une instruction de Bismarck à l'ambassadeur d'Allemagne à Vienne, à cette époque : tous ces documents prouvent que l'Allemagne ne peut s'immiscer dans
les affaires intérieures de la Hongrie et que la politique
allemande ne peut pas plus intervenir en faveur des Allemands des provinces baltiques, parce que l'Allemagne
attribue au renforcement de l'unité de l'Etat hongrois une si

grande valeur politique que les « besoins d'humeur »
doivent se réfréner.

Ce discours de Bülow provoque une interpellation des
députés pangermanistes Schönerer et consorts à la Chambre
autrichienne des députés (3 avril) : « Le président du conseil a-t-il l'intention d'attirer l'attention du ministre commun des Affaires étrangères sur le fait que les Allemands
d'Autriche devraient de plus en plus refuser leur sympathie
et leur appui à l'alliance avec l'Empire allemand, si le gouvernement de cet Empire ne veut pas comprendre les intérêts nationaux des Allemands en Autriche-Hongrie ni y
prendre part? »

La même année la question de l'Université d'Innsbruck
devient grave et exerce une mauvaise influence sur les rapports austro-allemands. Le 10 mai paraît une circulaire du
ministre de l'instruction publique, aux termes de laquelle
l'Université d'Innsbruck doit être maintenue comme école
supérieure de langue allemande. Les troubles qui se
produisent à l'université d'Innsbruck sont suivis de manifestations austrophobes à Rome. D'autres démonstrations ont également lieu dans diverses villes italiennes,
et l'autorité militaire se voit obligée d'intervenir. Le
petit état de siège est déclaré à Rome le 2 juin, mais le
gouvernement ne tarde pas à se rendre maître du mouvement. Le 15 décembre (le cabinet Giolitti s'était constitué le 2 novembre 1903), la Chambre discute le budget
des affaires étrangères, et à cette occasion le nouveau
ministre de ce département, Tommaso Tittoni, fait son
discours d'entrée, qui ne laisse rien à désirer, en ce qui
touche à la situation de l'Italie dans la Triple Alliance
et aux conséquences qui en résultent, au point de vue de
clarté et de la décision. A la Chambre on n'a pas entendu
depuis des années de la bouche d'un ministre un discours
aussi franc au sujet des machinations irrédentistes. Le ministre refuse d'intervenir dans la question de l'Université
d'Innsbruck et déclare que les liens qui unissent l'Autriche-

Hongrie et l'Italie sur le terrain de l'alliance doivent être aussi étroitement noués que ceux qui unissent l'Allemagne et l'Italie. L'Italie restera fidèle à la Triple Alliance, garantie puissante de la paix, qui ne fait pas obstacle à l'amitié traditionnelle de l'Angleterre, ni à l'amitié heureusement rétablie entre le pays et la France.

Le 16 décembre, le comte Goluchowski fait à la commission de la Délégation hongroise son exposé sur la situation extérieure, consacré pour la plus grande partie aux questions balkaniques. L'introduction de l'exposé rappelle le renouvellement de la Triple Alliance que Goluchowski qualifie de « base de notre politique pacifique ». Le ministre parle de la « liberté de mouvement » de tous les participants, qui leur permet de s'occuper de leurs intérêts particuliers avec le plus d'attention possible, car l'union étroite existant entre eux crée un appui mutuel qui apporte un concours puissant à leurs actions particulières. Dans un passage ultérieur de son discours, le ministre parle des manifestations irrédentistes, mais il reconnaît « les efforts corrects du gouvernement italien en vue de mettre un frein à de douteuses aberrations » ; ces efforts auraient plutôt contribué à ramener sans tarder le calme désiré et « à garantir de troubles plus sérieux les bonnes relations que nous devons avoir à cœur ainsi que le royaume voisin ».

1904

Les problèmes et les conflits de cette année sont très éloignés de la sphère d'intérêts de la Triple Alliance : la guerre russo-japonaise et l'attaque de bateaux de pêche anglais par la flotte russe, le Thibet, la question du Maroc qui trouve l'Angleterre aux côtés de la France, le soulèvement des Herreros occupent les forces diplomatiques et militaires de l'Europe dans des pays lointains. Seuls les troubles de Macédoine, la question albanaise et, avec cela, tout l'ensemble des affaires balkaniques se glissent entre les deux puissances alliées, l'Autriche-Hongrie et l'Italie, mais les motifs de discussion qui apparaissent sont écartés par l'intervention de la troisième nation alliée au moyen de rencontres personnelles des premiers ministres des deux Etats intéressés (1). Après le voyage de l'Empereur d'Allemagne à Naples et une entrevue de Bülow et de Tittoni, une rencontre a lieu entre Goluchowski et Tittoni à Abbazia, et un accord y est conclu qui se refère à la politique des Balkans, et qui n'est pas détruit par l'explosion des haines nationales à l'occasion des événements d'Innsbruck. Tittoni parle à la Chambre des députés, le 14 mai, de sa rencontre avec Goluchowski : « Je suis très sastisfait de ma visite au comte Goluchowski : car nous y avons parlé tous deux avec une grande liberté d'esprit et il ne nous a pas été difficile de nous comprendre ; nous nous sommes séparés avec un sentiment de confiance réciproque qui ne manquera pas d'exercer une influence favorable sur les rapports des deux Etats ».

D'après des renseignements tous concordants, l'entrevue d'Abbazia, embrasse l'ensemble des questions balkaniques, comme c'était d'ailleurs stipulé par écrit. Dans le discours que nous venons de rappeler, Tittoni traite la question macédonienne aussi bien que la question albanaise, il parle d'une « convention spéciale de non-intervention réci-

(1) En ce qui concerne la Macédoine, l'Autriche-Hongrie prend elle-même l'initiative de nommer un général italien à la haute direction de la gendarmerie (voir les rapports du duc d'Avarna à Rome dans le Livre Vert sur la Macédoine). Mais dans la question du projet de réforme financière apparaissent des divergences de vues (derrière l'Italie se trouve l'Angleterre). Le 9 août paraît une note de l'Autriche-Hongrie au gouvernement italien sur les différends entre fonctionnaires civils austro-hongrois et russes d'une part et le commandant de la gendarmerie, le général de Giorgis de l'autre.

proque » et il fait la constation suivante : « Notre attitude désintéressée nous a gagné en Orient la confiance de la Turquie et en même temps la sympathie des Etats balkaniques ». Voici maintenant le passage relatif à l'Albanie : « L'Albanie en soi n'a pas une grande importance, son intérêt particulier réside dans ses ports et ses côtes, dont la possession équivaudrait pour l'Autriche et l'Italie à la suprématie incontestée dans l'Adriatique. Ni l'un ni l'autre de ces pays ne peut en disconvenir, et, si l'un des deux s'efforçait d'acquérir ainsi la prédominance, l'autre s'y opposerait par tous les moyens. Comme les deux Etats préfèrent la paix et désirent sérieusement conserver leur alliance, ils ont renoncé à toute occupation de l'Albanie au cas de rupture du *statu quo*. Comme le comte Goluchowski me l'a dit avec raison, si l'Autriche et l'Italie veulent vivre en paix, l'Albanie doit rester pour toutes deux un *noli me tangere*. Avec ce principe on ne peut craindre dans les Balkans ni occupations imprévues ni surprises ». Le ministre affirme aussi que les rapports avec l'Autriche-Hongrie sont très cordiaux et s'inspirent de la plus grande confiance réciproque, qu'il règne une concordance parfaite des désirs relatifs aux intérêts réciproques dans la politique balkanique. La Triple Alliance est tout à fait pacifique, ne possède aucun caractère offensif et poursuit le seul but de se défendre contre qui voudrait troubler la paix.

La presse des deux pays est très satisfaite de l'entrevue d'Abbazia et du discours de Tittoni. Le *Mattino* dit que la rencontre d'Abbazia, à la veille de la visite du Président Loubet, fait ressortir d'une manière solennelle la force vitale de la Triple Alliance.

La rencontre de l'Empereur d'Allemagne et du Roi Victor-Emmanuel dans le golfe de Naples, le 26 mars, est considérée par la presse de la Triple Alliance comme une fête en l'honneur de cette union (1). Au déjeuner qui a lieu

(1) L'*Italie* dit que les toasts échangés à cette occasion montrent la « renaissance triomphante de la Triple Alliance ».

à bord du *Hohenzollern*, le Roi Victor-Emmanuel porte un
toast en italien ; il y salue l'Empereur en le qualifiant d'ami
fidèle et de confiance : « Les liens qui, depuis de si longues
années et dans des conditions si heureuses, unissent nos
Etats entre eux et avec notre alliée commune étaient déjà
la plus forte garantie de la paix européenne. Puissent ces
liens toujours exister, constamment soutenus par notre
confiance en l'alliance et par le sentiment de nos peuples
qui se sont rapprochés déjà dans le passé par la similitude
de leurs destinées politiques et nationales et qui sont maintenant unis, dans l'effort commun vers un développement
pacifique dans l'avenir ». L'Empereur Guillaume répond en
allemand : « L'idée de la Triple Alliance imprègne d'une
façon indélébile l'âme de nos sujets. L'alliance conclue par
Nos augustes prédécesseurs et le chef vénéré de la Maison
de Habsbourg est une bénédiction pour nos peuples, et,
comme elle est devenue pour l'Europe un gage de paix, le
développement pacifique des nations durera sans interruption sous sa protection. Je prie Votre Majesté de Me permettre de lever mon verre aux accords conclus et toujours
appliqués avec fidélité... » Le même jour, Santini demande
à la Chambre d'envoyer à l'Empereur Guillaume un télégramme de salutions et le président Biancheri complète
cette motion en priant la Chambre d'exprimer sa joie au
sujet de l'union incorporée dans les deux souverains. La
motion est votée à l'unanimité.

L'exposé fait par le comte Goluchowski avant Noël de
l'année précédente est discuté le 12 janvier par la commission du budget de la Délégation autrichienne. Le Dr. Kramarz, Jeune Tchèque, qualifie la politique tripliciste d'ar-
chéologie, et le comte Goluchowski répond que « cette constellation a été non seulement jusqu'à présent la base de
notre politique, mais qu'elle le resterait longtemps
encore ».

Les Délégations siègent encore une fois la même année ;
ceci permet au comte Goluchowski de faire à la séance

de la commission autrichienne du budget le 16 mai, un
nouveau rapport sur la situation extérieure et il s'y réfère
à sa récente entrevue avec Tittoni : « Les manifestations
regrettables qui ont eu lieu en Italie (1) et qui ont leur origine dans les efforts effrénés de certains politiciens d'occasion et agitateurs fanatiques peuvent maintenant être considérées comme appartenant au passé en raison de l'attitude
raisonnable, énergique et strictement favorable à l'alliance
du gouvernement royal de l'époque, et ma récente entrevue
à Abbazia avec le ministre italien des Affaires étrangères
n'a pu que me renforcer dans la conviction que le souci de
rapports de confiance intime entre nous et l'Empire voisin
n'a pas moins de valeur dans les cercles politiques importants de Rome que dans notre milieu, car on y est tout
autant persuadé que chez nous qu'il faut conserver à ces
rapports le cachet d'une réciprocité des plus loyales, qu'il
faut même toujours y voir un auguste devoir. Ma conversation avec Son Excellence M. Tittoni, s'est mue dans
le cadre de ces principes conservateurs qui gouvernent
notre politique d'une manière durable et que l'Italie a fait
siens, en particulier à l'égard des questions balkaniques ».

A la fin de l'année, une certaine nervosité fait son apparition dans la presse des Etats de la Triple Alliance et elle
se renforce en raison des difficultés auxquelles se heurtent
les négociations des traités de commerce des trois pays.

(1) Il s'agit toujours de la question de l'Université d'Innsbruck,
qui donne une fois de plus en novembre le signal de démonstrations à l'occasion de l'ouverture de la faculté italienne de droit. Le
18 novembre, 58 étudiants italiens arrêtés sont relâchés. L'occasion
se présente de parler de cette question au Reichsrat autrichien et le
président Körber trouve des paroles chaleureuses en faveur de la
paix nationale.

1905

Les dissentiments entre les Etats de la Triple Alliance trouvent dans la presse un écho cent fois répété. Aucun des facteurs prépondérants ne pense d'ailleurs, même d'une façon très lointaine, à la dissolution de la Triple Alliance, mais les ennemis de cette union attribuent la plus grande importance aux différends qui éclatent, — à tort, il est vrai, — car en fin de compte tous ces différends disparaissent une fois de plus, et l'Empereur Guillaume, dans son discours du trône de la fin de l'année (28 novembre), affirme à nouveau avec netteté l' « alliance à toute épreuve » et rappelle ses buts pacifiques avec une force particulière.

Ces différends émeuvent les trois Etats alliés. Les négociations relatives aux traités de commerce se terminent heureusement, ce qui fait disparaître une source d'agitation anti-tripliciste. Entre l'Italie et l'Allemagne, il y a la question du Maroc qui, aggravée par le voyage de l'Empereur à Tanger, menace la paix mondiale pendant un certain temps. L'entente franco-russe travaille à une guerre, jusqu'à ce que Delcassé soit obligé de donner sa démission le 6 juin. Le voyage de l'Empereur Guillaume II en Italie (1) et le voyage de Witte à Berlin et Rominten éclaircissent quelque peu la situation.

(1) L'Impératrice s'était rendue en Sicile avec les Princes Eitel-Frédéric et Oscar. L'Empereur les rencontre le 6 avril à Naples, et un banquet a lieu au palais du Roi, où des toasts sont échangés. Le Roi d'Italie parle du « lien réciproque d'amitié intime, qui représente pour les deux nations alliées un gage de paix et d'avenir prospère ». Dans son toast, l'Empereur d'Allemagne dit : « La Triple Alliance est un gage de paix solide et certain et Nos peuples alliés se réjouissent du sublime développement de leurs forces sous son ombrage ».

La question polonaise occupe l'Allemagne et l'Autriche-Hongrie. Une allusion par le ministre des finances prussien, le baron von Rheinbaben, faite aux hobereaux de l'Est de l'Elbe le 13 février, lors de la première discussion des traités de commerce, suscite les reproches violents des Polonais autrichiens. D'après le *Fremdenblatt,* Goluchowski fait à Berlin des représentations, qui ont pour résultat des déclarations amicales pleinement satisfaisantes. La question vient en discussion le 9 mars à la Chambre autrichienne des députés. Gautsch, président du conseil, affirme l'exactitude du communiqué publié dans le *Fremdenblatt,* mais refuse aux pangermanistes la communication des écrits échangés.

L'Allemagne doit à nouveau intervenir entre l'Autriche-Hongrie et l'Italie. Certes, lors de la visite de Goluchowski à son collègue italien Tittoni, à Venise (29 avril), on arrive à une entente totale destinée à compléter les conventions d'Abbazia relatives à la question macédonienne, mais bientôt naît un différend qui menace d'avoir les suites les plus sérieuses. Marcora, président de la Chambre, parle de « notre » Tyrol dans l'oraison funèbre d'un vétéran des combats de 1866. Goluchowski fait à Rome des représentations et le gouvernement italien exprime son regret au sujet de cette affaire et assure que le président de la Chambre est éloigné de toute tendance irrédentiste. Le ministre Tittoni (1) doit avoir déclaré sans ambages au comte Goluchowski que la manière dont le gouvernement austro-hongrois voulait que le différend Marcora fût résolu porterait un tort considérable à l'atmosphère politique de la Triple Alliance et en particulier aux rapports de l'Italie avec l'Autriche-Hongrie, parce que la satisfaction apparente, que les convenances ne permettaient pas à l'Italie de refuser serait exploitée avec succès par tous les éléments anti-triplicistes comme une humiliation de l'Italie par l'Autriche-

(1) Voir la *Neue Freie Presse* du 29 septembre.

Hongrie. Le différend Marcora, de même que les différends suscités par la question des Balkans, amènent Tittoni à faire appel à la médiation de Bülow. L'entrevue des deux hommes d'Etat à Baden-Baden (le 29 septembre) permet le mieux possible d'atteindre ce but ; en particulier, elle donne des indications sur l'objet final du renforcement entrepris par l'Autriche-Hongrie de ses garnisons dans le Sandjak de Novi-Bazar. Le 6 décembre, Bülow peut annoncer au gouvernement allemand que « tout dissentiment » est écarté entre l'Autriche-Hongrie et l'Italie. En fait, dès le 23 novembre, l'Italie s'était unie à la monarchie danubienne pour faire contre la Porte une démonstration navale à laquelle prirent également part, sous le commandement d'un amiral austro-hongrois, la Russie, l'Angleterre et la France.

Le 9 février, Tittoni fait au Sénat un discours où il dit, entre autres choses : « Entre l'Italie et l'Autriche-Hongrie règnent un accord sincère et une grande confiance. Les soucis du gouvernement austro-hongrois au sujet des agitations irrédentistes ont cessé de se manifester en raison de l'attitude loyale du gouvernement italien. L'opinion publique est d'ailleurs maintenant troublée par deux faits : la multiplication des forces autrichiennes en présence sous les drapeaux et la situation en Macédoine. D'après une déclaration de l'Autriche le premier fait n'a eu d'autre cause que certains événements imprévus. La question macédonienne n'est qu'une raison de plus pour l'Italie de rendre plus intimes ses relations avec l'Autriche-Hongrie et la Russie qui y remplissent un mandat européen.

La discussion du budget des affaires étrangères à la Chambre italienne (12 mai) donne à plusieurs députés radicaux l'occasion d'attaquer la Triple Alliance et en particulier l'Autriche-Hongrie. Le député Artoni demande au ministère des affaires étrangères de faire en sorte que les alliés de l'Italie accordent plus de considération à ses intérêts. Le débat est clos sur un discours très important de Tittoni. Un député regrettait que dans le toast du Roi à Naples la Triple-Alliance n'ait pas été nommée : le ministre lui répond par le mot « Vlan ! » et la Chambre se met à rire. Des bravos retentissent avec force quand le ministre parle des entrevues d'Abbazia de Venise avec Goluchowski. « C'est dommage, dit-il, de discuter en ce moment à qui la Triple Alliance offre plus ou moins d'avantages, car, on l'a montré, elle est un facteur précieux du maintien de la paix en Europe. Nous la considérons toujours comme un gage et une garantie de la paix et comme un élément important de notre politique. Lorsque l'Empereur Guillaume a été l'hôte bien accueilli de l'Italie et de son Roi, et que Goluchowski a répondu à Venise avec la même courtoisie à la visite que je lui avais rendue à Abbazia, le premier événement n'avait pas pour but de rendre plus étroits les liens de la Triple Alliance, qui ne s'étaient pas relâchés, et la rencontre de Venise n'avait pas pour objet d'améliorer les relations avec l'Autriche-Hongrie, qui sont au mieux, ou de rendre encore plus intime l'entente déjà conclue et parfaite. » Le ministre affirme ensuite : « Toutes les questions balkaniques ont été discutées et résolues à fond ; l'Allemagne n'avait d'autre désir que de voir subsister l'entente entre l'Italie et l'Autriche-Hongrie ». Tittoni termine sa discussion détaillée de la question macédonienne et albanaise par les paroles suivantes : « Je suis aujourd'hui très heureux de déclarer à la Chambre que le comte Goluchowski se trouve pleinement d'accord avec moi sur le fait et que, dès que l'on s'occupera de mettre en application l'article III du programme de Mürzsteg sur la réorganisation de l'administration macédonienne, ces districts où les Albanais ont la majorité et qui font aujourd'hui partie de la Macédoine devront être réunis à l'Albanie proprement dite. » Après le discours de Tittoni, le *Popolo Romano* écrit : « L'entente de l'Italie et de l'Autriche-Hongrie dans la question des cercles albanais de Macédoine est la meilleure preuve de la sincérité et de l'honorabilité des relations réciproques des deux Etats alliés ».

Singer 13

Dans son discours déjà cité du 6 décembre (à l'occasion de la première discussion du budget), Bülow déclare : « Le détachement de l'Italie de la Triple Alliance n'est pas à craindre, comme je l'ai déjà dit avant le renouvellement de cette alliance survenu entre temps. L'Italie n'a pas adhéré dans un accès de sentimentalité mal éclairée, mais parce qu'elle y trouve également son compte. Les raisons qui ont groupé les trois grands Etats existent encore maintenant, rien ne s'est produit qui fût susceptible de les modifier. De même qu'entre l'Allemagne et l'Autriche-Hongrie, il n'y a pas, entre l'Allemagne et l'Italie, la moindre opposition d'intérêts. Des malentendus ont eu lieu entre l'Autriche-Hongrie et l'Italie. Mais ces malentendus ont été écartés par de la bonne volonté réciproque et par des avances mutuelles. C'est l'Allemagne qui sert de trait d'union entre l'Autriche-Hongrie et l'Italie, et elle est l'alliée naturelle de chacun des deux Empires. Le gouvernement italien actuel voit dans la Triple Alliance le fondement de sa politique extérieure, mais, en outre, la grande majorité du peuple italien est assez patriote et assez sage pour s'apercevoir qu'une Italie détachée de la Triple Alliance devrait être encore plus forte que maintenant si elle ne veut pas s'exposer au danger que n'ignore guère chaque Italien au courant de l'histoire de son pays. Si l'Italie est maintenant sollicitée de plus d'un côté, il n'y a pas à contester qu'elle a gagné de la valeur à l'égard des autres Etats par son attachement à la Triple Alliance. Celle-ci maintiendra la paix et le *statu quo* en Europe. Ce sera son point de départ. C'est pourquoi nous avons conclu la Triple Alliance, c'est pourquoi nous l'avons renouvelée, c'est pourquoi nous nous y maintenons d'une manière indissoluble. Mais, Messieurs, l'Allemagne doit être assez forte pour pouvoir s'affirmer sans ses alliés au cas de danger. Elle doit pouvoir défendre seule sa situation dans les pires circonstances. Ces circonstances ne se sont pas présentées et nous espérons qu'elles ne se présenteront pas, mais nous ne pouvons jamais perdre des yeux cette possibilité. Nous devons toujours nous souvenir des paroles que, dans son dernier grand discours, dans son discours impérissable du 6 février 1888, le prince Bismarck prononça au sujet du traité d'alliance qui existait déjà : « Nous devons être assez forts pour pouvoir résister à toute éventualité, indépendamment des circonstances et avec le sentiment personnel d'une grande nation qui prend en ses propres mains sa propre destinée ».

Concluons cette revue de l'année par une révélation — de qualité douteuse — du député hongrois Géza Polónyi : au cours d'une visite auprès de François-Joseph, l'ambassadeur d'Allemagne à Vienne, le comte Wedel, aurait, après avoir reçu des instructions de Berlin, approuvé les projets de l'Empereur-Roi contre les exigences militaires de la coalition hongroise. Il lui est officiellement répondu que l'ambassadeur d'Allemagne ne s'est immiscé en aucune façon dans les affaires intérieures de la monarchie, en particulier dans la question de la langue dans laquelle devaient se faire les commandements, et que l'audience en question n'a jamais eu lieu.

1906

Algésiras est la grande affaire politique de l'année. L'Autriche-Hongrie se tient bravement aux côtés de l'Allemagne : « Une belle action de l'alliée fidèle ». Le représentant de l'Italie, Visconti-Venosta, se prononce pour la France sur l'ordre de Guicciardini, son ministre ; il n'est pas étonnant que la presse allemande parle de l'abandon de la Triple Alliance par l'Italie et mette en doute le renouvellement du traité qui unit trois participants. Un dissentiment profond naît également entre l'Autriche-Hongrie et l'Italie, et la monarchie danubienne est ainsi amenée à des mesures militaires (1) dans le Tyrol méridional. Nous

(1) La même année on constitue les régiments de Landesschütze,

n'avons pas ici mission de discuter en détail la question du Maroc ni de retracer le cours de la conférence d'Algésiras, nous ne voulons établir que leurs rapports avec la Triple Alliance.

Lorsque le nouveau cabinet italien Fortis se présente le 30 janvier devant la Chambre et que le président du conseil développe son programme, il déclare que l'Italie est fidèle à la Triple Alliance et qu'elle coopère au sein de la conférence d'Algésiras « à l'œuvre de conciliation que l'on désire non sans raison » — et c'est tout. Sonnino, son successeur, est lui aussi très bref dans son discours d'entrée à la Chambre, le 8 mars : fidélité sincère à la Triple Alliance... action désintéressée à Algésiras et médiation zélée. Le 20 février, Gautsch, président du conseil en Autriche, parle du Maroc et se déclare en faveur du principe de l'égalité des droits et de la « porte ouverte ». Entre temps, le projet du délégué austro-hongrois, le comte Welsersheimb, est pris comme base de débrouillement, et ce projet, une fois vidé l'incident Lamsdorff-Cassini, assure aux négociations un avancement salutaire. Le *Börsencourier* écrit déjà : « L'Italie a trouvé la formule de la fidélité à la Triple Alliance et de l'amitié intime avec la France, mais on voudrait bien savoir comment elle conciliera les deux choses le cas échéant ». Dans la séance du Reichstag allemand du 5 avril (où Bülow tombe sans connaissance), le baron von Hertling, qui prend la parole après le bref discours d'introduction du Chancelier d'Empire, constate que l'attitude de l'Italie a provoqué un certain trouble ; Bassermann dit qu'il ne veut pas rechercher si l'Italie, pour employer une figure du Chancelier d'Empire, est une épouse fidèle ou non, mais qu'en tout cas les événements ont montré que l'ami français de la maison n'est pas sans danger.

Le 13 avril la presse publie le télégramme suivant adressé

---

une sorte de chasseurs alpins, avec siège à Bolzano. Les soldats de ces régiments ont une chanson de marche avec le refrain suivant : « Le Welsche est encore trop petit, chaque coup doit l'atteindre ».

par l'Empereur Guillaume au comte Goluchowski, ministre
austro-hongrois des affaires étrangères : « A l'instant où j'ai
envoyé, avec l'assentiment de votre très gracieux maître,
la grande croix de l'ordre de l'aigle rouge au comte Welsersheimb, pour le remercier de ses efforts et de son succès
à Algésiras, J'ai hâte de vous exprimer de tout cœur mes
remerciements sincères pour l'appui inébranlable que vous
avez donné à Mon envoyé ; c'est là une belle action de l'allié
fidèle. A l'épreuve vous vous êtes montré l'auxiliaire brillant
et vous pouvez être assuré, dans un cas de ce genre, de services analogues de Ma part. Guillaume II. R. » La dépêche
est naturellement très commentée dans les journaux européens. Les feuilles hostiles à la Triple Alliance sont una-
nimes dans leurs attaques contre l'Empereur d'Allemagne.
La presse tchèque d'Autriche voit dans le télégramme une
humiliation de l'Autriche-Hongrie, ce que le *Fremdenblatt*
réfute avec énergie. Les journaux français imputent à l'Allemagne l'intention d'acquérir un port sur la Méditerranée et
affirment que l'Empereur Guillaume veut réunir une conférence sur l'Ethiopie pour régler la succession de Me-
nelik. L'opinion des journaux italiens est intéressante. Le
Corriere della Sera aperçoit dans la dépêche de l'Empereur
Guillaume une manifestation contre l'Italie et dit qu'il faut
s'attendre à de nouvelles démonstrations encore plus sévères. Le télégramme a trait, sans aucun doute, à la Mer
Adriatique. La *Tribuna* désire le retour de la politique italienne à la voie où l'a laissée le ministère Giolitti-Tittoni.
Le député Barzilleri écrit dans le *Matin* : « L'Allemagne
nous fait expier le crime de notre entente avec la France et
l'Angleterre, il n'y a pas à douter que la Triple Alliance
cessera d'exister le 21 juin 1908 ». *Il Domani* parle de
l' « attitude arrogante de la canaille teutonne » ; seul, le
Giornale d'Italia croit en la durée de l'alliance. Le *Popolo
Romano* met en lumière la compassion chaleureuse de
l'Allemagne à l'occasion de la catastrophe survenue en
Italie méridionale.

Guicciardini se fait interpeller, le 24 avril, au Sénat au sujet de ces courants d'opinion. Le sénateur Demartini donne à sa question un ton très amical pour la Triple Alliance (1), puis le ministre italien des affaires étrangères constate que le résultat de la Conférence d'Algésiras est aussi favorable pour l'Allemagne que pour la France : « L'activité italienne, enchaînée par un accord spécial conclu avec la France (2), était une œuvre de conciliation et de médiation, dont le but a été parfaitement atteint, car aucune puissance n'a porté préjudice à la Conférence dans ses intérêts matériels ou dans son prestige moral ». Il renouvelle les déclarations faites le 8 mars par Sonnino et se dit favorable à une continuation formelle de la politique tripliciste, qui est aussi une garantie pour les intérêts italiens dans la péninsule des Balkans. Pour conclure, le ministre affirme les rapports cordiaux de l'Italie avec l'Autriche-Hongrie et la confiance mutuelle dont sont animés les gouvernements de Rome et de Vienne. Le 23 mai, Bassermann, chef des nationaux-libéraux, critique le télégramme de l'Empereur Guillaume « qui a fait faire du mauvais sang à l'Autriche, indisposé la Hongrie et provoqué l'irritation de l'Italie ». Le baron von Tschirschky und Bögendorff, nouveau secrétaire d'Etat des affaires étrangères, lui répond. Il arrive d'ailleurs tout de suite au télégramme de l'Empereur et revendique pour celui-ci le droit de choisir librement ses paroles, droit que possède toute personne privée. Il donne ensuite l'assurance que la Triple Alliance subsiste après comme avant et qu'en particulier il a reçu peu de temps auparavant les déclarations les plus formelles, à cet égard, de l'ambassadeur d'Italie. Le voyage en cours de l'Empereur à la Cour de Vienne ne révèle aucune tendance hos-

(1) Le même jour, le président comte Ballestrem, à l'ouverture de la séance du Reichstag allemand, prononce au sujet de la catastrophe du Vésuve quelques paroles qui trouvent en Italie un accueil très sympathique.

(2) Voir 1902.

tile contre l'Italie ou l'Angleterre. Le discours de Tschirschky est accueilli avec beaucoup de satisfaction par la presse italienne. La *Patria* espère qu'il mettra fin à tous les malentendus, et la *Tribuna* remercie le secrétaire d'État de sa franchise et de sa netteté. L'échange de télégrammes à l'occasion de l'entrevue de l'Empereur Guillaume et de François-Joseph à Vienne amène un changement complet de l'opinion. Les deux souverains adressent de Vienne au Roi d'Italie la dépêche suivante : « Réunis à deux, nous envoyons à notre troisième allié fidèle l'expression de notre amitié invariable ». Le Roi Victor-Emmanuel répond : « Je partage la satisfaction de Votre Majesté et de Sa Majesté l'Empereur d'Allemagne au sujet de Leur rencontre, et je prie les deux alliés d'agréer avec mes remerciements pour Leur aimable dépêche l'assurance de mon amitié fidèle et indestructible. » L'entrevue des Empereurs donne à la *Vossische Zeitung* l'occasion d'insérer un article préalable intéressant où l'on donne à comprendre que l'Empereur Guillaume éprouve le besoin d'apporter à l'Empereur François-Joseph ses remerciements personnels pour l'appui qu'il a donné à Algésiras. En Hongrie, où la coalition a pris le pouvoir, la visite de l'Empereur est considérée comme ayant dirigé sa pointe contre l'Italie, malgré les déclarations de Guicciardini au sujet de la continuation invariable de la Triple Alliance et bien que l'on soit revenu sur la retraite déjà décidée de Lanza, ambassadeur d'Italie à Berlin, et l'Italie, où Louis Kossuth, le père, et François Kossuth, le fils, avaient trouvé asile pendant tant d'années, est considérée comme « l'amie et l'alliée traditionnelle de la Hongrie ». L'organe du parti de l'Indépendance, *Egyetértés*, prend très violemment à partie l'Empereur Guillaume qu'il qualifie d'ennemi de la Hongrie. Les partis de la coalition entreprennent aussi à la Délégation de faire un assaut contre la politique tripliciste que le baron de Burian, ministre commun des finances, défend à la séance du 27 juin en déclarant que le comte Goluchowski, ministre

des affaires étrangères, a attaché beaucoup de prix à l'intervention faite à Algésiras. Le ministère des affaires étrangères distribue d'ailleurs le 25 novembre aux Délégations
un livre rouge sur la conférence d'Algésiras.

Auparavant, dès le 11 juin, Goluchowski (1) avait donné
à la Délégation hongroise des détails sur l'attitude de l'Autriche-Hongrie dans la question marocaine et, en particulier,
sur le rôle médiateur de Welsersheimb ; il affirmait que
les relations solides et inébranlables avec l'Empire allemand formaient la « pierre angulaire de ce système politique qui a subsisté pendant plus d'un quart de siècle ».

En novembre et en décembre les parlements discutent
encore à propos d'Algésiras. Le 14 novembre, le prince
Bülow fait son apparition au Reichstag pour la première
fois après sa maladie afin de répondre à une interpellation
du député national-libéral Bassermann. Son discours est
le plus long qu'il ait jamais fait, le plus long peut-être qu'un
chef de gouvernement ait prononcé en Allemagne. C'est un
exposé compréhensif de toutes les questions de politique extérieure. Bassermann posait entre autres la question concrète
de savoir si l'attitude de l'Italie à Algésiras avait correspondu à l'attente des alliés et si l'Italie, au cas d'une guerre
avec la France ou l'Angleterre remplirait son devoir d'alliée
à l'égard de l'Allemagne ; il concluait de l'attitude de l'Italie
que la Triple Alliance comme instrument puissant de force
pour la politique allemande paraissait appartenir au passé.
Dans son discours, le prince Bülow concède qu'à Algésiras
l'attitude de la presse italienne n'a pas correspondu aux

_____

(1) Goluchowski quitte le 24 octobre la direction du département
des affaires étrangères. Sa démission fait de la part des députés
Dr. Chiari, Dr. Gross, Kathrein, Pacher, Peschka et Schwegel, l'objet
d'une interpellation à laquelle Beck, président du conseil, répond
aussitôt que le « cours de notre politique étrangère n'a pas été
dévié de sa direction, malgré le changement de personnes » et que
la Triple Alliance, « cette excellente garantie de la paix européenne »,
resterait « le pilier de notre politique étrangère ».

rapports d'alliance qui existaient alors entre l'Allemagne et
l'Italie : « De l'attitude du gouvernement italien, poursuit
Bülow, et notamment de celle du délégué italien à Algésiras,
je n'en peux dire autant. A la Conférence, l'Italie se trouvait dans une situation difficile. Entre l'Italie et la France
certaines conversations ont été échangées au sujet du Maroc,
et vous n'ignorez pas qu'elles ne sont pas en contradiction
avec le traité de triple alliance. Le gouvernement italien de
l'époque a agi correctement dans cette affaire, non seulement en nous orientant au bon moment vers les limites
dans lesquelles il lui était possible de nous soutenir, mais
encore en favorisant autant qu'il le pouvait les principes
représentés et l'atteinte des buts visés par nous ». Le Chancelier d'Empire dément ensuite toutes les informations relatives à de soi-disant machinations d'agents allemands en
Tripolitaine. « Ce sont, dit-il, des inventions qui n'ont
d'autre objet que d'éveiller contre nous la méfiance de
l'Italie. Pour dresser contre nous l'opinion viennoise,
on a çà et là garni cette invention d'une annexe : à savoir que nous nous efforçons de relier directement le Ca-
meroun à Trieste par la Tripolitaine, et qu'à cette occasion
Trieste doit naturellement être annexée par l'Allemagne ».
Après avoir repoussé les attaques « de politiciens italiens
irresponsables » contre la Triple Alliance, le Chancelier
d'Empire explique : « Tant que l'Italie sera solidement
fidèle à la Triple Alliance, elle contribuera ainsi au maintien de la paix et pour elle et pour les autres. Si l'Italie
se sépare de la Triple Alliance ou adopte une politique
oscillante et équivoque, les chances de conflagration
augmenteront considérablement. La Triple Alliance a entre
autres utilités celle d'exclure tout conflit entre les trois
pays alliés. Si l'Italie et l'Autriche-Hongrie n'étaient pas
alliées, les rapports pourraient être tendus entre les deux
nations. Jusqu'à présent, la Triple Alliance n'a pas encore
eu la possibilité de se manifester d'une façon agissante. Cette
occasion ne s'est pas présentée précisément parce qu'elle

existait. » Le Chancelier d'Empire consacre ensuite à l'Autriche-Hongrie des paroles extrêmement chaleureuses : « Je n'ai pas besoin d'ajouter que nous observerons la même fidélité à l'égard de l'Autriche-Hongrie, le cas échéant ». Il dément avec énergie les informations d'après lesquelles l'Allemagne se serait immiscée dans les affaires intérieures de la Cisleithanie ou de la Transleithanie, et il termine ce passage de son discours pour mettre ensuite en garde une fois de plus contre la « nervosité » relative à la Triple Alliance, contre la « nervosité d'en haut et d'en bas ».

Le discours du Chancelier d'Empire est apprécié d'une manière favorable à la Triple Alliance par toute la presse de l'Empire allemand. Seules, la *Tägliche Rundschau* écrit : « Les louanges adressées à la Triple Alliance ne trouvent encore que peu d'oreilles croyantes, parce que nous avons appris à apprécier la fidélité de l'Italie à son égard et que nous avons peu de confiance en raison de la situation intérieure troublée de l'Autriche ; » et la *Germania* dit : « en ce qui concerne la Triple Alliance, le prince Bülow ne paraît pas non plus compter que l'Italie lui sera fidèle comme un pupille à son tuteur ». A Rome, le discours trouve l'écho le plus chaleureux, à Paris également, on l'accueille sur un ton amical, et l'Angleterre le juge avec sympathie. Même en Hongrie, les explications de Bülow font revivre les sentiments favorables à l'Allemagne et à la Triple Alliance, refroidis depuis quelque temps dans une certaine mesure, et le *Pester Lloyd* qualifie le discours d'ouverture harmonieuse aux délibérations des Délégations, qui ne vont pas tarder à siéger.

Le discours de Bülow trouve un écho dans l'exposé que Tittoni fait à la Chambre le 18 décembre. Je reviendrai sur ce discours, mais pour le moment je ne veux donner que le passage relatif à Algésiras : « Je ne m'arrêterai pas au nuage d'Algésiras, qui est déjà passé. A quoi bon remuer la cendre qui ne recouvre plus les *ignes suppositos*. Dans son dernier discours, le prince Bülow a d'ailleurs coupé

court à toute discussion de ce sujet en constatant que les
obligations de l'Italie envers la France ne sont pas en opposition avec les devoirs imposés par la Triple Alliance, et
en reconnaissant sans réserves l'attitude correcte de l'Italie
et de son illustre représentant à la Conférence. Je ne pou-
vais nourrir le moindre doute à cet égard, car, lorsque j'ai
pris le pouvoir en juin précédent, j'ai fait savoir au prince
Bülow que je voulais ramener nos rapports réciproques au
point auquel ils en étaient restés lors de notre entrevue à
Baden-Baden, c'est-à-dire à une entente complète sur
toutes les questions internationales, et le prince Bülow m'a
répondu que ceci correspondait également à ses vœux. »
Pour répondre vraisemblablement à Bassermann, Tittoni
déclare dans la suite de son discours : « Chacun de nous
voulait autrefois prédire qu'un jour viendrait où l'on devrait
choisir entre les alliances et les amitiés. Bien ! Tant que la
Triple Alliance continuera à exercer l'influence pacifique
qui est dans son caractère, tant que les puissances unies
par l'amitié (Tittoni veut dire la France et l'Angleterre ; remarque de l'auteur) persévéreront dans leur politique pacifique, il ne nous sera pas nécessaire soit de choisir, soit
de nous tâter. Nous n'aurons purement et simplement qu'à
nous en tenir à notre politique actuelle, grâce à laquelle la
fidélité à la Triple Alliance nous permet de conserver nos
amitiés en assurant ainsi la paix européenne. Il n'y a là rien
d'artificiel, aucun machiavélisme, il n'y a pas là non plus
de politique ambiguë, comme on l'a affirmé à tort ; c'est la
voie la plus simple, facile et naturelle, qui s'ouvre à celui
qui désire d'un cœur sincère le maintien de la paix (1). »

Le différend est terminé ; comme l'écrit la *Tribuna* après
le discours de Tittoni : « L'horizon est maintenant débar-
rassé du nuage de tous les dissentiments ».

De même que la question du Maroc trouble les rapports

____

(1) Tittoni était uni à Bülow par une amitié intime. Voir *Italien,
der Dreibund und die Balkanfrage*, discours de Tittoni, p. 8.

italo-allemands, de même la question des Balkans intervient
dans les sphères d'intérêt italienne et austro-hongroise qui,
la chose est facile à comprendre, ne coïncident pas partout.
L'arrivée au pouvoir du marquis di San Giuliano mûrit les
bruits d'après lesquels la politique italienne abandonnerait
l'Autriche-Hongrie, bruits fondés sur certaines déclarations
faites en 1902 par le marquis. La *Norddeutsche Allgemeine
Zeitung* se voit obligée dès le 2 janvier d'enregistrer ces
bruits et d'y relier cette observation importante, que l'on a
à Berlin pleine confiance en la loyauté du nouveau ministre
italien des affaires étrangères et que l'on y est certain que
la ligne de conduite de sa politique sera, comme celle de
son prédécesseur, fidèle à la Triple Alliance. On trouve un
écho de ces bruits dans un article du correspondant
viennois de la *Tribuna*, Guido Pardo, qui écrit le 2 janvier
à son journal que les rapports de l'Italie et de l'Autriche-
Hongrie « ne sont pas bons » et qu'il y a malheureusement
une tension qui cache de graves dangers. En février le gouvernement italien publie sur la Macédoine un Livre Vert
qui dévoile en partie les causes des différends : l'Autriche-
Hongrie, la main dans la main avec la Russie, essayait de
faire obstacle à la participation des autres puissances au
nouvel ordre de choses, tandis que l'Italie était favorable
à la participation des grandes puissances. Tandis que dans
le discours du trône, avec lequel François-Joseph ouvre les
Délégations le 10 juin, il est question de « rapports de confiance avec l'Italie » et de l' « accord heureux » relatif aux
affaires intéressant les deux pays, Goluchowski, dans l'exposé qu'il fait le même jour à la Délégation hongroise, ne
cache pas les différends existants, mais il reconnaît les
efforts en vue de « faire disparaître au plus tôt les désaccords
qui se présentent », et il loue l'attitude correcte du gouvernement italien qui s'efforce constamment d'affirmer ses
convictions fidèles à l'alliance. Juste le lendemain, le cabinet Giolitti-Tittoni, au pouvoir depuis le 29 mai, se présente devant la Chambre. Sous l'impression de l'échange

de dépêches de Schönbrunn, Giolitti peut déclarer aux applaudissements répétés de la Chambre que l'Italie restera
absolument fidèle à la Triple Alliance (1). Le 14 juin,
Tittoni se rallie aux explications de Goluchowski et s'en
déclare tout à fait solidaire. Un jour avant, Goluchowski
avait déclaré à la délégation autrichienne, sur une question du Dr. Sylvester, délégué, que l'Autriche-Hongrie peut
compter sans aucune réserve sur l'appui de l'Italie dans les
questions balkaniques, et qu'il n'y a aucune autre convention
secrète que l'accord destiné à maintenir le *statu quo* en
Albanie. Le voyage du général en chef de l'état-major italien Saletta à Vienne (pour le jubilé du comte Beck, général en chef de l'état-major austro-hongrois) est accueilli
avec une vive sympathie par la presse des deux Etats. Les
débats de la Délégation austro-hongroise s'en occupent,
après que Goluchowski a montré les avantages de la politique tripliciste à plusieurs reprises, et d'une façon particulièrement nette le 3 juillet.

Le 4 décembre, le baron von Aehrenthal, successeur de
Goluchowski, fait à Budapest un exposé de la situation
extérieure devant la commission du budget de la Délégation
autrichienne. Il commence ses déclarations en disant : « La
politique de la monarchie est celle de la continuité », et il
veut établir que le changement dans la personne du chef du
gouvernement n'équivaut pas à un changement de politique. Il constate que son entrevue avec le prince Bülow et
l'échange d'idées qu'il a eu avec Tittoni ont eu pour résultat
le « fait réjouissant d'un accord complet de nos vues », et
il ajoute : « Les bonnes relations qui existent entre le gouvernement italien et le nôtre nous permettront de traiter
plus facilement et en toute tranquillité les malentendus qui

____

(1) De Paris on tente de troubler cette opinion en répandant le
bruit que l'Autriche-Hongrie a conclu avec la Grèce un traité secret.
Le *Courrier des Balkans*, qui paraît à Rome, publie à ce moment le
texte de ce traité secret, daté de décembre 1903. C'était une information sans fondement matériel.

par malheur sont trop fréquents et d'éclairer l'opinion publique qui, des deux côtés, devient maintes fois nerveuse et
égarée (1). » Au cours du débat qui suit l'exposé d'Aehrenthal, le Dr. Sylvester, délégué, s'occupe en détail de l'Italie.
Bien qu'il soit favorable à la nation italienne, il se croit
obligé de faire observer que la politique d'expansion de
l'Italie du côté de la Macédoine et des Balkans s'était fait
remarquer pendant les derniers temps par la fondation
d'écoles italiennes, par la constitution de compagnies de navigation, par une condensation plus grande du réseau des
lignes de navigation avec l'Italie, bref que l'Italie agissait
beaucoup plus qu'auparavant surtout dans la direction des
Balkans. Le baron von Aehrenthal s'efforce de répondre aux
affirmations du Dr. Sylvester, d'autant plus qu'à ce moment
la presse viennoise répandait la nouvelle que l'Italie s'était
assuré contre l'Autriche-Hongrie l'appui de la France et de
l'Angleterre pour réaliser ses plans en Albanie. Aehrenthal
déclare en termes brefs et succincts que « des assurances
très claires et satisfaisantes ont été échangées avec l'Italie
au sujet de notre situation dans l'Adriatique ; fidèles à notre
politique, nous avons déclaré à notre amie et alliée que
nous ne voulions pas sortir de la sphère de droit et de puissance fixée par le Traité de Berlin pour aller dans une direction quelconque, même vers l'Albanie (2), et que nous
attendions la même réserve de la part de l'Italie, la même
assurance nous a été donnée par l'Italie de la façon la plus
amicale. » Dans la séance de la Délégation autrichienne du

(1) Peu après sa prise de pouvoir, Aehrenthal avait énergiquement
pris position, dans une note officieuse du *Fremdenblatt* en date
du 30 novembre, contre les efforts des journaux anglais en vue de
provoquer des dissentiments entre l'Autriche-Hongrie et l'Italie.

(2) Le relief particulier donné à l'Albanie venait sans doute du
fait qu'une partie de la presse italienne réclamait à nouveau (comme en 1900) contre les procédés du protectorat de l'Autriche-Hongrie sur les églises catholiques en Albanie (subventions accordées
à certains prêtres) et leur supposait des « tendances expansion-
nistes ».

14 décembre, Aehrenthal parle une fois de plus des rapports
avec l'Italie. Il constate avec satisfaction que les délégués paraissent tous désirer que nos rapports d'alliance
avec l'Italie soient conservés, il met en garde à plusieurs
reprises contre le fait de se laisser tromper par la roublar-
dise de politiciens irresponsables, et il ajoute : « Les deux
gouvernements manifestent la volonté ferme et prennent la
résolution stricte de n'épargner aucun effort pour écarter
tout soupçon entre nous, de persévérer dans ces tentatives,
de rendre plus cordiaux et plus amicaux les rapports entre
l'Autriche-Hongrie et l'Italie. Dans mon exposé, j'ai déjà
dit que, du point de vue objectif, il n'y a pas de contraste
entre l'Autriche-Hongrie et l'Italie. J'ai affirmé ensuite et
j'affirme aujourd'hui une fois de plus que l'Autriche-Hongrie
et l'Italie ont beaucoup d'intérêts communs comme alliées,
comme voisines et comme facteurs puissants et prépondérants. Maintenant, Messieurs, si les deux gouvernements
persévèrent dans leurs efforts en vue d'écarter tout trouble
dans leurs relations et de rendre cordiaux ces rapports, ils
n'agissent pas ainsi seulement au profit des intérêts des deux
côtés, ils agissent au profit de la généralité. » Le même ton
favorable à l'alliance imprègne le discours de Tittoni, en date
du 18 décembre, à la Chambre italienne. Tittoni avait à répondre aux observations du député Barzilai qui déclarait
qu'il ne pouvait y avoir d'amitié entre l'Autriche-Hongrie
et l'Italie, et qu'une preuve récente de cette impossibilité
était le discours tenu par l'amiral austro-hongrois Montecuccoli (1). Tittoni affirme qu'il peut adhérer « pleinement
et cordialement » à l'apologie de la Triple Alliance, telle
que viennent de la faire Bülow et Aehrenthal : « La Triple
Alliance constituera encore à l'avenir la base de notre politique ; nous voulons lui rester fidèles, à la grande désillu-
sion de ceux qui croient pouvoir constater de temps en

(1) Un discours inoffensif, ne contenant absolument aucune
pointe contre l'Italie.

temps sur une simple apparence qu'elle est en train de
s'affaiblir et en prédire la fin avant peu ». Le passage déjà
cité, relatif à Algésiras, est suivi de l'examen des rapports
avec l'Autriche-Hongrie. Le ministre constate avec satisfaction que le gouvernement austro-hongrois n'a pas hésité
« un seul instant » à l'occasion d'une entrevue à Sussak, à
exprimer ses regrets, tandis que le gouvernement hongrois
a en même temps puni les coupables et librement consenti à
payer des dommages-intérêts aux sujets italiens lésés.
Comme Aehrenthal, le ministre blâme les exagérations manifestées par une partie de la presse des deux pays dans la
discussion de quelques différends et dit : « Je dois déclarer
très nettement que le baron von Aehrenthal et moi, nous
sommes résolus à procéder en toutes choses en complet
accord, de traiter tout malentendu susceptible de se produire avec sang-froid et avec des sentiments de bienveillance
sincère et réciproque, et de ne tenir nul compte des manifestations que tous deux nous avons regrettées et re-
gretterons toujours ». Et motivant cette pensée d'une manière encore plus approfondie, le ministre pose la question
de savoir s'il lui est nécessaire de juger une fois de plus les
démonstrations irrédentistes d'Italie et ajoute que l'on ne
peut nier que, depuis 1904, les sentiments de l'opinion publique se soient améliorés avec lenteur, mais aussi avec constance, à l'égard de l'Autriche-Hongrie. Le ministre donne
ensuite des détails sur la Macédoine et l'Albanie et il affirme
que les intérêts de l'Italie sont garantis par l'accord passé
entre les ministres Visconti-Venosta et Goluchowski.
Jusqu'à présent l'Italie a marché en plein accord avec
l'Autriche-Hongrie et elle continuera à faire de même dans
l'avenir. Ses conversations avec Goluchowski ont eu pour
résultat « positif, utile et pratique » de conduire à l'entente
la plus absolue : si le maintien du *statu quo* n'était plus possible, il conviendrait de rechercher en commun une solution
qui doit consister en l'autonome politique de la presqu'île
des Balkans sur la base du principe des nationalités. « Je

dois aussi repousser le conseil qui m'a été donné, de proposer à l'Autriche-Hongrie le partage du territoire et d'acquiescer à des acquisitions territoriales de sa part, autres que celles qui lui permet le Traité de Berlin, tout en revendiquant pour nous en même temps des compensations territoriales... L'accord conclu entre le comte Goluchowski et moi pourra sans doute se préciser et se perfectionner mieux encore au moyen d'un échange d'idées amical avec le baron von Aehrenthal. Mais le principe fondamental de cette entente ne pourra subir de changement, car il est le plus approprié au maintien et à la consolidation de l'accord entre l'Italie et l'Autriche-Hongrie. »

Après le discours de Tittoni, Aehrenthal s'empresse de transmettre à son collègue italien « les remerciements et l'approbation du gouvernement austro-hongrois, et le ministre commun des finances, Burián, en fait la communication officielle le 21 décembre à la Délégation hongroise. Le baron Burián profite de l'occasion pour donner à la Délégation des renseignements sur le contenu de l'accord balkanique conclu entre l'Autriche-Hongrie et l'Italie, et ses explications coïncident complètement avec celles de Tittoni : « Si le *statu quo* ne peut être maintenu, ni l'Autriche-Hongrie ni l'Italie ne mettront la main sur l'Albanie, et les deux puissances sont d'accord pour que la nouvelle organisation qui deviendra nécessaire ne se résolve que sous la forme de l'autonomie ».

Cette entente aide plus tard à triompher de la crise afférente à l'annexion et aussi la crise provoquée par la guerre des Balkans ; elle donne une conclusion préliminaire à la « période des tensions et des courants inamicaux ».

Disons encore quelques mots des assauts des Slaves autrichiens et de la coalition hongroise contre la politique tripliciste.

A la séance du 21 juin de la Délégation autrichienne, les orateurs de tous les partis slaves attaquent violemment la Triple Alliance. Le délégué Bianchini, de la Dalmatie, prie l'Autriche de ne pas se faire le pionnier des plans impérialistes de l'Allemagne, plans qui, on le sait (!), conduisent à l'Adriatique par l'Autriche et à l'Asie Mineure par les Balkans et le Bosphore. Il combat aussi l'Italie et affirme que ce pays est maintenant plus près de l'alliance franco-russe que de la Triple Alliance. L'orateur suivant, le Dr. Tollinger, n'a pas non plus confiance en la fidélité de l'Italie à l'alliance. Mais c'est le Jeune Tchèque Klofac qui est le plus violent : l'Empereur d'Allemagne, repoussé partout, a recours à l'Autriche : l'échange de télégrammes de Schönbrunn et la froide réponse du Roi d'Italie montrent que la Triple Alliance n'existe plus que sur le papier ; il dit encore beaucoup de choses sur le même ton. Le lendemain, il est secondé par le Dr. Kramarz, qui qualifie la Triple Alliance de relique vénérable de l'ancien temps. Dans leurs discours à la Délégation, les Jeunes Tchèques tiennent compte du bruit répandu que l'Allemagne et l'Autriche-Hongrie ont l'intention de prêter leur appui militaire au gouvernement russe contre les troubles révolutionnaires, et ils protestent contre cette « expédition disciplinaire de réaction ». Ce bruit se répand aussi dans la presse russe et amène un député à prendre la parole à la Douma, de sorte que la *Norddeutsche Allgemeine Zeitung* se voit amenée à opposer à cette information un démenti énergique. Comme la nouvelle est insérée dans la *Rossya*, journal qui approche quelque peu du gouvernement russe, le cabinet russe fait déclarer par l'*Agence Télégraphique de Pétrograd* qu'il est totalement étranger à cette nouvelle et à sa diffusion. Du côté slave, on utilise les *Mémoires* du prince Hohenlohe, parus en octobre, pour exciter les gens contre la Triple Alliance, bien que le journal du prince soit la preuve la plus éclatante de la fidélité de l'Empereur à l'Alliance.

La coalition hongroise, qui, cette année, se trouve d'un accord merveilleux avec les partis slaves d'Autriche s'est déjà mise à attaquer la Triple Alliance, et en particulier

l'alliance avec l'Allemagne, avant de prendre le pouvoir.
Le ministre de la justice de la coalition, le comte Géza Po-
lonyi a répandu dans plusieurs interviews le bruit qu'il
faut attribuer à l'influence de l'Empire allemand l'opposition du Roi de Hongrie à l'introduction de la langue hongroise dans les commandements militaires. Dès janvier,
la presse de la coalition prend à parti, avec une violence
rare, Goluchowski, la « marionnette de l'Empereur d'Allemagne », et le président du parti de l'Indépendance, François Kossuth, alors ministre du commerce, déclare que la
situation de grande puissance à laquelle sert la Triple
Alliance n'a qu'un intérêt dynastique, et non pas un intérêt
hongrois. Les journaux de l'Empire allemand, et surtout la
Kölnische Zeitung du 12 mai, affirment par contre le
manque absolu de base du bruit relatif à une influence
exercée par l'Empereur d'Autriche, au sujet de la langue de
commandement au détriment de la Hongrie. Le Dr. Wekerle,
président du conseil de la coalition, a le 14 mai l'occasion
de faire à ses électeurs de Temesvár un discours dans lequel il combat ces manœuvres et déclare que l'alliance avec
l'Allemagne est « non seulement la garantie de la paix,
mais aussi une des pierres angulaires de notre politique extérieure ». Presqu'en même temps, François Kossuth, déjà
ministre du commerce à cette époque, se laisse interviewer
sur les rapports avec l'Allemagne. Il montre avec raison
que la Hongrie a un « intérêt prépondérant » à entretenir
les relations les meilleures avec l'Empire allemand, mais il
déclare que l'Allemagne poursuit à l'égard des intérêts des
autres États une politique égoïste, et il tente de faire de la
visite imminente de l'Empereur d'Allemagne un acte pur et
simple de politesse, « et rien de plus ». Les délégués hongrois procèdent à une attaque concentrique contre la Triple
Alliance à la séance plénière de la Délégation hongroise du
26 juin, et c'est seulement à l'énergique intervention du
président du conseil, Wekerle, que Goluchowski peut
échapper à un vote de méfiance. L'opinion en Hongrie ne

s'améliore que quand Goluchowski est renversé et que le prince Bülow, dans son discours du 14 novembre, se défend énergiquement, comme si la politique allemande avait été menacée, de s'immiscer dans les affaires intérieures de la Hongrie ou dans les questions pendantes entre les deux Etats de la monarchie danubienne.

1907

En juillet, peut-être pendant la première semaine (la date exacte n'est pas connue), la Triple Alliance est renouvelée ou, comme le dit une note officieuse du 10 juin « prolongée par tacite reconduction ». La *Neue Freie Presse* de Vienne publie le 12 juillet, dans une dépêche de Rome ayant tous les signes de l'authenticité, l'information suivante, qui, par la suite, ne fait pas l'objet d'un démenti : « Le traité de Triple Alliance a été conclu en juin 1902 pour la durée de six ans. Il devait durer jusqu'en juin 1908. Il contenait une disposition d'après laquelle il devait durer six années de plus s'il n'était pas dénoncé un an avant le terme fixé par son expiration. Le terme de dénonciation était donc en juin 1907. Cette dénonciation ne s'est pas produite, et il reste donc en vigueur pour six nouvelles années à dater de juin 1908, c'est-à-dire jusqu'à juin 1914. » A l'occasion du dernier renouvellement de la Triple Alliance, en 1912, ce terme a été indiqué officiellement comme exact.

Le renouvellement a lieu à une époque très critique. Le voyage du Roi Edouard dans la Méditerranée, son entrevue avec le Roi d'Espagne à Carthagène et sa rencontre avec le Roi d'Italie à Gaète rendent difficile cette situation que l'on désigne sous la brève expression d' « encerclement de l'Allemagne », et qui ne s'éclaire que plus tard, après la ren-

contre de l'Empereur et du Roi d'Angleterre à Wilhelmshöhe, avec le voyage du couple impérial en Angleterre
et avec l'entrevue de Guillaume II et du Tsar à Swine-
münde.

Voici la suite chronologique des événements qui ont
trait à la Triple Alliance :

Au début de l'année, de nouveaux dissentiments éclatent
entre l'Italie et l'Autriche-Hongrie. Il s'agit d'une part
d'une soi-disant violation de la frontière par l'Autriche
dans la Vall'alta grâce aux couloirs souterrains d'une mine
de mercure, d'autre part de l'élection enthousiaste de l'ancien Garibaldien Marcora (1) à la présidence de la Chambre
italienne, ce qui produit à Vienne un effet fâcheux. On interpelle à la Chambre, le 5 février, sur la soi-disant violation de frontière et Tittoni déclare qu'il ne s'agit pas d'une
violation de frontière au sens politique, mais seulement
d'une question de droit international privé.

Les négociations de l'Italie avec l'Angleterre au sujet du
Somaliland, qui ont pour conclusion le 19 mars la signature d'une convention particulière, que la presse, et spécialement certains organes français, commente en y voyant
la préparation d'un accord entre ces Etats, d'un côté contre
l'Allemagne en vue de la réduction des effectifs, de
l'autre contre l'Autriche, pour les questions balkaniques.
La *Tribuna* et la *Politische Korrespondenz* de Vienne com-
battent énergiquement ces bruits, juste la veille de la rencontre du prince Bülow et de Tittoni à Rapallo le 30 mars.
Un communiqué officieux sur cette entrevue constate l'« entente complète et la coïncidence parfaite des idées des deux
hommes d'Etat ». Aux interviewers, Bülow et Tittoni se
disent extrêmement satisfaits du résultat de leurs conversations. Bülow déclare au correspondant spécial du *Giornale
d'Italia* : « L'Italie et l'Allemagne sont liées par une amitié
solide et n'ont pas d'intérêts contraires ». Tittoni affirme au

____

(1) Voir 1905.

correspondant du *Resto del Carlino* que l' « entente parfaite » réalisée avec Bülow se réfère à la question de la réduction des armements.

La rencontre du Roi Edouard et de Victor-Emmanuel a de nouveau pour effet une polémique de presse au sujet de la fidélité de l'Italie. Le 16 avril, la *Tribuna* se voit amenée à déclarer que l'Italie reste fidèle à la Triple Alliance et à démentir avec énergie les bruits d'une modification de sa politique pacifique. La *Süddeutsche Reichskorrespondenz* du 30 avril blâme l'attitude des journaux allemands : « On ne doit pas donner à l'univers la fausse image d'une Allemagne nerveuse et inquiète ». En Autriche-Hongrie, l'amitié anglo-italienne est regardée de travers, et le *Pester Lloyd* du 10 avril prie le gouvernement d'apporter une plus grande attention aux projets de l'Italie sur les Balkans. Une nouvelle dépêche officieuse de la *Tribuna* prend une fois de plus position contre ces bruits en constatant que personne n'a le droit de douter de l'honorabilité et de la sincérité de la politique *italienne*. Le ministre Tittoni s'efforce, à la séance publique de la Chambre, du 15 mai, de proclamer l'attachement de l'Italie à la Triple Alliance. Il rejette également le blâme attaché par quelques radicaux au fait que le baron von Aehrenthal se fait représenter auprès du Roi Victor-Emmanuel non pas à Rome, mais à sa résidence d'été, et qu'il se rencontre avec M. Tittoni à cet endroit, il rappelle la visite de l'Archiduc Régnier à Rome et il affirme que l'on ne doit pas toujours exiger de nouvelles preuves de reconnaissance de la part d'une monarchie alliée avec le royaume et qui a un ambassadeur à la Cour royale. Le ministre donne d'abondants détails sur les rencontres de Rapallo et de Gaète : il n'y a entre elles deux ni opposition ni contraste, mais seulement de l'harmonie. La vieille formule subsiste : fidélité inébranlable à la Triple Alliance, amitié sincère pour l'Angleterre et pour la France. Tittoni prélude à la visite d'Aehrenthal en déclarant que les rapports avec l'Autriche sont toujours de plus en plus intimes et oordiaux et « sont maintenant de qualité vraiment supérieure ». Se référant à la visite du Roi d'Italie à Athènes, le ministre constate l'entente complète de la politique italienne dans les Balkans avec celle de l'Autriche-Hongrie et de la Russie, et il déclare que toute conjecture au sujet de revendications territoriales possibles de l'Italie en Crète ou dans les Balkans est « infondée et non plausible». A l'égard de la question de la réduction des armements, l'Italie est tout à fait favorable aux réserves faites par l'Allemagne et l'Autriche-Hongrie. L'Italie est maintenant d'accord sur toutes les questions fondamentales avec ses alliées et, comme sir Henry Campbell-Bannerman n'attend guère un résultat pratique immédiat de sa proposition, on peut considérer comme terminée cette affaire qui a fait une telle sensation.

Peu après le renouvellement des traités de Triple Alliance, l'Empereur François-Joseph dit au cours de son discours du trône, à l'ouverture du Reichsrat autrichien : « Nos rapports avec nos alliés continuent d'être d'une cordialité invariable ».

Le 14 juillet, le ministre austro-hongrois des affaires étrangères rend visite à Desio à son collègue d'Italie. Accueilli par la population aux cris de : « Vive la Triple Alliance ! Vive l'Autriche ! » — celui qui aurait tenté il y a quelques années de prédire une chose semblable, écrit le *Corriere della Sera* au sujet de cette réception, aurait été pris pour un songe-creux — Aehrenthal se rend à la villa du beau-père de Tittoni où ont lieu plusieurs conversations auxquelles se réfère une note, rédigée par les deux ministres, qui parle d'une « entente complète, ne se limitant pas au passé, mais embrassant toutes les éventualités de l'avenir. » Aehrenthal affirme au correspondant spécial de la *Neue Freie Presse* que « pour l'Autriche-Hongrie et l'Italie le principe du maintien de l'équilibre et du *statu quo* reste la principale ligne de conduite de leur politique ». Etant donné ces paroles, déclare-t-on à l'ambassade d'Italie à Berlin au *Berliner Tageblatt*, un conflit sérieux ne peut plus être suscité par les irrédentistes entre les deux pays. La presse italienne consacre à l'entrevue de Desio des articles extrêmement favorables à la Triple Alliance. Cette opinion subsiste longtemps. Lorsque, quelques jours plus tard, des voix se font entendre dans les journaux français pour attribuer aux accords de l'Italie avec l'Angleterre, la France et l'Espagne une tendance hostile à la Triple Alliance, le *Popolo Romano* du 26 juin prétend que personne n'a le droit de considérer ces accords avec défiance : l'Italie reste fidèle et attachée à la Triple Alliance. Le 22 août, Tittoni rend au baron von Aehrenthal sa visite à Sommering, près de Vienne, et à cette occasion l'entente des deux ministres s'affirme à nouveau.

Pendant les deux derniers mois, des différends se produisent que l'on écarte bientôt : fin novembre, des collisions ont lieu à l'Université de Vienne, entre étudiants nationalistes allemands d'une part et auditeurs italiens et croates de l'autre, et pourtant la presse italienne en parle sans aucune passion ; les débats en Autriche à l'occasion des Polonais sont critiqués par la *Norddeutsche Allgemeine Zeitung* qui constate que les essais d'immixtion en discussion (que d'ailleurs le baron von Aehrenthal repousse avec énergie, le 21 décembre, à la Délégation autrichienne) pouvaient seulement avoir la valeur d'un avertissement en vue de résoudre la question des Marches Orientales dans le sens exclusif d'une nécessité nationale pressante.

1908

Année de la crise d'annexion, mais aussi d'une crise de la Triple Alliance. La tension prend par moments des proportions menaçantes. Sur les limites des pays alliés, dans le Tyrol italien et surtout dans la vallée du Pô, des troupes sont sur le pied de guerre. Certains jours, la situa-

·tion était au pis, mais la crise est surmontée et la fin de l'année trouve l'Europe dans une condition pacifique, après le triste écho d'une énorme catastrophe, bien que la solution du conflit ne soit pas encore réalisée. La crise bosniaque, précurseur de la grande liquidation balkanique, est une pierre de touche pour la Triple Alliance qui, renouvelée au milieu de la crise orientale, a empêché une guerre européenne d'éclater.

La crise commence avec les premiers jours de l'année. Le baron von Aehrenthal déclare le 27 janvier à la Délégation hongroise : l'Autriche-Hongrie a l'intention de faire usage du droit que lui confère le Traité de Berlin, et de construire un chemin de fer à travers le Sandjak de Novi-Bazar. Pour commencer, l'exposé du ministre des affaires étrangères constate que ses efforts en vue de rendre « plus amicales » les relations avec l'Italie ont été couronnés de succès. Les rencontres de Desio et du Semmering prouvent que les deux gouvernements « ont manœuvré en harmonie complète en vue de rétablir plus de cordialité dans les rapports ». Aehrenthal constate également que les oppositions entre peuples, qui ont été autrefois alimentées en Italie par un parti hostile à la monarchie, n'ont pas disparu en totalité, mais ont diminué, et il ajoute : « Aujourd'hui encore, je peux faire la déclaration nette et tranquillisante que les deux gouvernements traiteront et écarteront dans des conditions amicales les quelques troubles survenant dans leurs relations ». Et, avant d'annoncer qu'en vue de la construction du chemin de fer il tente d'obtenir de la Porte des concessions préliminaires, il affirme que l'Autriche-Hongrie, fidèle à sa politique balkanique, ne poursuit pas d'acquisition territoriale dans les Balkans. On projette de faire passer la voie ferrée de Vienne à Salonique par Sarajevo, Mitrovitza et Uskub ; en même temps, une ligne doit être construite de Cattaro au littoral monténégrin. Tous les esprits sont enfin délivrés. La presse italienne prend tout d'abord une attitude d'attente. Elle ne

discute que les déclarations d'Aehrenthal relatives à l'Italie
et laisse de côté la question des chemins de fer d'Orient.
La *Tribuna* dit de la séance de la Délégation hongroise où
a été fait l'exposé qu'elle est une bonne journée pour la
paix mondiale, et le *Popolo Romano* qualifié l'exposé de
clair, d'exhaustif et de tranquillisant. Seul le *Corriere
d'Italia* aperçoit à temps le danger : Aehrenthal a tracé sur
la base d'une entente encore renforcée avec la Russie un
programme qui doit assujettir économiquement la péninsule des Balkans à la monarchie ; les intentions du ministre
paraissent plus fleuries que les faits sur lesquels elles se
fondent. Le signal des attaques contre le projet de chemins
de fer d'Aehrenthal (entre temps le Sultan avait accordé la
concession préliminaire qui lui était demandée) était donné,
et la querelle commence. Londres et Pétrograd s'alarment,
Belgrade et Cettigne viennent à la rescousse, et bientôt
l'Autriche-Hongrie prend des mesures militaires dans
l'angle occidental du Tyrol. L'Angleterre, qui avait salué
avec joie la conclusion de la Triple Alliance en 1883,
cherche à introduire l'Italie dans un autre groupe d'intérêts. La Russie se plaint de la violation du programme de
Muerzsteg, les Panslavistes sont déchaînés sur les bords de
la Seine pour faire concurrence à leurs frères de la Néva,
le comité anglais des Balkans blâme officiellement les « désirs d'expansion » de la monarchie danubienne et l'envie
de l' « autre rive » gagne à Rome du terrain. Contre les
attaques de la presse étrangère, le ministère des affaires
étrangères du Ballplatz de Vienne fait savoir officieusement
et quelque peu tendancieusement que des concessionnaires
italiens ont obtenu de plus grands avantages dans les
Balkans durant les dernières années : une société italienne
construit le port d'Antivari et un chemin de fer d'Antivari
à Virpozar, sur le lac de Scutari, une société italienne a
reçu la concession du monopole du tabac dans le Montenegro, à Durazzo et à Scutari il existe des agences commerciales italiennes, à Scutari une banque italienne, on a enfin

limité à une société concessionnaire italienne la navigation sur la Bojana et sur le lac de Scutari.

L'exposé d'Aehrenthal vient en discussion le 31 janvier devant la Délégation autrichienne. Le Dr. Kramarz, Jeune Tchèque, réclame une modification de l'article II du traité d'alliance avec l'Allemagne, il affirme que le chemin direct pour Rome est plus court que celui passant par Berlin, et il attaque avec violence la politique polonaise de la Prusse. Pittoni ne peut se déclarer favorable à la « prépondérance de l'Allemagne dans la Triple Alliance » et il parle de relations plus étroites entre l'Autriche et l'Italie. Les délégués polonais critiquent également la politique polonaise de la Prusse, mais Aehrenthal repousse ces attaques en termes énergiques. Le ministre s'exprime une fois de plus à fond sur les rapports avec l'Italie : il émet l'opinion qu'aujourd'hui l'irrédentisme n'a plus tant d'importance qu'auparavant ; les armements de l'Italie sont conditionnés par sa situation géographique ; l'activité de l'Italie dans les Balkans ne peut être niée, mais on ne peut la reprocher à ce pays ; l'Autriche-Hongrie doit plutôt imputer cette situation à sa négligence. Le ministre répond enfin à une question relative aux expulsions de Prusse en déclarant que son intervention en cette affaire a « en tout cas eu cependant quelques résultats ». L'avant-projet du ministère des affaires étrangères est discuté au cours de la séance des Délégations du 12 février. Dans cette séance, la question du chemin de fer des Balkans est examinée à fond : le Dr. Bærnreither intervient avec vigueur pour le tracé par Mitrovitza, le Dr. Kramarz est opposé au chemin de fer par le Sandjak, Axmann est d'avis que le prix que l'Autriche-Hongrie doit payer pour ce chemin de fer par le Sandjak est trop élevé, le chevalier de Vukovic désire détourner en Albanie l'action en Italie et le chevalier de Koslowski développe la thèse d'après laquelle l'opposition de la France au chemin de fer du Sandjak ne s'adresse qu'à l'alliée de l'Allemagne. Dans le discours avec lequel le baron von Aehren-

thal conclut les débats, le ministre consacre des paroles
chaleureuses à l'alliance avec l'Allemagne.

Le même jour, les partis du Reichsrat autrichien déli-
bèrent sur la question de l'Université italienne qui fait sa
réapparition d'un bout à l'autre de l'année et qui, quand les
rapports s'aigrissent entre Rome et Vienne, provoque
toujours des manifestations dans les rues.

Tittoni parle le 11 mars à la Chambre italienne de la
question du chemin de fer, et il déclare ouvertement que
cette question a menacé un instant d'assombrir l'horizon politique, mais qu'elle a été l'objet d'une « solution juste tenant
compte des intérêts de l'Italie ». Le ministre commence
son discours en « rappelant » Desio et le Semmering, et il
constate que — bien qu'au cours de ces entrevues il n'ait pas
été question du chemin de fer de Mitrovitza — il a été informé
de l'intention d'Aehrenthal de demander à la Haute Porte
son approbation à la construction de la ligne Uvac-Mitro-
vitza, avant qu'Aehrenthal en ait parlé aux Délégations. La
construction de ce chemin de fer, ajoute-t-il, est pour l'Autriche-Hongrie un droit que personne n'a jamais discuté.
Après avoir exposé à fond la question du chemin de fer, le
ministre déclare : tout danger peut être conjuré, si les puissances agissent d'un accord unanime pour que la construction de voies ferrées dans les Balkans puisse être considérée
comme une partie fondamentale de l'œuvre réformatrice
en Macédoine. Tittoni affirme d'ailleurs, aux applaudissements démonstratifs de la Chambre, que l'Italie prend avec
netteté position contre toute monopolisation de l'exploita-
tion des chemins de fer dans les Balkans. Le discours de
Tittoni et aussi l'annonce, faite par lui, qu'il soutiendrait
le chemin de fer « latin », l'importante ligne du port albanais de Valona à Monastir, sont amicalement accueillis
en Autriche.

Bientôt après, le 24 mars, Bülow parle de la question
des chemins de fer. Lors de la discussion du budget, il déclare : « Nous avons salué avec sympathie le projet austro-

hongrois de prolongement du chemin de fer bosniaque vers Mitrovitza ; notre alliée a fait usage d'un droit que lui a conféré un traité international ».

Plus longtemps après, le 25 mars, une entrevue de l'Empereur d'Allemagne et du Roi Victor-Emmanuel a lieu à Venise et, en Italie, on lui attribue une grande importance au sujet du traité relatif à la mer Méditerranée, conclu entre l'Angleterre, la France et l'Espagne. Les journaux adressent au couple impérial allemand des paroles très cordiales, et Santini prie la Chambre de « présenter ses hommages les plus respectueux aux deux souverains, dont la rencontre renforce les liens de l'Alliance germano-italienne et assure la paix mondiale ». Le président Marcora peut annoncer tout de suite que la motion est acceptée à l'unanimité. Le marquis Carlotti, chef de cabinet du ministre Tittoni, déclare au correspondant spécial de la *Neue Freie Presse* que la politique allemande et la politique italienne sont pleinement d'accord (« nous ne pouvons être plus unis ») pour garantir les possessions territoriales présentes et pour maintenir la Triple Alliance et l'entente européenne.

Le 28 mars, Bülow va à Vienne rendre au baron von Aehrenthal les visites qu'il lui a faites en novembre 1906 et au printemps de 1907. Les journaux de l'Empire allemand, comme ceux de Vienne et de Budapest, constatent à cette occasion l'entente complète des deux hommes d'Etat. Les conversations tenues à Vienne sont complétées par les visites de Bülow à Rome en avril (14 avril : entrevue avec Tittoni ; 28 avril : entrevue avec Giolitti). Bülow lui-même parle de ses conversation avec Tittoni à un collaborateur de l'*Agenzia Stefani* ; il lui dit qu'une fois de plus on a déterminé « la communauté de nos points de vue et de nos buts ». Au sujet des rapports entre l'Autriche-Hongrie et l'Italie, ajoute Bülow, la médiation de l'Allemagne n'est pas nécessaire, car un des mérites les plus indiscutables des ministres Giolitti et Tittoni consiste à avoir rendus amicaux, il y a peu de temps, les rapports entre l'Autriche-Hongrie et l'Italie ; l'effort des deux ministres a d'ailleurs été facilité par l'attitude loyale et fidèle à la Triple Alliance du baron von Aehrenthal.

A un banquet, en l'honneur de Gabriele d'Annunzio, qui a lieu à Venise le 29 avril et qu'organise la *Lega Navale*, on échange des discours irrédentistes, mais le fait que ni le syndic ni le préfet ni aucun personnage officiel n'y assiste fait bonne impression en Autriche.

Le 7 mai, la *Neue Freie Presse* qualifie de fête de la Triple Alliance la fête jubilaire du patriarche assis sur le Trône des Habsbourgs. L'Empereur d'Allemagne apparaît à Vienne avec les princes fédérés et le bourgmestre de Hambourg pour saluer l'Empereur-Roi François-Joseph à l'occasion de la fin prochaine de sa soixantième année de gouvernement. Les fêtes de Vienne trouvent un chaleureux écho dans la presse de l'Empire allemand. Le professeur Hermann Oncken publie dans le *Tag*, sous le titre *Franz Josef und die deutschen Fürsten* (François-Joseph et les Princes allemands), un article dont voici la conclusion : « Les alliances reposent sur des intérêts et durent tant que ces intérêts ne changent pas ; les rapports dynastiques et les amitiés entre peuples ne prétendent pas non plus à l'éternité. Mais ces communautés absolues de culture sont plus durables, telle que celles entre les Allemands et les Autrichiens allemands ; aussi cimentent-elles l'alliance politique entre l'Allemagne et l'Autriche-Hongrie d'une manière plus solide que n'importe quoi. L'heure de l'hommage des princes rappelle à notre nation les liens qui, malgré 1866, n'ont pas été détruits et n'ont pas pu l'être ».

A midi a lieu au château historique de Schönbrunn l'hommage des princes fédéraux allemands. A l'allocution cordiale de l'Empereur Guillaume, François-Joseph répond solennellement en se référant à l'alliance conclue presque trente ans auparavant : « Le fait qu'il M'est accordé de voir rassemblés autour de moi un nombre si élevé de princes

allemands est aussi la constatation la plus explicite des
rapports étroits et inébranlables résultant de l'alliance qui
existe entre Nous depuis près de trente ans. Cette journée
renforce Mon espoir joyeux que cette alliance, qui vise
seulement des buts pacifiques, soutiendra avec efficacité
les efforts parallèles des autres puissances et remplira tout
son devoir jusque dans l'avenir le plus lointain. » Dans le
toast qu'il porte au dîner de gala, le soir même, le vieil
Empereur parle encore de l'Alliance : « des rapports si
étroits existant entre Nous, qui, pour Nous tous, sont un
véritable besoin du cœur ». Est également intéressant le
fait que le roi Victor-Emmanuel se rallie dans un télégramme cordial aux souhaits que les alliés allemands
avaient apportés en personne. François-Joseph le remercie
de ces « nouveaux signes de l'alliance et de l'amitié qui
Nous unit ».

Peu de jours avant la rencontre du Roi Edouard et du
Tsar dans la rade de Revel, le ministre Tittoni fait le
4 juin à la Chambre une allusion loyale à la politique tripliciste. Il affirme l'accord complet avec l'Autriche-Hongrie
dans la question des réformes macédoniennes et l'entente
absolue au sujet des chemins de fer balkaniques, et il termine son discours en rappelant avec cordialité le séjour de
l'Empereur d'Allemagne à Venise, la visite du prince
Bülow à Rome et les fêtes jubilaires de Vienne.

En août et en septembre, ont lieu de nouvelles entrevues
des hommes d'Etat qui dirigent les puissances de la Triple
Alliance : le 23 août, Tittoni rend visite au secrétaire d'Etat
Schön à Berchtesgaden et, le 4 septembre, Aehrenthal et
Tittoni se rencontrent à Salzbourg, après quoi le baron von
Aehrenthal va voir le secrétaire d'Etat von Schön à Berchtesgaden. Au cours de ces entrevues on négocie au sujet
de l'annexion de la Bosnie et de l'Herzégovine, réalisée le
5 octobre. Le 5 septembre le bureau télégraphique impérial
et royal de Vienne avait fait savoir officiellement, à propos
des entretiens de Salzbourg et de Berchtesgaden, que

l' « harmonie la plus réjouissante avait été constatée une
fois de plus dans les conceptions des cabinets des trois
puissances alliées ».

Malgré tout, malgré les conversations préparatoires et les
écrits autographes de François-Joseph Ier aux souverains et
au Président de la République française, la proclamation, en
date du 6 octobre, de l'annexion de la Bosnie et de l'Herzégovine à la monarchie austro-hongroise éclate comme une
bombe. Les motifs pacifiques invoqués par l'Empereur-
Roi François-Joseph dans son manifeste relatif à l'annexion,
l'assurance, contenue dans le discours du Trône, lu le
8 octobre aux Délégations, que la monarchie ne poursuit
pas d'acquisitions territoriales en dehors de l'annexion présente, les déclarations pacifiques de l'exposé d'Aehrenthal,
l'évacuation du Sandjak de Novi-Bazar, tout cela est
vain : les journaux et les réunions protestent à Rome
contre l'annexion ; l'Angleterre, la Russie et la France font
rage contre l'Autriche-Hongrie ; la Serbie et le Montenegro,
encouragés et excités par leurs protecteurs, prononcent des
paroles équivalant presque à une déclaration de guerre.
Les cercles irrédentistes se déchaînent contre la monarchie danubienne, Tittoni déclare dans un congrès tenu
à Carate-Brianza qu'il ne souffrira pas que les intérêts italiens soient lésés, et on demande officieusement des « compensations ». Sur la Néva et plus encore aux bords de la
Seine, on fait de la propagande en faveur d'une liquidation
par les armes. Grey et Hardinge interviennent. La presse
allemande, elle aussi, fait preuve de nervosité. L'ambassadeur d'Allemagne à Constantinople déclare au Grand-Vizir
que « ces événements se sont produits sans que l'on ait demandé auparavant à l'Allemagne d'exprimer son opinion ».
La revue hebdomadaire de la *Norddeutsche Allgemeine
Zeitung* du 11 octobre exprime sa mauvaise humeur à
l'encontre de Vienne, où la presse demande que l'Autriche-Hongrie soit mieux soutenue, en considération des
services rendus par elle dans la question du Maroc. Toute

la question d'Orient est sur le tapis. Avec la question des Dardanelles, le « train vers Tsarigrad » se met en branle. Catherine II et les trois Alexandre s'étaient efforcés de conquérir la suprématie dans la péninsule balkanique. Dès 1804 Czartoriski a présenté à son Empereur un plan de révision de la carte d'Europe, d'après lequel « la masse des pays turcs en Europe devrait être liée par une fédération commune » où le Tsar, « au moyen du titre de protecteur des Slaves », exercerait « son influence décisive ». Le rêve qui s'était anéanti, parce qu'Alexandre Ier s'attira des affaires avec la Suède et qu'aussitôt Napoléon se dirigea vers la Russie, renait alors six siècles après l'entrée de Mourad Ier en Europe et l'apparition du Croissant à Andrinople. La France soutient son alliée, l'Angleterre a l'Inde, l'Egypte et se préoccupe de ses intérêts en Asie, et l'Italie elle-même vacille. La manifestation de Tittoni en faveur de la Triple Alliance disparaît sous les marques d'amitié pour la Russie, et la Chambre aurait sans doute pris une position encore plus énergique contre la monarchie danubienne alliée si elle n'avait pas voulu éviter un changement de cabinet en cet instant critique. La fidélité de l'Allemagne à l'alliance, qui encouragea l'Autriche-Hongrie à rejeter toutes les demandes de compensations et à masser des troupes au sud de la Hongrie et du Tyrol, exerce une influence adoucissante sur la crise et empêche une guerre européenne d'éclater.

Dès la proclamation de l'annexion, Aehrenthal fait connaître son exposé à la Délégation autrichienne réunie à Budapest. Il examine à fond la question d'Orient : se référant à la révolution de juillet survenue à Constantinople, il discute avec une rare franchise le projet de réformes anglorusse, il constate l'entente non seulement avec l'Allemagne et l'Italie, mais aussi avec les autres puissances, en premier lieu avec la Russie, il motive l'annexion des provinces occupées, et il conclut : « En restant fidèles à nos alliées l'Allemagne et l'Italie, nous contribuons sans ren-

Singer   15

contrer d'obstacles à la paix et à l'équilibre européens qui sont si nécessaires. En ce qui concerne en particulier nos rapports avec l'Italie, je continue avec succès, soutenu loyalement par son collègue italien, mes efforts en vue de conserver leur intimité à ces rapports qui, heureusement, n'ont pas cessé de devenir toujours plus chaleureux. Cette année j'ai également eu l'occasion de parler en termes amicaux avec M. Tittoni, et nous avons pu établir que nous étions satisfaits des résultats déjà atteints et que nous nourrissions à juste titre l'espoir d'attendre de notre méthode de très bons effets. L'entente qui existe déjà avec l'Italie a été reconstituée d'une façon semblable au sujet de la question des Balkans, de même que l'entente avec la Russie, de sorte que l'on est justifié à parler d'une conception identique, de la part des trois puissances, de la situation dans la péninsule ».

L'idée de conférence fait alors sa réapparition, ainsi que la question des compensations. Le 27 octobre, Aehrenthal parle de ces deux questions, sous une forme claire et non équivoque à la Délégation autrichienne. La monarchie n'a pas d'objection de principe contre l'idée de conférence, parce qu'elle est résolue à faire tout son possible pour écarter la tension existant entre les puissances. Dans ce but, Aehrenthal fera tout ce qu'il pourra ; certes il n'espère pas que toute la question bosniaque fera partie du programme de la conférence, mais il limite ses désirs à ce que l'extension de la souveraineté autrichienne n'y soit pas discutée. En ce qui concerne les compensations, il n'en voit pas l'opportunité, car il n'y a pas eu une véritable augmentation des possessions de la monarchie ; la Turquie a même réellement accru ses forces du fait de l'abandon du Sandjak par l'Autriche. Le ministre affirme avec une force particulière qu'il ne peut être question d'une compensation quelconque d'autre provenance. Il conclut en exprimant l'espoir d'une prompte terminaison de la tension présente, terminaison que l'Autriche, aidée par ses alliées l'Allemagne et l'Italie, s'efforce de réaliser, et il affirme de la manière la plus expresse que la Triple Alliance est la base de la politique austro-hongroise : « Je regarde l'avenir avec confiance, surtout parce que je crois pouvoir constater chez les autres gouvernements les mêmes dispositions conciliantes que chez le nôtre ».

L'idée de conférence ne tarde pas à disparaître, après que la visite d'Isvolski à Berlin (24 au 26 octobre) est suivie d'une communication officieuse aux termes de laquelle le gouvernement allemand s'en tient fermement au point de vue suivant : il ne peut approuver des projets contre lesquels l'Autriche-Hongrie élèverait des objections.

Le 3 novembre, l'Allemagne et l'Autriche-Hongrie font une démarche collective auprès du gouvernement bulgare. Les représentants des deux puissances lui remettent une protestation écrite en vue de garantir les intérêts des chemins de fer d'Orient (le gouvernement bulgare avait chargé la représentation à Sofia des chemins de fer d'Orient de mener des négociations directes en vue du retrait de la concession) : la protestation, se référant à la possibilité de l'expropriation d'une ligne de chemin de fer, déclare que le renvoi des employés des chemins de fer d'Orient jusque-là non commissionnés par le gouvernement bulgare et l'évacuation des locaux de service sont impossibles en l'état actuel des choses, et que les négociations ne seront admissibles qu'après que le gouvernement bulgare se sera mis d'accord avec la Turquie comme propriétaire.

Du 4 au 7 novembre, l'Empereur d'Allemagne séjourne en Autriche à Eckartsau, où le Prince héritier François-Ferdinand l'a invité à la chasse, et il passe quelques heures à Vienne pour y rendre visite à François-Joseph.

Au début de novembre, la presse italienne discute avec passion le bruit que le Prince héritier d'Autriche-Hongrie, l'Archiduc François-Ferdinand doit se rendre à Rome. Le Vatican fait annoncer par l'officieuse *Corrispondenza Romana* : « Comme la question romaine n'est pas encore résolue, le Pape déclare qu'il considère comme une offense à lui personnellement et à l'Eglise le fait qu'un chef d'Etat catholique ou son représentant vienne faire une visite à la troisième Rome ». La *Tribuna* y répond que la question romaine est résolue depuis 38 ans et n'a pas besoin de nouvelles sanctions résultant de visites rendues par des personnages élevés, si bien venues soient-elles.

Le 25 novembre, ont lieu dans la salle des actes de l'Université de Vienne des bagarres entre les étudiants italiens et les membres des associations d'étudiants allemands ; ceux-là faisaient une manifestation en faveur d'une Université italienne ; le 29 du même mois, des troubles se déroulent dans les rues de Trieste. Le même jour, des réunions de protestation se font à Rome et dans plusieurs autres villes italiennes, au sujet de ce qui s'est passé à l'Université de Vienne. Le meeting pan-italien de Rome donne le signal de manifestations orageuses en Autriche. Le 9 décembre, Bienerth, président du conseil autrichien, déclare, sans faire allusion à ces manifestations, que le gouvernement a décidé pour janvier prochain la fondation d'une faculté de droit où l'enseignement doit se donner en italien.

Le mois de décembre entend à Rome et à Berlin d'importants discours.

La Chambre italienne commence le 1er décembre la discussion de l'avant-projet de budget du ministère des affaires étrangères. Au milieu de scènes orageuses, le député Fusinato motive le vote de confiance pour la politique extérieure du gouvernement. Il expose que l'annexion de la Bosnie et de l'Herzégovine a sérieusement tranquillisé le pays, et qu'avant très peu de temps on sera convaincu que les froissements d'opinion n'étaient pas fondés, car l'Italie n'a pas été lésée ou endommagée ni dans sa situation politique ni dans sa situation économique. Après l'annexion, le ministre des affaires étrangères ne peut suivre que trois voies : ou bien celle de la résistance ouverte, ou bien celle de la réserve muette, ou bien celle des dédommagements. Tittoni

a choisi cette dernière et obtenu l'abandon du Sandjak de
Novi-Bazar, qui, aux yeux de l'Italie, signifie la renonciation à la mer Egée. Le deuxième jour des débats, Sonnino
prend la parole contre la motion de Fusinato pour « protester contre l'attitude de Tittoni pendant ces derniers temps ».
Le député Fortis prononce, le troisième jour, un discours
sensationnel. Il déclare que l'annexion est une véritable lé-
sion du traité. Vivement applaudi par la Chambre, il ajoute :
« Je pense que nous devons nous efforcer de rester dans la
Triple Alliance au cas où la Conférence échouerait, mais
pas à n'importe quel prix ! L'Italie ne peut longtemps supporter la mesure extraordinaire et exagérée des armements
de l'Autriche-Hongrie : l'unique Etat qui, en réalité, nous
menace de la guerre, est notre allié ». Chose intéressante,
le président du conseil et tous les ministres s'empressent
auprès de Fortis, une fois son discours terminé, et lui serrent
les mains. Mirabello, ministre de la marine, l'embrasse. Le
ministre Tittoni reste seul à son banc... Le 5 décembre, il
fait un long discours où il parle d'abord de la question de la
Conférence. Il effleure les conflits de l'Université de Vienne,
mais il affirme qu'il a trouvé de la part du gouvernement
autrichien les meilleures dispositions en ce qui concerne le
traitement amical de cette affaire. Il s'occupe aussitôt d'une
affirmation de Barzilai (que Sonnino avait d'ailleurs, dès la
veille, qualifiée d'inexacte), d'après laquelle l'Autriche-
Hongrie a promis au sous-secrétaire d'Etat Maffei la cession du Trentin à l'Italie dans une lettre adressée à son
ambassadeur. Absolument rien n'a été trouvé, à ce sujet,
ni dans les actes, ni dans les documents secrets ; il y a par
contre des déclarations répétées, expressives, formelles du
gouvernement austro-hongrois, affirmant que le contenu de
la lettre est différent du tout au tout. Tittoni informe aussitôt le Parlement qu'une nouvelle entente vient d'être
conclue entre la Russie et l'Italie et que cet accord ne sera
pas sans effets importants pour l'avenir (1), et il annonce des

(1) L'entrevue de Tittoni et d'Isvolski à Desio, au cours de laquelle

négociations relatives à la construction du chemin de fer du Danube à l'Adriatique, dont la Serbie et le Montenegro attendent leur libération économique. Le ministre examine les compensations possibles et il déclare qu'après la suppression ou la modification des articles XXV et XXIX du Traité de Berlin on s'est soucié de la meilleure manière possible de la défense des intérêts italiens. Le ministre termine son discours par l'assurance que l'Italie restera fidèle à l'alliance avec l'Allemagne et l'Autriche-Hongrie, mais qu'elle ne désire pas choisir entre les alliances et les amitiés. Giolitti se déclare solidaire avec Tittoni en affirmant que la Triple Alliance a assuré très longtemps la paix au pays. Après la déclaration de Giolitti, l'ordre du jour Fusinato est accepté par 297 voix contre 140. Le 21 décembre, Tittoni parle encore une fois de la question d'une Université italienne en Autriche en réponse aux questions des sénateurs Tassi et Vischi : dans cette affaire il a procédé à une action officieuse, amicale, et trouvé les meilleures dispositions auprès des puissances alliées. A cette occasion il proteste contre l'hypothèse suivant laquelle le gouvernement italien avait dirigé son action dans les Balkans contre le gré du gouvernement austro-hongrois ; il a simplement voulu garantir les intérêts italiens contre tous, quels qu'ils soient ; « il n'y a là rien de contraire à la Triple Alliance, à laquelle nous sommes et restons fidèles (1) ».

Le 5 décembre, la discussion du budget commence au Reichstag allemand. Speck (du Centre) loue les rapports étroits avec l'Autriche-Hongrie dans la question d'Orient.

ils souscrivirent à cet accord, avait eu lieu deux années après la rencontre d'Isvolski et d'Aehrenthal à Buchlau. Au début de septembre, Aehrenthal avait vu Tittoni et les deux ministres russes et italiens avaient donc été instruits de l'annexion imminente de la Bosnie.

(1) L'article XXV concerne la Bosnie et l'Herzégovine ainsi que le Sandjak de Novi-Bazar, et l'article XXIX se réfère à Antivari et au Montenegro.

Bassermann affirme également que la Triple Alliance doit rester la pierre angulaire de la politique allemande ; il se réjouit de ce que l'Italie veuille bien continuer à y adhérer, comme le montrent les débats à la Chambre. L'orateur parle aussi des extravagances qui viennent d'avoir lieu à Prague à l'encontre de nationaux de l'Empire allemand. Le 7 décembre, le Dr. Wiemer, député, prend la parole ; il examine la réunion de protestation des étudiants berlinois (discours du Professeur von Liszt) contre les manifestations de Prague, mais il affirme que la place de l'Allemagne est aux côtés de l'Autriche dans lés bons et surtout dans les mauvais jours. Le Chancelier d'Empire, le prince Bernhard Bülow parle ensuite de la « fidélité à l'Autriche-Hongrie, notre alliée », il déclare que l'Allemagne a été informée en même temps que l'Italie et que la Russie de l'intention du gouvernement austro-hongrois de transformer l'occupation en annexion, et il fait connaître au Reichstag qu'il n'a laissé à Isvolski aucun doute sur le point de savoir que l'Allemagne ne se séparerait pas de l'Autriche-Hongrie pour la question de la Conférence. La politique italienne, continue Bülow, est amenée par son propre intérêt à une attitude médiatrice. Il est persuadé de la possibilité de faire disparaître une fois de plus le contraste qui a fait son apparition récente entre l'Autriche-Hongrie et l'Italie, comme ceci s'est déjà passé auparavant dans de nombreux cas. L'Italie a un grand intérêt à s'être alliée avec l'Autriche, comme avec l'Allemagne. Le comte Nigra lui a dit (au prince Bülow) peu avant sa mort (1902 ou 1903) : « L'Italie ne peut être qu'alliée ou ennemie de l'Autriche ». Je ne crois pas, ajoute Bülow, que ces gens veulent le bien de l'Italie qui lui conseillent des aventures susceptibles de mettre en péril le grand avenir et le développement heureux du pays. Après avoir dit quelques mots des excès de Prague (« il serait contraire aux intérêts allemands de s'immiscer dans les affaires intérieures d'un pays étranger, à l'occasion de la protection nécessaire des sujets Allemands de

l'Empire »). Bülow exprime l'espoir que la paix européenne
ne sera pas détruite : « Nous garantirons les intérêts allemands, nous serons aux côtés de nos alliés et de nos amis
et, d'accord avec cette grande Maison ainsi qu'avec la nation allemande, nous soutiendrons tous les efforts dirigés
vers le maintien et le développement de la paix ».

Le discours de Bülow est jugé par l'ensemble de la presse
sur un ton de grande sympathie. Les journaux de l'Empire allemand étudient la marche et les fondements de la
Triple Alliance, dont le *Berliner Tageblatt* ne veut pas
transférer à Vienne le centre de gravité. Les journaux de
Vienne portent bien une appréciation très sceptique sur les
efforts de Bülow en vue de susciter un arrangement entre
la monarchie danubienne et l'Italie (la *Neue Freie Presse*
écrit qu'en raison des conditions présentes de l'Italie il faut
malheureusement faire abstraction des objets pratiques de
la Triple Alliance), mais ils expriment leur conviction que
le discours de Bülow tranquillise fortement tous les amis
de la paix. Les explications données par le *Daily Graphic*
caractérisent bien l'opinion londonienne : ce journal déclare que l'on attend les paroles de Bülow sur la fidélité à
l'alliance à l'égard de l'Autriche-Hongrie et que les autres
puissances les escomptent pleinement, mais que le Chancelier de l'Empire allemand rendrait un plus grand service
à la paix mondiale s'il avait la prudence de reporter à une
échéance postérieure le chèque de Banquo qu'il offre à son
collègue du Ballplatz d'une manière si ostentatoire. Rome
ne manque pas de reconnaître la bonne volonté de Bülow,
mais la joie provoquée par le discours de Fortis retentit
encore trop fort dans la presse. La *Giornale d'Italia* doute
de la franchise des sentiments de Bülow au regard de la politique autrichienne qui, d'un seul coup, a anéanti le travail de patience réalisé par la diplomatie allemande pendant vingt ans à Constantinople. La *Tribuna* salue avec
joie les efforts de l'Allemagne, auxquels l'Italie répond par
la déclaration suivante : « Nous voulons continuer à faire

partie de la Triple Alliance, mais sous la condition d'une
équivalence des plus complètes comme *par inter pares* ».
Le *Mattino* fait même de la propagande en faveur d'une
alliance avec la Turquie, pour tenir l'Autriche en échec. Un
homme politique partisan de la Triple Alliance, aussi modéré que le député Maggiorino Ferraris, va même jusqu'à
dire que l'Autriche-Hongrie a commis une faute grave en
raison de l'action qu'elle a menée de son propre chef et
qu'elle a péché contre la fidélité à l'alliance.

A la fin de décembre, alors que la Russie et l'Angleterre
acceptent le projet de la monarchie danubienne relatif à la
Conférence, l'Italie est éprouvée par une catastrophe
effroyable. Le malheur qui atteint la Calabre et la Sicile
suscite partout la compassion la plus profonde. L'Empereur-Roi François-Joseph envoie à Rome de cordiales condoléances, et la capitale de l'Italie regarde avec gratitude
les réunions organisées à Vienne et à Budapest. Cette
« année des ententes » se termine par les signes d'une belle
solidarité humaine.

1909

Le 7 octobre s'achève la troisième décade depuis la signature du traité d'alliance entre l'Allemagne et l'Autriche-
Hongrie, juste deux jours après le trentième anniversaire
de l'occupation de la Bosnie et de l'Herzégovine, dont l'in-
corporation dans la monarchie danubienne a conduit à une
crise mondiale qui ne trouve une solution satisfaisante que
cette année, à la fin de mars, avec la reconnaissance absolue par la Russie de l'acte d'annexion. Le jour de l'an voit
en une situation toujours aussi mauvaise la crise bosniaque
et la question marocaine, et ce n'est qu'au bout de quatre
mois que peut disparaître la crainte de la guerre. La crise
marocaine est résolue dès février par l'accord de Berlin,

tandis que la crise bosniaque dure jusqu'au début d'avril.
La détente qui se produit alors permet aux deux alliances
européennes d'agir à l'unisson en présence des troubles
turcs, de la grande révolution de Constantinople, du détrô-
nement d'Abd-ul-Hamid et du changement radical et soudain du système politique à la Corne d'Or. Il n'y a pas lieu
de s'étonner que, la même année, de chaleureuses paroles
soient consacrées à l'œuvre de Bismarck dans les trois Etats
de la Triple Alliance (1).

L'anniversaire de la conclusion de l'alliance entre l'Allemagne et l'Autriche-Hongrie provoque des articles dans les
feuilles gouvernementales des trois Etats. La *Norddeutsche
Allgemeine Zeitung* écrit : « La valeur inchangée des relations triplicistes trois décades après sa conclusion prouve
avec éloquence qu'elle est bien appropriée, dans tous ses
détails, aux besoins vitaux des peuples unis dans son sein.
En dépit de toutes les hypothèses contraires, l'alliance n'a
jamais été la base d'une politique agressive, ayant pour
objet de léser les droits des tiers ; elle a été un boulevard
solide de la paix, derrière lequel les puissances alliées ont
pu se consacrer tranquillement à leurs propres affaires. En
conformité avec son caractère pacifique, l'alliance n'a pas
seulement recherché l'établissement de rapports amicaux
avec les Etats en dehors d'elle, mais elle est devenue l'empire terrestre fertile d'où les idées de paix ont tiré une nouvelle nourriture. S'étant développée ensuite avec calme,
élargie en Triple Alliance grâce à l'adhésion de l'Italie,
l'alliance entre l'Allemagne et l'Autriche-Hongrie a exercé
une activité prospère bien au delà de son domaine d'action
primitif, et elle a montré à diverses reprises sa solidité et
sa haute valeur pour l'Europe dans des situations graves
survenues depuis sa conclusion. La conclusion de l'alliance
compte parmi les faits politiques les plus importants de

______

(1) Voir un article du Prof. Dr. Heinrich Friedjung, dans l'*Oester-
reichische Rundschau,* d'octobre 1909.

l'illustre premier Chancelier de l'Empire allemand. Avec
son regard qui pénétrait loin dans l'avenir, le prince Bismarck a jeté les bases, déjà plus de dix ans avant sa signature, d'une étroite combinaison internationale de l'Allemagne et de l'Autriche-Hongrie. L'ambassadeur von
Radowitz (1), qui vit maintenant dans le repos, nous parle
de ses collaborateurs si méritants. Le prince Bismarck, le
comte Andrássy et tous les autres ont coopéré comme
hommes d'Etat à la conclusion du traité d'alliance. La
grande œuvre de l'alliance vit et agit encore, et elle est
restée le fondement de la politique européenne depuis le
jour de sa naissance ».

La *Wiener Abendpost* écrit le même jour : « L'histoire
des trente années de l'alliance avec l'Empire allemand
montre de façon persuasive qu'elle est restée fidèle aux
intentions qui ont prévalu lors de sa conclusion : elle n'a
jamais servi à des buts autres qu'exclusivement défensifs,
et elle a atteint ces buts d'une façon parfaite. L'alliance
entre la monarchie danubienne et l'Empire allemand, qui
s'est transformée ensuite en Triple Alliance par l'adhésion
du royaume d'Italie, s'est maintenue pendant presque une
génération comme l'appui solide de la paix européenne, et
elle est devenue une bénédiction non seulement pour les
Etats alliés et pour leur population, mais aussi pour l'Europe tout entière, car, sous sa protection, le travail pacifique et le développement économique de l'ancienne partie
du monde a pu atteindre une prospérité auparavant iné-
galée. Aussi l'alliance vit-elle non seulement dans l'instrument du traité, mais aussi dans l'amitié inébranlable des

(1) Joseph Maria von Radowitz avait représenté en 1879 avec Otto
v. Bülow la politique d'alliance de Bismarck auprès de l'Empereur
Guillaume qui séjournait alors à Stettin. Voir les lettres de Radowitz
à Bismarck et de Bismarck à Radowitz, ainsi que l'échange de
lettres et de télégrammes entre Bülow et Radowitz lors des jours
critiques de septembre 1879. Cpr. aussi, à ce sujet, Wertheimer,
Graf Julius Andrássy, chap. IX.

souverains comme dans la conscience politique de la population des deux Empires. L'alliance, la Triple Alliance constituée par le ralliement de l'Italie, compte après comme avant parmi les facteurs les plus vivaces, les plus efficaces, les plus avantageux de la politique européenne et aujourd'hui, en ce jour de souvenir, les sentiments les plus profonds de gratitude se renouvellent à l'égard des souverains et des hommes d'Etat qui ont construit au cœur de l'ancienne partie du monde ce boulevard de la paix ».

La *Tribuna* consacre également à ce jour anniversaire un sérieux article où elle établit avec satisfaction qu'à Berlin et à Vienne, on considère l'Italie comme *par inter pares* dans la Triple Alliance, et elle affirme que la Triple Alliance est une position stratégique de premier ordre en faveur de la paix'; il faut aussi la remercier de ce que, grâce à son existence, la Double Alliance ait toujours conservé un caractère amical, il y a là un fait qui n'a pas seulement une importance historique, mais qui a de l'importance pour l'avenir.

A la séance du Conseil communal de Vienne du 8 octobre, le Dr. Karl Lueger, bourgmestre, fait allusion à ce huitième anniversaire : « Cette alliance s'est révélée une institution des plus fertiles en avantages durant toute son existence. Nous lui avons tous encore de la gratitude en raison de l'effet qu'elle a eu spécialement, à savoir d'éviter une guerre pendant ces derniers temps ». A la fin de son discours, le bourgmestre demande la permission de présenter à cette occasion à l'empereur les hommages de tous ses sujets et en même temps d'exprimer le désir, devant les marches du Trône, que cette alliance soit conservée pour l'éternité.

Le discours du Trône, par lequel l'Empereur Guillaume ouvre le Reichstag le 30 novembre, contient le passage suivant : « Dans l'Empire allemand comme dans la monarchie austro-hongroise, il faut se souvenir avec gratitude de l'époque où, il y a une génération, naquit l'alliance élargie plus tard en Triple Alliance par l'accession de l'Italie. J'ai confiance que les bons rapports des trois royaumes alliés conserveront leur force pour le bien-être des trois peuples et le maintien de la paix ».

Je voudrais bien rappeler ici encore quelques opinions sur la Triple Alliance. Gustav Schmoller et Franz von Liszt publient des articles dans le numéro de Pâques de la *Neue Freie Presse* (n° 16035), le premier sous le titre *Deutschland und Oesterreich-Ungarn* et le second sous le titre *Bündnistreue*. Le Prof. Schmoller met en lumière les rapports entre le Brandebourg-Prusse et l'Autriche-Hongrie de 1640 à 1866, puis les causes et les effets de l'alliance.

L'Allemagne n'a aujourd'hui, dit-il à un certain endroit, en dehors de ses intérêts vitaux les plus personnels, pas de vocation plus importante que le maintien et le renforcement de la monarchie habsbourgeoise. L'article demande ensuite que « l'on combatte mieux les haines de nationalités en Autriche-Hongrie », et il déclare évident que la valeur de l'alliance austro-hongroise pour l'Allemagne s'amoindrira dès que la monarchie, menacée par ces haines, paraîtra éventuellement paralysée. Franz von Liszt constate dans son article que l'alliance entre l'Autriche-Hongrie et l'Empire allemand s'est révélée un élément d'importance primordiale, et que les traits habiles de ses adversaires en vue de lui faire échec ont tourné à leur confusion. Puis il dit : « Dans cette consolidation et cet élargissement des relations amicales des deux puissances, j'aperçois le fait le plus important que nous ont apporté les dernières années en ce qui se rapporte au groupement des grandes puissances européennes... Une politique de bienveillance mutuelle rapprochera aussi l'Italie de la Double Alliance, dont la puissance ne pouvait être appréciée jusqu'à présent d'une manière tout à fait suffisante. Mais la renaissance de la Triple Alliance dans le sens bismarckien serait un boulevard inébranlable de la paix européenne : un bloc de l'Europe centrale, qui, grâce aux Etats amis, irait de la Mer du Nord et de la Baltique par l'Adriatique et la Mer Tyrrhénienne jusqu'aux bords de la Méditerranée et de la Mer Noire. » Peu après, le 12 mai, le publiciste Maximilian Harden fait au Musikvereinssaal de Vienne un exposé sur « l'Allemagne et l'Autriche-Hongrie », où, délaissant son attitude antérieure, il se dit partisan décidé de l'alliance austro-allemande. L'alliance n'est plus le simple lien pacifique que l'on apercevait jusqu'à présent, un lien adapté seulement à la paix ; elle a acquis une force éprouvée au cours de la crise balkanique qui vient de se présenter. Au moment où Harden fait son exposé, l'Autriche et l'Allemagne ont fourni la preuve qu'unies elles sont intangibles, prêtes à défendre leur communauté l'épée à la main ; puis viendront des jours où chacun se défendra de provoquer une situation grave, mais il ne manquera pas de tentatives secrètes et ouvertes de relâcher cette alliance.

*
* *

Examinons maintenant dans l'ordre chronologique les faits de l'année relatifs à la Triple Alliance.

La première revue hebdomadaire de la *Norddeutsche Allgemeine Zeitung* nous apprend que le baron von Aehrenthal, ministre austro-hongrois des affaires étrangères, a adressé au prince Bülow à l'occasion de la nouvelle année une dépêche où il le prie de transmettre ses félicitations au couple impérial, et remercie son collègue allemand avec beaucoup de chaleur de l'appui apporté par la Triple Alliance à la politique austro-hongroise. La *Norddeutsche Allgemeine Zeitung* polémique au cours du même article contre quelques opinions de journaux (*Temps*, *Germania*, *Reichspost* viennoise) et examine les efforts des publicistes du Centre en vue de miner la confiance que le prince Bülow possède en la monarchie alliée : « Depuis le début, le point de vue allemand a été de considérer la conservation de l'Autriche-Hongrie en qualité de grande puissance comme un intérêt fondamental de la politique allemande, de se tenir par conséquent sans hésitation aux côtés de notre alliée et de mettre en lumière de toutes parts notre ferme résolution de ne pas nous laisser opprimer par l'Autriche-Hongrie ». La *Reichspost* de Vienne, organe du Prince héritier François-Ferdinand, enregistre ces déclarations et y lie la remarque suivante : « Le point de gravité de la situation repose aujourd'hui sur nos négociations à Constantinople, et non pas sur la question oiseuse, parce que déjà résolue, des rapports entre Vienne et Berlin, qui sont toujours et partout gouvernés par la confiance et la loyauté ! » Le *Fremdenblatt* de Vienne approuve les déclarations de la *Norddeutsche Allgemeine Zeitung* et constate que, depuis le début, la politique allemande a accordé à l'Autriche-Hongrie son appui diplomatique le plus complet.

En janvier des émeutes antitriplicistes, c'est-à-dire germanophobes, ont lieu à l'Université de Prague ; les Tchèques profitent de la présence d'étudiants français venus à Prague pour participer au cinquième centenaire du décret de Kuttenberg, pour se livrer à des manifestations en faveur de la France. La question de l'Université italienne revient toujours. A Agram ont lieu des troubles panserbes. L'Autriche-Hongrie est embarrassée sur toute la ligne par les haines de nationalités qui ont également pour suite des scènes de scandale au Parlement. Les émeutes d'étudiants se renouvellent à Prague les 28 février et 7 mars.

Le 22 février, Sidney Sonnino, chef de l'opposition constitutionnelle en Italie, publie une lettre qui constitue une manifestation très intéressante en faveur de la Triple Alliance ; Sidney Sonnino y constate que la Triple Alliance n'a empêché aucune des trois puissances d'avoir les meilleurs rapports avec les autres Etats. Il préconise en outre le rétablissement des relations les plus cordiales avec l'Empire voisin. L'Italie, dit-il pour conclure, ne cessera jamais de s'intéresser à toutes les questions qui touchent d'une manière quelconque à l'équilibre des forces dans le bassin de la Méditerranée ; il sera donc toujours plus désirable, pour la force de vie et la sincérité de ses alliances, que le traité d'alliance s'occupe aussi des questions de cette nature en garantissant le maintien de la situation actuelle. Le 28 février, c'est-à-dire le même mois, Guicciardini fait à ses électeurs de San Miniato un discours où il explique qu'il considère la Triple Alliance comme la grande garantie de la paix et aussi comme un facteur important de progrès.

Le 22 février, la *Süddeutsche Reichskorrespondenz*, le *Berliner Lokalanzeiger* et la *Kölnische Zeitung* parlent de la position de l'Allemagne dans le conflit entre l'Autriche-Hongrie et la Serbie, et constatent à l'unisson que « la politique allemande reste épaule contre épaule avec l'Autriche-Hongrie ». Lorsque le 26 février le protocole d'entente de Constantinople entre la Turquie (Hilmi Pacha, grand-vizir, et Noradounghian, ministre du commerce) et l'Autriche-Hongrie (Pallavicini ambassadeur), est signé, le *Matin* de Paris se fait annoncer de Berlin que le prince Bülow a déclaré dans une réunion des chefs des partis du bloc que, si la Serbie recevait l'appui armé de la Russie contre l'Autriche-Hongrie, l'Allemagne ferait la guerre à la Russie ; le prince Bülow fait aussitôt démentir cette information par l'Agence Wolff.

Le 31 mars, le conflit entre l'Autriche-Hongrie et la Serbie est tranché par une note de ton modéré remise au Ballplatz de Vienne par l'envoyé serbe, Simitch. Durant tout le mois ce conflit est naturellement le centre des discussions des journaux européens ; il donne même lieu aux bruits les plus divers concernant la Triple Alliance. Le 11 mars, la *Rheinisch-Westfalische Zeitung* publie un interview d'un de ses collaborateurs auprès d'une personnalité du ministère viennois des affaires étrangères. Au cours de la conversation le journaliste pose la question de savoir si l'information publiée par la presse française est exacte : à savoir que l'Empereur Guillaume a déclaré à l'Empereur-Roi François-Joseph que comme feld-maréchal de l'armée allemande il pouvait lui donner l'ordre de marcher. L'interviewé aurait répondu qu'un fait de ce genre a bien existé, pas en ce moment, mais il y a quelques mois, lors de la dernière visite de l'Empereur Guillaume, à Vienne, au repas donné par la Cour à Schönbrunn. Tandis que la presse allemande approuve sans réserve la politique d'Aehrenthal, les journaux italiens ne lui sont pas favorables ; la *Tribuna* exprime même d'une manière assez équivoque l'espoir que le baron von Aehrenthal, connaissant la force et la puissance de l'Autriche, secondera avec une confiance amicale la diplomatie européenne dans ses efforts en vue d'assurer la paix, et n'imposera pas à la Russie le choix de compromettre sa dignité ou de fouler un chemin s'oppose à son besoin de paix. L'attitude de la presse austro-hongroise est intéressante. Les feuilles tchèques admettent l'appui de l'Allemagne, mais réclament la paix ; les journaux polonais, le *Czas* en tête, grognent bien encore contre les procédés de la politique prussienne à l'égard de leurs conationaux de Posnanie, mais ils reconnaissent pleinement les avantages de l'alliance avec l'Allemagne, la presse magyare est sans réserve favorable à la Triple Alliance, seules les feuilles nationalistes en Hongrie et en Croatie attaquent la politique allemande avec une violence démesurée, en l'accusant d'exploiter la monarchie pour satisfaire ses idées de grandeur.

Le projet de conférence du gouvernement italien, en date du 15 mars, est également jugé par la presse de l'Empire allemand comme une apostasie.

Le 23 mars, la *Politische Korrespondenz* de Vienne publie un communiqué officieux aux journaux, qui met en avant avec une force particulière la fidélité de l'Allemagne à l'alliance, ce qui éveille en Autriche-Hongrie le « sentiment d'une chaude reconnaissance ». « Tous les cercles politiques, désireux de rester sur le terrain de la réalité, ont

à tenir compte du fait que les lignes directrices de l'Autriche-Hongrie et de l'Allemagne sont identiques à l'égard des problèmes à résoudre dans l'avenir le plus proche. »
Le *Temps* annonce le 26 mars que l'Empereur Guillaume a d'une part adressé à l'Empereur Nicolas une lettre personnelle en faveur de l'Autriche-Hongrie, et de l'autre promis à l'Archiduc François-Ferdinand son appui sans réserve. Cette nouvelle fait l'objet d'un démenti officieux, mais la *Kölnische Zeitung* ajoute qu'il est également faux que le gouvernement allemand ait suivi seulement à contre-cœur, obligé à cela dans une certaine mesure par l'Empereur, la politique d'appui solide à l'Autriche-Hongrie : « Au contraire, tout le monde partageait l'opinion unanime que le devoir et l'intérêt de l'Allemagne consistent à se tenir avec le plus de netteté possible aux côtés de l'Autriche-Hongrie ».

A l'attitude équivoque de la presse italienne correspond aussi le discours de Tittoni à la Chambre, en date du 29 mars. Le député Brunialti interpelle sur la « constitution et l'achèvement de la défense nationale sur mer et sur terre », parle à cette occasion de la conduite du gouvernement autrichien à l'égard de ses sujets italiens, et demande ce que le gouvernement pense faire en ce qui concerne la concentration opérée par l'Autriche-Hongrie de 100.000 hommes à la frontière italienne. Tittoni évite de répondre directement, mais il ne trouve pas un mot pour défendre le gouvernement autrichien ; il regrette au contraire que ses espoirs de voir réalisés certains vœux des Italiens de l'autre côté de la frontière aient échoué (« une bonne occasion d'enchaîner les peuples des deux Etats dans une amitié plus puissante est restée inutilisée »), et il évite de prononcer le mot Triple Alliance.

Le discours de Bülow, du même jour, est tout autre. Le Chancelier d'Empire défend la politique d'Orient du gouvernement allemand contre deux reproches contraires, contre le reproche d'avoir été oscillante à l'égard de l'Au-

triche-Hongrie et contre le reproche d'avoir fait pour l'Autriche-Hongrie, avec un zèle superflu, plus que l'Allemagne
aurait pu faire dans son propre intérêt. En ce qui concerne
le premier reproche, Bülow prouve par la lecture de documents que, depuis le début de la crise, l'Allemagne a appuyé
son alliée de toutes ses forces. Le 6 octobre, l'instruction
suivante a été adressée à l'ambassadeur d'Allemagne à
Vienne : « J'attribue une valeur particulière au fait que l'on
a à Vienne une confiance absolue en notre attitude à l'égard
de la question de l'annexion. Ceci est pour nous un devoir
de loyauté libre et correspond à l'alliance avec l'Autriche,
à laquelle l'Europe doit en grande partie la paix des trente
dernières années ». Le 7 octobre, le Chancelier d'Empire
avait demandé à Londres de faire connaître que l'Allemagne
avait bien une sympathie sincère pour le mouvement réfor-
mateur, mais qu'elle n'abandonnerait pas son alliée austro-
hongroise dans sa situation délicate. Le 13 octobre, Bülow
fait savoir à Londres que l'Allemagne est également aux
côtés de son alliée dans la question de la Conférence. Le
même jour, le prince envoie à Vienne une instruction qui
renferme le passage suivant : « Hier j'ai eu l'occasion
d'avoir une longue conversation avec Sa Majesté l'Empereur et Roi, et je suis en situation de dire que Sa Majesté
partage tout à fait mon point de vue et en particulier
l'opinion, que j'ai acceptée depuis le premier jour, que
nous n'avons ni l'occasion ni l'inclination de critiquer
les actes de notre alliée, et qu'elle a la volonté ferme
d'être et de rester à ses côtés pour remplir nos devoirs
d'alliée. Au cas où des difficultés et des complications se
présenteraient, notre alliée pourrait aussi compter sur
nous. Sa Majesté l'Empereur et Roi, dont on connaît
l'amitié pleine de vénération pour le vénérable Empereur et
Roi François-Joseph, a une fidélité inébranlable à l'égard
de son illustre alliée ». La débilité du deuxième reproche,
— reproche à l'Allemagne d'avoir trop fait pour l'Autriche-
Hongrie, — donne au Chancelier d'Empire l'occasion de

justifier la politique de fidélité à l'alliance observée par
l'Allemagne à l'égard de l'Autriche-Hongrie pendant la
crise d'Orient. Il montre que l'Allemagne doit rester fidèle
à l'Autriche-Hongrie, pour des raisons morales comme pour
des raisons politiques. C'était pour l'Allemagne un devoir
de loyauté de soutenir l'alliée dans une situation difficile ;
l'intérêt de l'Allemagne exige en outre ce genre d'attitude,
car une défaite diplomatique de l'Autriche-Hongrie exercerait une répercussion certaine sur la situation internationale
de l'Allemagne. De plus, continue le Chancelier d'Empire,
la cause de l'Autriche-Hongrie, que l'Allemagne a soutenue,
est une cause juste. Il fonde cette opinion sur l'argument
suivant : l'Autriche-Hongrie a acquis par son travail un droit
sur les deux provinces annexées. Bülow dit entre autres
choses : « J'ai lu quelque part un mot ironique sur l'état de
vassalité de l'Autriche-Hongrie par rapport à l'Allemagne.
Ce mot est naïf. Il n'y a pas ici de compétition de pré-
séance, comme entre les reines dans le chant des Nibelungen. La fidélité des Nibelungen, Messieurs, que nous ne
voulons pas séparer de nos rapports avec l'Autriche-Hongrie, nous voulons la garantir mutuellement. » Pour conclure son discours, le Chancelier d'Empire parle des revendications serbes et résume les pensées directrices de la politique allemande en ces termes : « Nous protégeons nos
propres intérêts et nous sommes fidèles à la Triple Alliance,
et, en restant solidement attachés à l'Autriche, nous assu-
rons nos intérêts le mieux possible ». Tous les orateurs qui
prennent part aux débats, le baron von Hertling, le comte
Kanitz, Bassermann, Schrader, le prince héréditaire zu
Hohenlohe-Langenburg, Liebermann von Sonnenberg et
même le leader social-démocrate Ledebour approuvent les
déclarations du Chancelier d'Empire.

Le lendemain est remise la note serbe qui termine le
conflit. Le même jour, le Dr. Karl Lueger fait à l'occasion de
sa réélection, comme bourgmestre de Vienne, un discours
qui a son point culminant dans une manifestation enthou-

siaste en faveur de la fidélité de l'Allemagne à l'alliance. A
Budapest, le Dr. Wekerle, président du conseil, dit en réponse à une interpellation du comte Théodore Batthyány,
député : « Je ne peux pas terminer mon discours sans
penser avec une sincère gratitude à cette amitié et à cette
fidélité à l'alliance exemplaires que l'Empire allemand a
manifestées à notre égard en toute abnégation et sans aucune réserve. Je voudrais seulement rappeler, avec des remerciements sincères, que cette attitude trouve de notre
côté un écho complet et que nous considérons cette alliance
non seulement comme une alliance formelle, mais aussi
comme une alliance qui a ses racines assujetties dans les
sentiments des peuples. Nous devons y rester attachés
non seulement parce qu'elle protège en ce moment nos
intérêts, mais aussi parce qu'elle constitue une garantie
puissante de la paix ». L'opinion des journaux hongrois
est formulée sur un ton tout aussi favorable ; pour le *Pester
Lloyd*, la fidélité de l'Allemagne à l'alliance a été tout le
secret du succès de la politique austro-hongroise.

La liquidation a lieu le mois suivant, en avril : les représentants de l'Autriche-Hongrie auprès des puissances signataires sont chargés de demander formellement leur approbation pour la suppression de l'article XXV du Traité de
Berlin. A cette occasion l'Italie intervient en faveur du
Montenegro au sujet de l'abolition de l'article XXIX du
Traité de Berlin (restrictions de souveraineté, à l'exception
de l'alinéa 6, concernant le caractère d'Antivari comme
port de commerce). Le 11 mars, Tittoni, ministre des
affaires étrangères en Italie, fait une excursion à Venise
pour y rendre visite au prince Bülow, qui y passe les fêtes
de Pâques. La *Tribuna* voit dans cette entrevue une preuve
des relations très cordiales qui unissent l'Allemagne et
l'Italie, mais elle déclare qu'elle n'a pas eu lieu pour des
raisons politiques, de quelque sorte que ce soit : « La
Triple Alliance n'avait pas besoin d'être consolidée et on
n'a pas non plus songé à la renouveler par avance ». Le

14 avril, la ville de Bolzano organise une fête en l'honneur
de l'Allemagne. Le 25 avril, le Prince héritier d'Allemagne
va à Vienne. Le 27 du même mois, une démarche collective de la Triple Alliance a lieu à Sofia. Les représentants
de l'Allemagne, de l'Autriche-Hongrie et de l'Italie transmettent en commun au gouvernement bulgare la note
reconnaissant l'indépendance de la Bulgarie. Le *Fremdenblatt* de Vienne montre dans une note officieuse que
cette unanimité des puissances de la Triple Alliance n'a été
rendue possible que par la prise en considération, par le cabinet de Rome, des intérêts de ses alliés.

Le 12 mai, à son retour de Corfou, le couple impérial
allemand, venant de Malte, s'arrête devant Brindisi où le
Roi Victor-Emmanuel et la Reine Hélène se sont rendus de
Rome pour s'y rencontrer avec leurs hôtes de qualité.
Cette entrevue (deux semaines avant la rencontre italo-
anglaise à Baje) a une importance très grande aux yeux de
la presse italienne parce qu'elle précède immédiatement la
visite de l'Empereur Guillaume à Vienne. La *Tribuna* salue
cette entrevue de souverains et y voit une preuve que la Triple
Alliance n'a pas vécu, mais qu'elle subsiste dans toute sa
force et qu'après comme avant elle reste l'asile le meilleur
et le plus sûr de la paix mondiale ; aucun homme d'Etat
italien, ajoute-t-il, ne voudrait désavouer la Triple Alliance.

Le lendemain le yacht impérial allemand, le « Hohenzollern », arrive au port de Pola. Le couple impérial se rend
à Vienne où a lieu le surlendemain un dîner de gala à la
Hofburg. Dans son toast, François-Joseph rappelle « avec
une profonde et une sincère reconnaissance l'attitude de
l'Empire allemand, attitude favorable à l'alliance, qui s'est
récemment manifestée de la façon la plus éclatante, l'appui
constant que nous a prêté cet Empire a facilité dans une
très forte mesure la réalisation de Mon désir intime en
écartant, sans complications guerrières, les difficultés qui
naissaient ; » et il ajoute : « peut-être toutes les puissances
étaient-elles unies dans cet effort loyal, mais il faut avant

tout remercier Nos illustres amis et alliés — Votre Majesté et Sa Majesté le Roi d'Italie — de leur fidélité inébranlable à l'alliance, grâce à quoi nous pouvons aujourd'hui voir les résultats atteints avec une satisfaction sans mélange ». De la réponse de l'Empereur Guillaume, tirons les phrases suivantes : « Une génération s'est écoulée depuis que Votre Majesté a jeté, avec mon grand-père qui, maintenant, repose en Dieu, les bases de cette union amicale qui a bientôt été élargie à notre grande joie par l'adhésion de l'Italie. L'histoire montrera un jour quelle reconnaissance on doit avoir à l'égard de cette alliance. Mais le monde tout entier sait déjà avec quelle efficacité elle a contribué au cours des derniers mois à maintenir la paix dans toute l'Europe. Ce qui a été fondé autrefois est aujourd'hui solidement enraciné dans les cœurs de nos peuples. Votre Majesté sait avec quelle spontanéité, en Autriche-Hongrie comme en Allemagne, elle a agi chaque fois que notre entente fidèle et particulière a été sollicitée vers l'extérieur. Puissent les sentiments et les idées d'amitié fidèle subsister jusque dans l'avenir le plus lointain sous le glorieux sceptre de Votre Majesté, puissent-ils toujours constituer un lien indéchirable entre nous et nos Empires, pour le salut de nos peuples et le maintien de la paix ». Après le dîner, le télégramme commun que voici est adressé au Roi d'Italie, par les deux souverains : « Notre entrevue nous fournit l'occasion nouvelle de saluer notre éminent allié et ami et de lui transmettre la chaleureuse expression de notre amitié inaltérable ». Le Roi Victor-Emmanuel répond à cette dépêche par le télégramme suivant : « Je suis très reconnaissant à Votre Majesté, de ce qu'elle a été assez bonne pour me transmettre l'expression de son amitié inaltérable, conjointement avec sa Majesté notre allié et ami commun. Cette amitié a pour moi une valeur extrême, et Je donne à Votre Majesté l'assurance qu'elle trouve dans Mon cœur une réponse complète et sincère ». Les toasts et l'échange de télégrammes trouvent en Allemagne comme en Italie et

en Autriche-Hongrie un accueil extrêmement sympathique ;
la presse hongroise, en particulier, — l'Empereur Guillaume
avait parlé dans son toast du « peuple chevaleresque des
Magyars », — publie des dithyrambes en l'honneur de la
fidélité de l'Allemagne à l'alliance et de la « fraîcheur juvé-
nile indestructible » de la Triple Alliance.

La rencontre du 17 juin, de l'Empereur d'Allemagne et
du Tsar en Finlande près de Frederickshavn est jugée depuis
des semaines par une partie de la presse française et anglaise
comme si la politique allemande voulait renoncer à la politique tripliciste ; aussi la *Norddeutsche Allgemeine Zeitung*
se voit-elle amenée à déclarer le 6 juin que cette entrevue
ne « constitue aucune modification des lignes fondamentales
de la politique européenne ».

Le 15 juin, le Prince Henri de Prusse séjourne à Vienne,
où François-Joseph lui donne une audience particulière.

Le 23 juin, Tittoni fait à la Chambre italienne, à l'occasion de la discussion de son budget, un très long discours
où il répond d'une manière détaillée à une question du député Barzilai qui demande si un renouvellement de la
Triple Alliance est en chantier. Le ministre rappelle l'entrevue de Brindisi et les télégrammes échangés à Vienne, à
l'occasion de la visite de l'Empereur Guillaume, entre ce
souverain et l'Empereur-Roi François-Joseph d'une part,
et le Roi Victor-Emmanuel de l'autre, et il remarque que
ces événements ont montré la solidité inébranlable de la
Triple Alliance. On se trompe lorsque l'on voit dans les
rapports excellents de l'Italie avec l'Angleterre et la France,
nations amies, un contre-poids à l'alliance avec l'Autriche-
Hongrie et l'Allemagne. Ces amitiés et la Triple Alliance
ne doivent pas annuler leurs effets, mais se compléter. Le
ministre assure enfin de la façon la plus formelle qu'aucune
des puissances de la Triple Alliance ne pense à un renouvellement prématuré de cette union, car il n'y a à cela nul
motif, et ce renouvellement prématuré ne pourrait être
suscité que par des soucis et des doutes. De tels soucis font

défaut : tous les Etats alliés sont plutôt remplis de la confiance mutuelle la plus complète. Le 28 juin, à la Chambre,
Tittoni répond, en termes très modérés et très favorables
à l'alliance, à une question du socialiste Turati au sujet de
l'ordonnance du gouvernement prussien relative aux cartes
d'identité pour les ouvriers italiens ; il annonce que le gouvernement italien proposera l'institution d'un tribunal
d'arbitrage si le gouvernement allemand ne se laisse pas
convaincre par les objections du cabinet italien.

C'est le 14 juillet que Bülow quitte le pouvoir. La presse
austro-hongroise et en particulier la presse italienne lui
consacrent des phrases chaleureuses à l'occasion de son
départ ; la *Tribuna*, commentant l'échange de dépêches qui
a lieu à cette occasion entre Bülow et Tittoni, dit que le
prince Bülow a toujours combattu l'opinion, partagée par
beaucoup d'Allemands, que l'Italie tire seulement des avantages de la Triple Alliance sans rien donner en échange.

Le nouveau Chancelier d'Empire, M. von Bethmann
Hollweg, va le 19 septembre à Vienne. Le surlendemain,
les conversations du nouveau Chancelier et du comte Aeren-
thal donnent lieu à un communiqué officiel, qui déclare :
« que les rapports d'alliance entre les deux Etats mutuellement et entre ces Etats et l'Italie, qui par la suite
comme jusqu'à présent, représentera le fondement inébranlable de leur politique européenne, n'ont pas besoin d'être
mentionnés ». A un rédacteur du *Fremdenblatt* de Vienne,
Bethmann Hollweg se déclare très satisfait du résultat de
son voyage en cette ville : il a eu pour effet un accord
complet des vues échangées, l'alliance entre l'Empire allemand et l'Autriche-Hongrie est rendue encore plus populaire
par les événements de l'hiver dernier, et cette alliance,
mise à l'épreuve, a également exercé la plus grande influence
à l'extérieur.

A la fin d'août et au début de septembre, les troubles
irrédentistes du Trentin ne peuvent que provoquer entre
l'Autriche-Hongrie et l'Italie un dissentiment transitoire

(qui n'a pas touché du tout les cercles officiels), de sorte que l'anniversaire de la Triple Alliance peut être fêté sans troubles dans les trois Etats.

Le 4 octobre, le Prince Louis de Bavière, lors de l'inauguration à Helmstadt d'un monument commémoratif de sa blessure en 1866, fait un très long discours qui trouve un écho amical dans les cercles allemands d'Autriche. Dans son discours, le Prince discute en détail les raisons de la guerre de 1866, les rapports entre l'Autriche-Hongrie et l'Allemagne et en particulier la situation des Allemands en Autriche. Il prie les Allemands d'Autriche de ne pas lorgner au delà des frontières. « Par l'union de l'Allemagne et de l'Autriche-Hongrie, dit l'héritier du trône bavarois pour conclure son discours, une guerre qui menaçait sérieusement a été empêchée l'année dernière et la paix a été maintenue. Grâce au rétablissement des rapports entre l'Allemagne et l'Autriche-Hongrie, il était possible que l'on remportât d'aussi belles et aussi rapides victoires qu'en 1870. Le fait que, grâce au prince Bismarck, la Prusse n'a pas exigé en 1866 de l'Autriche un pied de terrain a rendu possible l'adhésion des Etats du Sud de l'Allemagne. Nous voyons donc au centre de l'Europe la Triple Alliance exister depuis des années et susceptible de durer longtemps encore, à l'honneur des nations qui sont représentées par elle et pour le maintien de la paix ! Cette Triple Alliance embrasse à peu près le même territoire que le Saint Empire romain de la nation allemande : il y a là une manifestation particulière. On se réjouissait de cette dernière union, on peut se réjouir d'autant plus de l'alliance actuelle. »

Le 11 novembre, l'héritier du trône austro-hongrois et son épouse séjournent à Berlin, en septembre, l'Empereur d'Allemagne et le Prince héritier austro-hongrois avaient assisté, le premier aux manœuvres de Gross-Meseritch et le second aux manœuvres allemandes de Mergentheim.

Une manifestation irrédentiste a lieu à Brescia le 11 novembre ; elle ne provoque d'ailleurs pas une grande émo-

tion. Le lieutenant général Asinari di Bernezzo, commandant du troisième corps d'armée, prononce une allocution
à l'occasion de la remise d'un drapeau au nouveau régiment
de cavalerie d'Aquila, et il y dit : « Devant vos regards
s'étendent les collines qu'a arrosées le sang de nos héros, et
derrière elles se trouvent les terres non encore rédimées (*le
terre irredente*) qui attendent l'heure de leur libération ». Le
gouvernement italien fait prompte justice du général politicien et le met à la retraite d'office.

Le 9 décembre, le Reichstag allemand commence la discussion du budget. Les débats sont ouverts par un discours
du cinquième Chancelier, puis le baron von Hertling rappelle en termes chaleureux que la Triple Alliance est l' « asile
le plus sûr de la paix » ; Bassermann parle aussi de l'adhésion fidèle à la Triple Alliance et de la rencontre du Tsar et
du Roi d'Italie à Racconigi (24 décembre). Le jour suivant,
Bethmann Hollweg déclare qu'en Italie, à l'occasion de la
visite du Tsar, beaucoup de voix se sont fait entendre qui
étaient peu favorables à la Triple Alliance, mais qu'il n'a
pas fait d'observation susceptible de laisser croire d'une
façon quelconque que la direction responsable de la politique
italienne estimait autrement ou moins qu'auparavant la valeur pour l'Italie des traités de triple alliance. Etant donné
l'esprit d'absolue loyauté qui caractérise nos rapports mutuels, ajoute le Chancelier d'Empire, le ministre italien des
affaires étrangères nous a donné des renseignements sur les
conversations de Racconigi qui ont mis en lumière que dans
sa politique balkanique, l'Italie ne poursuivait aucun but contraire à nos traités.

Sidney Sonnino, le nouveau président du conseil italien
(le cabinet Giolitti avait donné sa démission le 2 décembre) (1) s'empresse le 18 décembre, dans son discours
d'entrée, d'affirmer sa confiance en la Triple Alliance. La
même année, le 22 février, Sonnino s'était d'ailleurs affirmé

____

(1) Tittoni fut nommé ambassadeur à Paris.

partisan de la Triple Alliance dans une circulaire à ses électeurs. Il expose aux deux Chambres législatives italiennes que l'Italie conservera inchangée la direction prise par sa politique extérieure : « La Triple Alliance reste non seulement une grande puissance au service de la paix, mais aussi une garantie des intérêts de l'Italie ; les rapports amicaux avec les autres puissances sont favorables aux buts de cette alliance, sans qu'il y ait une opposition quelconque aux traités de triple alliance ».

1910

Si l'on jette en arrière un coup d'œil sur l'ensemble des événements journaliers de l'année, on voit ressortir surtout les nombreuses rencontres de souverains et d'hommes d'Etat.

Le 22 février le comte Aehrenthal va à Berlin. Ce faisant, le ministre austro-hongrois des affaires étrangères rend au Chancelier de l'Empire allemand, M. von Bethmann Hollweg, la visite à Vienne de septembre dernier. La *Norddeutsche Allgemeine Zeitung* salue avec respect le comte Aehrenthal et célèbre en termes chaleureux l'intérêt de l'alliance entre l'Autriche-Hongrie et l'Allemagne. Le 24 février, on publie à Berlin un communiqué officiel, relatif aux conversations des deux hommes d'Etat, établissant que « l'Autriche-Hongrie comme l'Allemagne s'efforcera de maintenir le *statu quo* dans le Levant et qu'elles accueillent avec sympathie la nouvelle consolidation des affaires intérieures de l'Empire ottoman ». De Berlin, le comte Aehrenthal se rend à Munich. A Berlin comme à Munich, on parle des questions concernant les dépenses maritimes, les cours d'eau de la frontière austro-bavaroise et les projets financiers. Une information du *Secolo* de Milan ayant annoncé que l'ambassadeur d'Italie à Berlin, Pansa, s'est tenu à l'écart et a pour ainsi dire été « coupé » de tous les repas de gala donnés en l'honneur d'Aehrenthal pendant sa présence à Berlin, il est répondu officiellement que le comte Aehrenthal, dans une très longue conversation avec M. Pansa, « a discuté les nombreuses questions intéressant les deux États à la plus entière satisfaction des deux parties ». Le 26 février, la *Süddeutsche Reichskorrespondenz* publie sous le titre *Nachklag* une lettre de Berlin niant que l'Allemagne « regarde d'un œil louche le rapprochement qui se prépare entre l'Autriche-Hongrie et la Russie ». D'après une information de la *Neue Freie Presse*, le comte Aehrenthal lui-même se dit tout à fait content de son voyage à Berlin au cours d'une conférence commune des ministres qui a lieu à Vienne, le 28 février, et il expose qu'un accord parfait a régné entre ses vues et celles du Chancelier de l'Empire allemand, et qu'il a l'impression qu'entre l'Allemagne d'une part, l'Angleterre et la France de l'autre, les rapports se sont améliorés et sont devenus plus amicaux.

Le Chancelier d'Empire von Bethmann Hollweg arrive à Rome le 21 mars. A Milan le préfet lui avait souhaité la bienvenue sur le sol italien au nom du gouvernement ; une note officieuse de l'*Agenzia Italiana* le salue en ces termes : « La visite montre au monde l'excellence des rapports germano-italiens, rapports qui reposent sur la Triple Alliance et sur la confiance mutuelle la plus complète ». A l'audience donnée par le Roi au Chancelier le 22 mars, Victor-Emmanuel lui confère l'ordre de l'Annonciation. Le 24 mars, une note officieuse est publiée qui consacre à la question d'Orient presque les mêmes phrases que celles publiées, après la rencontre de Bethmann Hollweg et d'Aehrenthal à Berlin. On lit dans cette note : « Les entretiens politiques ont pu établir à la satisfaction des deux partis que la politique fondée sur la Triple Alliance, qui garantit depuis si longtemps la paix européenne, a poussé de trop fortes racines dans les deux pays pour pouvoir être mise en péril par un changement de personnel ». Le lendemain, le

Berliner Tageblatt écrit : « Sans aucun doute, la Triple Alliance est aujourd'hui d'autant plus solide que, pendant les dernières années, les rapports entre l'Italie et l'Autriche-Hongrie se sont améliorés d'une manière décisive. Le mérite de l'amélioration survenue dans une situation un peu tendue revient au comte Guicciardini, dont la chute est très regrettable au point de vue de la Triple Alliance. Mais on est tout à fait convaincu, à Berlin et à Vienne, que son successeur suivra ses traces ». Dans sa revue hebdomadaire du 27 mars, la *Norddeutsche Allgemeine Zeitung* écrit : « Le Chancelier d'Empire von Bethmann Hollweg a, pendant son séjour à Rome, reçu des impressions confirmant une fois de plus que l'idée de Triple Alliance, réalisée depuis plusieurs décades, a poussé des racines aussi profondes et aussi solides en Italie qu'en Allemagne et en Autriche-Hongrie ». Le 31 mars, le Chancelier reçoit à l'ambassade d'Allemagne à Rome le correspondant du *Rousskoïe Slovo* et lui dit, entre autres choses : « L'Allemagne, en qualité d'alliée de l'Autriche-Hongrie, a naturellement défendu la légalité de l'annexion, qui a été reconnue en fait beaucoup plus tôt encore par le cabinet de Pétrograd. En ce qui concerne les relations germano-italiennes, je puis constater que les deux Etats entretiennent depuis longtemps une amitié cordiale, qui s'est manifestée avec clarté durant ces derniers temps, quand les rapports germano-italiens ont été à plusieurs reprises soumis à de dures épreuves. La Triple Alliance est d'une solidité inébranlable, conditionnée par les intérêts réciproques qui ont fini par imprégner la conscience populaire. Aussi est-il risible de parler d'un renouvellement du traité de Triple Alliance, surtout quand le terme n'en échoit qu'en 1914. L'existence de l'amitié entre l'Autriche-Hongrie et l'Italie, elle aussi, est indubitable. Les malentendus sans importance, provoqués par une agitation dépourvue de fondement, sont paralysés par les efforts des gouvernements. L'Allemagne n'a pas l'occasion de jouer le rôle de médiatrice. On n'a même jamais à donner de bons conseils.

La crise ministérielle n'a pas influencé mon séjour à Rome.
Je suis persuadé que la politique internationale s'est mue
dans les mêmes voies qu'auparavant. Notamment dans les
questions balkaniques, Tittoni et Aehrenthal sont arrivés à
une entente complète. Guicciardini n'a fait aucune tentative
en vue de la secouer. Il y a là un des motifs pour lesquels
l'Autriche-Hongrie n'a pas hésité, au cours des dernières
négociations, à se rallier aux vues qui ont servi de base à
l'entente de Racconigi. » Le Chancelier d'Empire salue de
Florence, par télégramme, le nouveau président du conseil
italien, Luzzatti, qui lui répond en les termes les plus cordiaux,
et, avant de quitter l'Italie, il a le 2 avril une conversation
avec le nouveau ministre italien des affaires étrangères, le
marquis di San Giuliano, et la *Norddeutsche Allgemeine
Zeitung* consacre à cette entrevue les lignes suivantes : « La
rencontre survenue dans la ville de l'Arno signifie le complément et l'approfondissement bienvenus des impressions
que M. von Bethmann Hollweg a rapportées de Rome ».

Le 28 mai, le marquis di San Giuliano va à Berlin se
présenter à l'Empereur d'Allemagne, comme le Chancelier
d'Allemagne s'est présenté au Roi d'Italie au cours de la
Semaine Sainte. Dans la *Neue Freie Presse* du 29 mai, le
Dr. Benedetto Cirmeni, député italien, publie sur ce
voyage des renseignements intéressants : « Les rapports germano-italiens ne montrent plus cette intimité et
la concordance d'intentions qui les caractérisaient autrefois. Le premier *modus vivendi* commercial franco-
italien et l'union diplomatique franco-italienne consé-
cutive au sujet de la mer Méditerranée, plus accentués
encore l'année suivante par Prinetti et Delcassé, ont
éveillé en Allemagne une forte défiance. Puis vint Algésiras. C'est seulement plus tard que Bülow est arrivé à
améliorer les rapports germano-italiens, mais on n'est pas
encore revenu à l'intimité d'autrefois. Avec Tittoni et Guicciardini, la politique de la Consulta a plus fait attention à
Vienne qu'à Berlin. La constitution d'un ministère Luzzatti

a été accueillie avec joie à Paris, et les Français ont salué, dans le nouveau ministre des affaires étrangères, l'homme qui, nommé ambassadeur à Paris après avoir été quatre ans ambassadeur auprès du Roi Edouard, a été le véritable créateur de la Triple Entente, destinée à servir de contre-poids à la Triple Alliance. Maintenant que le Roi Edouard est mort, la tension anglo-allemande ne peut plus jamais décroître et il pourrait être facile de rendre aux rapports italo-allemands leur ancien caractère intime. » Le jour de son arrivée à Berlin, San Giuliano a des longues conversations avec Schön, secrétaire d'Etat, puis avec Bethmann Hollweg et avec Szögyény-Marich, ambassadeur d'Autriche-Hongrie à Berlin. Un communiqué officiel du 31 mai parle de ces entrevues en les termes suivants : « Ces conversations renforcent la volonté des deux gouvernements alliés de faire valoir à l'avenir, d'accord avec le cabinet de Vienne, les raisons de maintenir la paix qui servent de base à la politique des trois puissances alliées ».

Le 28 juillet, M. von Kiderlen-Wächter, qui avait été dix ans ministre plénipotentiaire à Bucarest, rend visite à Marienbad au comte Aehrenthal, avant de prendre ses fonctions de secrétaire d'Etat. Le *Fremdenblatt* de Vienne commente cette entrevue dans un sens très amical et observe que les rapports de l'Allemagne avec les puissances occidentales se sont développés dans les conditions les plus favorables et que l'on en trouve tout de suite la preuve dans l'important discours du président du conseil anglais, Asquith, relatif aux armements navals.

Le 29 août, le marquis di San Giuliano vient à Salzbourg, et il y a le lendemain plusieurs conversations avec le comte Aehrenthal. De Salzbourg le ministre italien des affaires étrangères se rend à Ischl, où François-Joseph lui donne audience. Au cours de cette réception, le marquis remet au vieux souverain une lettre autographe, en date du 18 août, du Roi Victor-Emmanuel, où ce dernier re-nouvelle en termes cordiaux ses souhaits, déjà envoyés par

la voie télégraphique, au sujet du 80e anniversaire de
son allié, de ses sentiments les plus amicaux. Après l'audience (où il remet à l'homme d'Etat italien la grand'croix
de l'ordre de Léopold), François-Joseph adresse au Roi
Victor-Emmanuel un télégramme de remerciements, où il
répond sur le ton le plus chaleureux aux sentiments
d'amitié et d'alliance sincères qui ont été exprimés au
cours de l'audience et où il affirme qu' « il a été particulièrement satisfait d'avoir reçu le grand homme d'Etat
qu'est le marquis di San Giuliano ». L'entrevue de Salzbourg soulève une vive polémique de presse. Une lettre de
Vienne insérée dans la *Tribuna* discute avec une violente
indignation la tension des rapports italo-autrichiens et se
plaint du traitement des Italiens d'Autriche, en particulier
dans la question de l'Université et sur le terrain économique : « Il serait inutile de vouloir nier que ce traitement
dédaigneux des Italiens d'Autriche est et restera le principal obstacle à un rapprochement des deux Etats ». *Le
Corriere della Sera* du 28 août exprime l'espoir qu'on arrivera à l'avenir à empêcher les difficultés qui ne mettent
que trop souvent en opposition directe l'excellence des rapports officiels entre les deux gouvernements et l'opinion publique des deux pays. Les salutations cordiales
adressées à San Giuliano par la presse viennoise donnent
au *Popolo Romano* l'assurance que la Triple Alliance n'a
pas besoin d'entrevues de ministres pour se consolider, car
elle est ancrée dans la conscience politique des peuples. La
Tribuna elle-même constate le 29 août que l'entrevue de
Salzbourg montre que les rapports des deux Etats sont si
sûrs, si solides et si clairs qu'il n'est pas nécessaire de les
renforcer au moyen de rencontres de ministres, mais qu'elle
a l'avantage d'éliminer certaines difficultés, comme par
exemple ces petits incidents de frontière, qu'enregistre la
chronique de tous les jours.

Il s'agit ici des incidents de frontière qui se sont produits
avec fréquence dans le Tyrol méridional pendant les der-

nières années. On avait d'abord projeté d'instituer une commission chargée de les prévenir, mais les deux hommes d'Etat arrivent sur ce sujet à une entente complète, de sorte que l'on peut provisoirement laisser de côté l'idée de l'institution d'une commission mixte.

La presse italienne se dit très satisfaite des événements survenus pendant les journées de Salzbourg et d'Ischl. Le *Popolo Romano* voit dans l'alliance le plus grand des bienfaits auxquels puissent participer l'Autriche-Hongrie et l'Italie. Le 1er septembre, les événements afférents au voyage du marquis di San Giuliano font l'objet d'un communiqué officieux où ce voyage est désigné comme « une nouvelle preuve des relations amicales et confiantes de l'Italie et de l'Autriche-Hongrie ». « L'entrevue des deux hommes d'Etat leur a donné la possibilité d'échanger des pensées intimes, conformes aux conditions de l'alliance, au sujet de la situation générale de l'Europe ainsi que, d'une manière particulière, de la situation dans le Levant ; une conformité de vues réjouissante a résulté de l'examen de ces questions. » Avant qu'Aehrenthal et San Giuliano quittent la cour impériale à Ischl, le ministre italien et le Chancelier de l'Empire allemand échangent également des télégrammes cordiaux.

Le comte Aehrenthal rend à San Giuliano sa visite le 28 septembre. L'entrevue a lieu à Turin ; à cette occasion, les deux diplomates vident un nouvel incident de frontière austro-italien qui, juste le même jour, donne lieu à un vif débat au sein du conseil provincial de Vicence (1). L'opinion des journaux italiens est très austrophile malgré l'incident. La *Gazetta del Popolo*, la feuille la plus ancienne et la plus populaire du Piémont, salue le comte Aehrenthal en termes chaleureux, mais elle exprime le désir que l'entrevue de

____

(1) La *Tribuna* du 1er oct. annonce à ce sujet : « La question de la rontière a été également examinée à fond à Turin. Cette question s'éclairera et se définira toujours de plus en plus, grâce au tact et à la prudence des diplomates ».

Turin soit accompagnée de résultats bienfaisants pour les frères italiens de l'Autriche occidentale. L'entrevue de Turin donne à la presse italienne l'occasion de discuter la convention militaire secrète roumano-turque annoncée également de Londres et de Paris. Malgré l'énergique démenti de l'officieuse *Indépendance Roumaine* et de la presse viennoise, une partie de la presse italienne soutient que la Roumanie doit seulement former le « pont vers la Turquie », parce que l'Italie a élevé des objections contre l'adhésion directe de ce pays à la Triple Alliance. La *Stampa* met la Consulta sur ses gardes : la nouvelle marine de guerre turque pourrait être, sous un autre masque, une nouvelle forme de l'alliance autrichienne dans l'Adriatique et sceller d'une manière définitive l'union avec l'Italie. Le 30 septembre, le comte Aehrenthal est reçu en audience par Victor-Emmanuel dans son château royal de Racconigi. Le comte Aehrenthal remet au Roi une lettre autographe de François-Joseph où l'Empereur-Roi remercie Victor-Emmanuel de la missive qu'il lui a adressée à l'occasion de son 80e anniversaire. Le Roi confère au comte Aehrenthal le collier de l'ordre de l'Annonciation. Les événements survenus au cours du voyage d'Aehrenthal font l'objet le 1er octobre d'un communiqué officiel affirmant que, depuis les rencontres de Salzbourg et d'Ischl, la situation internationale n'a pas subi de changements et que la Triple Alliance est efficace et ne rencontre pas d'obstacles dans sa politique pacifique. Avant de quitter l'Italie, Aehrenthal adresse de Pontebba à son collègue italien une dépêche où il note l' « identité de nos vues à l'égard des questions dont nous nous occupons » et à laquelle San Giuliano répond en les termes les plus cordiaux. Le *Berliner Tageblatt* du 3 octobre publie un interview de Maggiorino Ferraris, l'ancien ministre italien. L'homme d'Etat italien regrette que l'Autriche ne cesse d'armer à la frontière italienne comme sur l'Adriatique, mais il espère qu'une amitié italo-autrichienne apportera et assurera aux deux Etats d'énormes avantages dans les domaines intellectuel et économique, et il affirme qu'une université italienne serait un gage de loyale amitié entre l'Italie et l'Autriche. Le 3 octobre le député Eugenio Chiesa adresse à la présidence de la Chambre un écrit où il demande au président du conseil s'il considère la distinction conférée par le Roi à Aehrenthal comme conforme à la dignité et aux intérêts nationaux de l'Italie. La *Tribuna* considère qu'il est impossible de répondre à cette question et demande : « En admettant que l'Italie ne doive pas son développement à la Triple Alliance, n'est-il pourtant pas naturel d'honorer ces hommes d'Etat qui ont contribué à garantir cette heureuse situation » ?

Le 15 septembre, l'Empereur Guillaume se rend des champs de manœuvres de la Prusse orientale en Hongrie pour y chasser dans les forêts qui bordent le Danube et la Drave, comme hôte de l'Archiduc Frédéric. De Béllye l'Empereur d'Allemagne va le 19 septembre à Vienne où une réception brillante lui est préparée. Le 21 septembre Guillaume II visite l'hôtel de ville de Vienne. A la demande du bourgmestre, le Dr. Neumayer, qui lui communique la résolution prise par les représentants de la ville de donner le nom de l'Empereur à une partie du Ring (Boulevard) le Parkring, (1) il prononce un très long discours, où il dit entre autres choses : «... Je crois d'ailleurs pouvoir conclure de votre résolution que, pendant les moments difficiles, l'allié a prêté un concours brillant à Votre illustre souverain. C'était un commandement du devoir et de l'amitié tout à la fois, car l'alliance est passée, pour le salut du monde, comme un impondérable dans la conviction et l'existence des deux peuples ».

---

(1) Cette résolution prise en janvier par la direction du quatrième cercle de Vienne d'appeler l'Alleegasse Wilhelmstrasse (Rue Guillaume) n'avait pas été approuvée par le conseil municipal, pour cette raison.

*
* *

L'irrédentisme s'agite plus que pendant les années précé-
dentes. La *Societa Scuolastica pro Patria* de Trente, fondée
en 1886, dissoute depuis 20 ans déjà, s'est reformée.
L'assemblée pan-italienne qui s'est tenue à Rome en 1908
prépare un nouveau congrès. La *Liga Nazionale* constituée
en 1891 (avec ses trois sections : *Tridentina, Adriatica* et
Dalmatina) prépare son vingtième anniversaire. La question de l'Université italienne à Trieste n'a pas tendance à
sommeiller. A la frontière italienne, les régiments sont
face à face, avec des effectifs de guerre. Il ne faut pas
s'étonner que l'on en arrive à des incidents qui amènent
de violents débats parlementaires surtout en Italie et de
vives discussions dans les représentations communales.
L'agitation irrédentiste se tourne aussi contre l'Allemagne.
Elle veut ouvrir une campagne contre la « conquête du Lac
de Garde par les Allemands », l'association *Trento e Trieste*,
le *Giornale d'Italia*, journal de Rome, et l'union nationa-
liste italienne pour le Lac de Garde, qui dirigent cette agitation, doivent pourtant bientôt l'abandonner, car les rive-
rains italiens du Lac de Garde eux-mêmes prennent position
contre ce mouvement. Le 15 février une démonstration
irrédentiste contre l'Autriche-Hongrie a lieu au Teatro
Lirico de Milan au cours d'une soirée, d'une conférence
internationale organisée par l'école des poètes « futuristes ».
Une semaine plus tard, d'Annunzio fait au même théâtre
une conférence sur la navigation aérienne ; s'y référant à
une dépêche adressée de Milan à la *Vossische Zeitung*,
il reproche à l'Autriche d'envoyer ses ballons dirigeables
vers le ciel oriental de l'Italie, et il appelle l'Autriche
« cette alliée bien-aimée, qui tourne ses regards envieux
vers notre mer vénitienne si bleue qui nous paraît comme
l'abîme où se perd le silence déshonorant ». Le public

salue ces phrases par des applaudissements sans fin, entre-
coupés de coups stridents de sifflets chaque fois qu'est prononcé le mot « Autriche ». Le dépôt du projet relatif à la
Faculté italienne de Droit à la Chambre autrichienne des
Députés ne satisfait aucun parti, et pourtant le baron von
Bienerth, président du conseil autrichien, espérait ainsi
écarter un fâcheux état de trouble. Le 14 mai, 200 étudiants italiens manifestent en chantant le chant du Dante
en faveur de la fondation d'une Faculté italienne de Droit à
Trieste. Le 15 mai, 700 excursionnistes de Trieste sont
salués à Milan par le bourgmestre Gabba, dans la cour du
Château des Sforza. Le gouvernement empêche cependant
les démonstrations irrédentistes projetées. Le 15 juillet,
l'union nationale allemande de la Chambre autrichienne
des députés traite la question de la Faculté de Droit italienne, et elle décide le lendemain d'accepter le compromis
recommandé par le gouvernement, le baron von Bienerth
ayant menacé de se retirer. Le 20 août, quatre cercles de
Jeunes Italiens sont dissous à Trieste, parce qu'ils dissimu-
laient une œuvre de haute trahison sous des apparences
sportives. Le 4 octobre, les irrédentistes veulent se livrer à
une démonstration austrophobe sur la Cima Dodici à cause
des incidents de frontière que nous avons mentionnés, mais
les manifestants, parmi lesquels se trouvent des gens du
Trentin, sont repoussés avec violence par la force armée
italienne. La presse italienne colporte en octobre des informations concernant de nouveaux mouvements de troupes
dans le Tyrol méridional. Le fait est que les Italiens ont
disposé à la frontière 23 bataillons, auxquels l'Autriche-
Hongrie, en plus de ses 13 bataillons permanents, oppose
à Isonzo un seul régiment de Landesschütze avec trois sections de mitrailleuses.

Voyons maintenant les autres événements de l'année :

Le 15 février, Guicciardini, ministre italien des affaires
étrangères donne les motifs de l'attitude de l'Italie dans la
question crétoise. Il contaste que l'Italie opère d'accord

avec la France, la Grande-Bretagne et la Russie, mais que
l'Allemagne et l'Autriche-Hongrie, bien qu'elles se soient
tenues pendant plusieurs années à l'écart des négociations
relatives aux affaires de Crète, approuvent la politique suivie
par l'Italie en cette occasion. La question crétoise n'est
d'ailleurs pas résolue la même année.

Le 2 mars la Chambre des Seigneurs autrichienne discute
les rapports entre l'Autriche-Hongrie et les autres puissances à l'occasion des débats concernant le contingent des
recrues. Le comte Latour préconise des relations amicales
avec la Russie, mais le Dr. baron von Plener lui répond
que l'alliance austro-allemande correspond aux besoins du
cœur de tous les Allemands d'Autriche, ainsi qu'aux intérêts légitimes de tous les non-Allemands : « Si vous dé-
truisez l'alliance avec l'Allemagne, vous mettez en danger
non seulement les Allemands d'Autriche, mais aussi l'existence de toutes les autres nationalités plus faibles d'Autriche : c'est pourquoi, malgré toutes les manœuvres de
certaines chancelleries diplomatiques d'Europe, l'alliance
avec l'Allemagne est le meilleur noyau central du système
politique de l'Europe centrale, et notre devoir patriotique
consiste à la conserver. Depuis 30 ans que cette alliance
existe, elle n'a nui à personne, elle a essentiellement profité aux deux parties contractantes. Si l'Italie en vient à une
conception plus calme des choses, l'opinion publique de ce
pays arrivera aussi à approuver l'attitude correcte de son
propre monde officiel, à savoir que la conservation de la
Triple Alliance est conforme à l'intérêt bien entendu de
l'Italie. » Le même jour le Dr. Kramarz, Jeune Tchèque,
tonne à la Chambre des députés contre l'alliance avec
l'Allemagne (« Les peuples slaves ne sont pas disposés à
monter la *Garde au Rhin* »), et le député Stölzel déclare
que les adversaires de la Triple Alliance ont tort, car elle
a assuré la paix, non seulement en Bohême, mais dans
toute l'Europe pendant plus de 30 années. Le 4 mars on
discute au sujet des taxes relatives à la navigation de l'Elbe

(le projet de loi est publié à Berlin le 21 avril), et le ministre du commerce Weiskirchner représente le point de vue du gouvernement autrichien. A cette occasion, la Délégation autrichienne entend le 18 novembre une interpellation du Dr. Exner, puis le comte Aehrenthal déclare que des traités internationaux garantissent la liberté de taxation de la navigation sur l'Elbe.

Le 28 avril le président du conseil Luzzati fait son discours-programme à la Chambre italienne. Il y invoque la « solidité de la Triple Alliance, qui vient encore d'être renforcée par la visite joyeusement accueillie du Chancelier de l'Empire allemand, notre hôte bienvenu, à Rome, ainsi que par l'échange cordial de vues communes entre les ministres des affaires étrangères d'Italie et d'Autriche-Hongrie ».

Le discours du Trône, par lequel François-Joseph ouvre le parlement hongrois le 25 juin, rappelle aussi la « conservation inchangée de nos alliances à toute épreuve ».

Quelques associations de Sokols venus de Prusse prennent part le 15 juillet à Cracovie à la fête du Grunewald commémorative de la bataille de Tannenberg. Korfanty, député au Reichstag allemand, y fait un discours, accueilli avec enthousiasme, où il dit entre autres : « Il y a 500 ans, nous avons vaincu nos ennemis. Au bout de 500 ans, cet ennemi s'efforce à nouveau de ravir à notre peuple son sol et son âme, mais, en présence des journées qui se lèvent et qui sont maintenant fêtées à Cracovie par la nation polonaise, nous sommes certains que cela ne sera pas ». Le Chancelier d'Empire von Bethmann Hollweg répond le même jour à un télégramme que lui envoyait l'Ostmarkenverein (cercle des Marches Orientales) allemand d'Osterode en déclarant que le gouvernement ne modifiera pas sa politique dans les Marches de l'Est.

Le discours prononcé à Königsberg par le Prince de la couronne, le 23 août, fournit à la réunion des étudiants pangermanistes, tenue à Vienne le 11 septembre, l'occasion d'affirmer leur vénération pour le prince dans une dépêche à l'ambassadeur d'Allemagne.

En septembre Ladislas de Lukács, ministre hongrois des finances, veut négocier à Paris un emprunt de 560 millions de couronnes, mais cette intention se heurte à la résistance de la France, qui se refuse à prêter à l' « alliée de l'Allemagne » de l'argent destiné à « des armements contre la France ». Quelques jours plus tard, un syndicat de banques allemandes et austro-hongroises se charge de cette opération. « Un petit morceau de la fidélité financière des Niebelungen est venu en aide à l'emprunt de M. de Lukács, » écrit la *Neue Freie Presse* du 29 septembre. Le même journal publie dans le numéro suivant un interview de son correspondant de Budapest auprès du secrétaire d'Etat allemand, Kiderlen-Wächter, qui séjourne dans la capitale de la Hongrie au cours de son voyage à Bucarest. Kiderlen-Wächter déclare que l'emprunt a créé un nouveau lien entre l'Allemagne et l'Autriche-Hongrie, ce qui ne peut qu'être avantageux aux rapports politiques de ces Etats. Ce même ministre passe d'ailleurs quelques jours à Vienne au début d'octobre, et l'Empereur-Roi François-Joseph lui donne une audience particulière.

Le 13 octobre, les Délégations se réunissent à Vienne. On lit dans le discours du Trône : « C'est en toute tranquillité que je puis vous annoncer que nos alliances avec l'Empire allemand et le royaume d'Italie sont devenues, si possible, encore plus solides et plus intimes ». Le comte Aehrenthal affirme dans son exposé que le maintien de la Triple Alliance formera la base inébranlable de la politique austro-hongroise, que la Triple Alliance ne prend position contre personne. Discours du Trône et exposé sont tous deux l'objet d'un accueil très amical à Berlin et à Rome ; seule la *Post* est d'avis que l'Allemagne pourrait montrer quelque étonnement du fait qu'il n'a pas été fait d'allusion particulière à l' « alliée aux armes fourbies ». A la Délégation autrichienne, le Dr. Kramarz combat

comme d'habitude l'alliance avec l'Allemagne. Le Dr. Bärn-
reither et le baron von Schwegel prennent position pour
la politique de la Triple Alliance, puis, après que les Polonais se sont déclarés les adversaires de Kramarz, le comte
Aehrenthal fait, le 16 octobre, un très long discours, où il
affirme que le caractère aigu des événements a fait pénétrer
dans la conscience générale la correction de la politique
inaugurée il y a 30 ans. Le ministre donne des explications
détaillées sur les rapports avec l'Italie, se référant aux entrevues de Salzbourg et de Turin, il les qualifie de cordiales
et de confiantes. Ce n'est pas dans le domaine de la grande
politique, où les deux Etats voient « leurs intérêts en concordance complète » que se situent les soucis des deux gouvernements, mais c'est dans le domaine des frottements
nationaux, des manifestations et des incidents de frontière
qui né peuvent être écartés, avec la meilleure volonté du
monde, par des protocoles diplomatiques. Les incidents
doivent être attribués à la différence du développement historique des deux pays, de même qu'à la diversité des idées
et des conceptions ici et en Italie. Dans ce genre de cas, il
convient de rester tranquille et de ne pas tirer des conséquences générales de phénomènes particuliers. Le ministre
termine en ces termes ce passage de son discours : « Nous
pouvons le faire avec une tranquillité d'autant plus grande
que l'histoire nous enseigne que des Etats de constitutions
beaucoup plus différentes que nous et l'Italie ont remporté
des succès dans la voie des alliances. Pour ce qui nous concerne, le succès s'est déjà présenté et il s'affirmera encore
à l'avenir. La garantie réside dans le caractère de la Triple
Alliance qui a pour but exclusif le maintien de la paix ».

Au cours de la séance de la Délégation autrichienne du
9 novembre, le Dr. Renner, délégué social-démocrate, attaque
l'Empereur d'Allemagne, dont « la politique déclamatoire,
de même que la façon trouble avec laquelle il conduit ses
affaires aux yeux de l'Europe, compromet la Triple
Alliance ». Le Dr. Ritter von Czyhlarz, vice-président, rap-

pelle le délégué à l'ordre, puis le comte Aehrenthal proteste
avec énergie contre les attaques de Renner. Le ministre dit
entre autres : « En adhérant d'une manière inébranlable à
la politique de la Triple Alliance, éprouvée depuis longtemps, j'exprime avec pleine confiance l'espoir que l'idée
de l'utilité des rapports d'alliance contractés dans l'intérêt
des deux parties s'ancrera chez nous comme en Italie dans
des cercles toujours plus larges et sera accueillie avec plus
de chaleur et de cordialité parmi les peuples ». Au sujet des
expulsions de Prusse, le comte Aehrenthal déclare que,
dans tous les cas justifiant une protestation, il est intervenu
auprès du gouvernement allemand. Dans plus de la moitié
des cas on a obtenu un succès. On ne doit d'ailleurs pas
oublier que dans les provinces frontières prussiennes, comme
dans d'autres pays, il existe des prescriptions spéciales et
rigoureuses au sujet du séjour et de l'établissement des
étrangers. Dans la séance du 10 novembre, le Dr. Kramarz,
délégué, renouvelle ses attaques contre l'alliance austro-
allemande, en affirmant que la gratitude de l'Autriche envers l'Allemagne en raison de sa « fidélité à l'alliance n'a
pas lieu de s'exercer, car ce n'est pas l'aide de l'Allemagne,
mais le fait que la Russie ne voulait pas faire campagne, qui
a préservé l'Autriche d'une guerre ». A la Délégation hongroise, qui siège en même temps, les leaders de tous les
partis prennent position en faveur de la Triple Alliance, et
même le leader de l'extrême-gauche, Louis Holló, déclare
que la Triple Alliance offre à la monarchie la tranquillité
assurée à ses frontières occidentale et sud-occidentale.

Le 28 novembre, la Faculté de médecine de l'Université
allemande de Prague et, le 23 décembre, la Faculté de
sciences mathématiques et naturelles de l'Université de Ko-
lozsvár (Klausenburg) nomment l'Empereur Guillaume II
docteur honoraire.

Le 25e anniversaire de l'élection de Barzilai comme député de Rome se passe sans susciter une émotion particulière. Le banquet est présidé par le maire, Nathan, qui

rappelle dans son discours la ville de Trieste, la « fille de notre mère commune, Rome », ce qui soulève des acclamations orageuses en faveur de Trente et Trieste.

Le 2 décembre, San Giuliano fait à la Chambre, lors de la discussion du budget des affaires étrangères, un très long discours où il qualifie la Triple Alliance de base solide de la politique italienne. L'Italie et ses alliés ont des rapports de parité absolue. Lors des plus récentes réunions des ministres des Etats de la Triple Alliance, on n'a discuté ni le renouvellement, ni la modification du traité constitutif de cette union ; on n'a jamais examiné de nouveaux accords au sujet de questions spéciales. Il ne voit même pas de sujet susceptible de produire une divergence d'opinion entre l'Italie et l'Autriche-Hongrie. En ce qui concerne les affaires de second ordre, à savoir les incidents de frontière (affaire Zwölferkogel, Cima Dodici), les deux gouvernements se sont déjà mis d'accord sur certains principes généraux en vue de les écarter. Il n'y a plus guère d'irrédentisme, on attribue à ses manifestations beaucoup plus d'importance à l'étranger qu'elles n'en méritent, aussi constituent-elles un empêchement à tirer de l'alliance tous les fruits qu'elle pourrait produire. En ce qui concerne la question des armements, le ministre se rallie à l'opinion exprimée dans les Délégations d'Autriche-Hongrie que les armements des deux Etats ne sont pas dirigés par l'un contre l'autre : une forte Italie a plutôt de l'intérêt pour l'Autriche-Hongrie, et inversement. Pour conclure, le ministre déclare que l'on est sur la meilleure voie d'un accord au sujet de la question de l'assurance des ouvriers italiens en Allemagne.

Le Chancelier d'Empire von Bethmann Hollweg fait, à la première lecture du budget, le 10 décembre, un discours d'une heure qui a surtout trait aux rapports de l'Allemagne avec l'Angleterre et la Russie. Il commence par les termes suivants ses développements sur la politique extérieure : « Et surtout je ne veux pas manquer d'exprimer mes remerciements aux hommes d'Etat des deux puissances alliées qui ont consacré dans leurs parlements de chaleureuses paroles à nos relations. Je me rallie complètement à eux, car je trouve confirmé en eux ce que ces Messieurs m'ont dit ici et à Florence dans un entretien amical ».

Pour terminer, mentionnons qu'en décembre paraissent en librairie les *Mémoires* de Crispi, que nous avons cités à plusieurs reprises.

1911

L'histoire de cette année nous conduit dans des pays lointains : la France se rend maîtresse du Maroc. L'Allemagne trouve une compensation territoriale au Congo, l'Italie fait la guerre pour la Tripolitaine et la Cyrénaïque, la Russie pénètre dans le Nord de la Perse, l'Inde est en fermentation malgré le brillant couronnement de l'Empereur, et en Chine une révolution républicaine secoue la dynastie des Mandchous, vieille de presque 300 ans. A la Corne d'Or et sur les flancs des Balkans, des flammes projettent des languettes, déjà l'on prend des mesures militaires en Russie et aux frontières méridionales de la monarchie danubienne, mesures qui tiennent pendant presque vingt mois sur le pied de guerre les armées de ces deux pays. Les relations des puissances de la Triple Alliance ne sont pas non plus très bonnes. En Italie les réclamations pleuvent contre l'Allemagne à qui l'on reproche de ne pas appuyer dans un sens favorable à l'alliance les projets impérialistes du jeune royaume, et les discussions des journaux au sujet d'un voyage à Rome de l'Empereur d'Allemagne, voyage qui n'a pas lieu, ne contribue pas non plus à tranquilliser les esprits montés sur la Piazza di Monte Citorio. Le voyage du « Panther » provoque quelques dissentiments et, entre l'Italie et l'Autriche-Hongrie, règne par moments un contraste manifeste et absolu dans les idées ; il apparaît sous la forme d'armements à la frontière des deux Etats, d'autant plus que l'irrédentisme se montre alors plus fort que jamais. Le jubilé du vingtième anniversaire de la fondation de la *Liga Nazionale*(qui succède à la *Societa Scuolastica pro Patria*, constituée en 1886 et dissoute en 1890) donne beaucoup de fil à retordre aux cercles officiels des deux côtés de la frontière alpestre.

Au début de l'année, aucun nuage ne trouble les rapports entre les cabinets des puissances triplicistes. Le Dr. von Bethmann Hollweg, Chancelier d'Empire, et le comte Aehrenthal, ministre austro-hongrois des affaires étrangères, envoient à leur collègue italien San Giuliano, à l'occasion de la nouvelle année, de chaleureuses dépêches de congratulation auxquelles le marquis répond en termes également cordiaux.

Le 24 janvier, la commission économique de la Chambre autrichienne des députés discute la question des taxes de navigation sur l'Elbe et le Danube, et, avec l'approbation du Dr. Weiskirchner, ministre du commerce, elle vote une résolution aux termes de laquelle le prélèvement de taxes de navigation sur l'Elbe est conforme aux divers traités.

Le 30 janvier, le comte Aehrenthal fait à Budapest son exposé à la commission de la Délégation autrichienne ; il s'y réfère avec satisfaction aux plus récents discours de ses collègues à Berlin et à Rome. Ses courtes explications sont suivies du discours incendiaire usuel du Dr. Kramarz, Jeune Tchèque, contre l'Allemagne et la Triple Alliance, mais le comte Aehrenthal réplique tout aussitôt avec succès. Le lendemain, entre autres discours, on entend celui du député Baitoli qui exprime sa conviction que l'alliance avec l'Italie ne se consolidera pas tant qu'il n'y aura pas un changement fondamental du système gouvernemental autrichien.

En février réapparaît le spectre de l'Université italienne (la commission autrichienne du budget accepte le 9 février une motion compromissoire du député Skedl), les journaux italiens font rage contre un communiqué officiel du gouvernement autrichien, d'après lequel le dénombrement a montré dans le Tyrol méridional un recul de la population de langue italienne, le 19 février siège un congrès de socialistes italiens d'Autriche et, en même temps, les employés de nationalité italienne des pays autrichiens du Sud commencent la résistance passive, Ricciotti Garibaldi lance un appel en vue d'un débarquement de volontaires en Albanie, mais l'irrédentisme subit une défaite sensible du fait que l'Union pour la protection de l' « italianité » du Lac de Garde combat les efforts germanophobes de la Ligue, qui compromettent la circulation des étrangers. La visite rendue à Rome au milieu de février par le roi Pierre de Serbie n'est pas jugée avec beaucoup de sympathie par une partie de la presse viennoise, et, en même temps, les journaux italiens et les journaux de l'Empire allemand discutent avec une nervosité indéniable la question d'une visite de l'Empereur Guillaume à Rome. La presse radicale italienne attribue l'ajournement *sine die* du voyage de l'Empereur Guillaume pour les fêtes jubilaires de l'Italie au fait que le Pape a informé tous les chefs d'Etat qu'en 1911 il n'en recevrait aucun. Le député Benedetto Cirmeni met en garde les amis de l'Italie, les avertissant que M. Barrère, l'adversaire le plus habile et le plus dangereux de la Triple Alliance, est toujours ambassadeur de France. Le *Berliner Tageblatt* prépare une fin à toutes ces discussions en annonçant de très bonne source qu'il n'y a eu aucune sorte de pourparlers privés ou diplomatiques entre la Cour de Berlin et le Quirinal au sujet d'un voyage de l'Empereur à Rome.

Le 17 mars, le comte Schwerin-Löwitz, président du Reichstag allemand, consacre des paroles de chaleureuse sympathie au cinquantenaire du Royaume d'Italie ; seuls quelques membres du Centre, pour manifester leur opinion, restent assis, alors que la Chambre se lève ; la dépêche adressée à Rome à la suite de cette séance est accueillie par les applaudissements tumultueux de la Chambre italienne.

Au début du mois de mars on parle à la Délégation, qui siège à Budapest, de l'expulsion d'ouvriers tchèques hors de Prusse ; l'assemblée vote une résolution chargeant le ministère des affaires étrangères d'intervenir dans l'intérêt de la « liberté de circulation » des travailleurs.

Le 24 mars, le couple impérial allemand profite de son voyage à Venise pour rendre une courte visite à la Cour de Vienne.

Le 2 avril, le prince Bülow adresse au Roi une allocution lors de l'ouverture du pavillon allemand de l'exposition artistique internationale de Rome ; il y met en relief la « communauté des intérêts et des souvenirs qui unissent les deux pays ». Le 5 avril, le Prince héritier allemand et sa femme arrivent à Rome. Au dîner de gala donné le 6 avril au Quirinal, le Roi Victor-Emmanuel porte un toast où il qualifie la visite du couple princier de manifestation et de gage des rapports intimes entre l'Italie et l'Allemagne : « Après les événements importants en connexion étroite les uns avec les autres, d'où l'unité italienne et l'unité allemande ont tiré leurs origines, une situation internationale a apparu qui a assuré et assure à l'Europe une longue période de paix grâce à la collaboration efficace de la Triple Alliance ». Le Prince héritier Frédéric-Guillaume rappelle dans sa réponse le télégramme de l'Empereur Guillaume Ier au Roi Victor-Emmanuel, expédié en 1875 après l'entrevue de Milan (« Nous et nos enfants devons toujours rester amis »), et il ajoute : « L'amitié entre les dynasties et les peuples s'est conservée pendant des générations, et elle a pris, avec le concours de l'Autriche-Hongrie, la forme d'une alliance qui, pendant plus de 30 ans, a contribué au maintien de la paix mondiale ». Le même jour, le nouveau cabinet Giolitti se présente à la Chambre et le président du conseil saisit l'occasion d'affirmer « l'attachement absolument fidèle à nos alliances ».

La question de l'appui à apporter par l'Autriche-Hongrie à la politique marocaine de l'Allemagne fait l'objet de vives discussions, et au mois de mai, et aussi plus tard, en raison de l'envoi du « Panther » à Agadir. Faisant allusion à l'acrimonie manifestée par quelques journaux autrichiens, le *Fremdenblatt*, organe officieux du ministère viennois des affaires étrangères, range dans le « domaine des fables » les informations relatives à des divergences d'opinion relatives à la question du Maroc ; le même journal publie le 4 juillet une communication officieuse précisant le point de vue autrichien : retour à l'acte d'Algésiras et maintien des principes posés dans ce traité. Ce point de vue de la monarchie danubienne est qualifié de « pleinement compréhensible » dans les cercles officiels de Berlin. Le comte Khuen-Hédervary répond le 5 juillet à la Chambre hongroise des députés à une question du comte Batthyány, député, « que le Maroc est en dehors des devoirs d'alliée de l'Autriche-Hongrie. » L'attitude de la presse italienne est intéressante ; elle juge la question en se plaçant absolument au point de vue des intérêts tripolitains de l'Italie. Non seulement la *Tribuna* (qui sait que les intérêts de l'Italie sont en les meilleures mains auprès de ses amis et alliés), mais aussi le *Giornale d'Italia,* le *Popolo Romano* et le *Corriere d'Italia* prennent position pour l'Allemagne, mais non sans avertir la Consulta que l'Italie ne doit pas sortir les mains vides de cette lutte qui se terminera par un arrangement. Le *Giornale d'Italia* s'adresse en particulier au Chancelier de l'Empire allemand, en exprimant l'espoir qu'il ne ferait pas obstacle au maintien du traité franco-italien de 1900, relatif à la Tripolitaine (1). La *Stampa* de Turin affirme avec une force particulière que l'Italie n'est entrée dans la Triple Alliance que pour garantir ses intérêts méditerranéens et prie l'Allemagne de rompre ses obligations à

____

(1) Non pas de 1900, mais de 1899 (Convention du 21 mars 1899). Voir 1899.

Singer 18

l'égard de l'Italie. Le programme du parti monarchiste national-libéral, fondé à Florence au début de septembre, affirme aussi ces intérêts méditerranéens de l'Italie. La *Presszentrale* annonce à la même époque que l'Italie a donné à comprendre à la France, en termes très nets, qu'en cas de guerre l'Italie remplirait sans aucune réserve ses devoirs d'alliée de l'Allemagne.

Le 7 juin, le comte Guicciardini, ministre des affaires étrangères du cabinet Sonnino, fait à la Chambre un discours où il se plaint de ce que l'Italie soit dans une situation équivalente à l'isolement, en raison du peu de confiance qui règne dans ses rapports avec ses alliés. Ces déclarations, ainsi que les attaques dirigées le 7 juin contre la Triple Alliance par le député Foscaris, amènent le 9 juin une réponse du marquis di San Giuliano : le ministre y montre avec une chaleur particulière la nécessité de la bonne entente avec l'Allemagne et l'Autriche-Hongrie. Une question adressée au gouvernement le 12 juin par le député Cirmeni : est-il vrai que de grands terrains situés aux portes de Tripoli aient été cédés par contrat à des capitalistes allemands, en partie sous forme de vente et en partie sous forme de location ? — reste sans réponse (1). Le 21 juin, San Giuliano expose au Sénat son progamme relatif à la politique extérieure de l'Italie : il convient, dit le ministre, de s'en tenir d'une part à la Triple Alliance et d'être pleinement d'accord avec l'Autriche-Hongrie d'autre part, en ce qui concerne les questions balkaniques.

Le discours du Trône de l'Empereur-Roi François-Joseph, le 18 juillet, fait allusion aux « rapports intimes avec nos alliés » et annonce un nouveau projet relatif à une Faculté italienne de droit.

La discussion afférente à la question du Maroc est ali-

(1) Il s'agit d'environ 100 hectares, achetés aux Anglais par M. v. Lochow en vue de les exploiter avec des ouvriers tunisiens, ce qui fournit à certains journaux radicaux socialistes de Rome et de Milan l'occasion d'attaquer l'Allemagne.

mentée à nouveau en août par un article publié dans le
n° 16.885 (du 25 août) de la *Neue Freie Presse* et intitulé
*Wahrscheinlichkeiten und Möglichkeiten in der Friedens-
frage* (vraisemblabilités et possibilités dans la question de
la paix), où « un diplomate anglais pourvu d'une haute
situation » informe l'Allemagne qu'elle a lieu de se modérer,
car son attitude provocatrice équivaut à un conflit, où l'Angleterre serait aux côtés de la France ; il ne peut pas non
être commode à l'Autriche-Hongrie de voir maintenant son
alliée jouer avec le feu marocain et l'Italie ne peut pas
désirer une situation où il serait nécessaire de se décider
pour la Triple Alliance contre la Triple Entente. Dès le
lendemain, la *Neue Freie Presse* prend nettement position
contre ces déclarations. L'article, que le Dr. Sigmund Münz,
a composé et qui donne l'opinion de l'ambassadeur d'Angleterre à la Cour de Vienne, Sir Fairfax Leighton Cartwright, soulève en Allemagne une émotion immense. La
Neue Freie Presse donne le 27 août un article du Prof. Hans
Delbrück, éditeur des *Preussische Jahrbücher* et le 29 août
un article du Dr. Paul Michaelis. Le 28 août, Sir Fairfax
Cartwright télégraphie à la *Neue gesellschaftliche Korrespondenz* et décline « la responsabilité d'articles anonymes
paraissant dans les journaux, dont des gens mal informés
lui attribuent l'origine ». Le 12 septembre, le *Vaterland* de
Vienne reçoit du secrétaire de l'ambassadeur les informations suivantes : « L'interview publié dans la *Neue Freie
Presse* ne concorde pas avec le contenu véritable de la
courte conversation que Sir Fairfax Cartwight a eue avec
le Dr. Münz. La seule critique faite par Sir Fairfax a con-
sisté à dire qu'il considérait comme exagérés les désirs des
pangermanistes. La personne de l'Empereur d'Allemagne
est mentionnée en peu de mots. L'exactitude de ce qui a été
dit résulte d'une lettre que Cartwright a reçue après la
publication de l'interview du Dr. Münz une lettre demandant à la *Neue Freie Presse* de fournir une justification qui

n'a pas été envoyée. » Tout un enchevêtrement d'explications s'y relie. La discussion est close par une déclaration
de la *Norddeutsche Allgemeine Zeitung*, aux termes de
laquelle le gouvernement allemand a sur sa demande été
informé par le gouvernement britannique que l'ambassadeur d'Angleterre à Vienne n'a pas inspiré l'article en
question de la *Neue Freie Presse*, et qu'il n'a pas tenu le
langage que lui attribue l'auteur de l'article. La Chambre
autrichienne des députés elle-même s'occupe de l'affaire
(la bonne foi du Dr. Münz fut établie d'une manière qui
excluait tous les doutes) : Le Dr. Gustav Gross et ses amis,
députés, interpellent sur l'incident Cartwright, mais le
président du conseil, le baron Gautsch, déclare que le gouvernement n'est pas en situation de donner des explications
sur cette affaire.

Au début de septembre, l'héritier du trône austro-hongrois, François-Ferdinand, et l'amiral comte Montecuccoli,
chef de la marine, se rendent à Kiel pour assister aux
manœuvres de la flotte allemande.

Le 30 septembre, l'escadre italienne commence le bombardement de Tripoli. L'Allemagne se charge de la protection des Italiens en Turquie et des Turcs en Italie. Le
Sultan se tourne vers l'Empereur d'Allemagne et le prie
d'intervenir en faveur de la paix ; la réponse de l'Empereur
Guillaume n'est pas publiée officiellement, mais, d'après le
Lokalanzeiger, elle doit avoir exprimé le regret que les
efforts du gouvernement allemand soient restés stériles. Le
11 octobre, le comte Albert Apponyi interpelle au parlement
hongrois, mais il ne lui est pas fait de réponse. Le 24 octobre,
les deux présidents du conseil, Gautsch et Khuen, expliquent
l'attitude de la monarchie dans le conflit italo-turc. Le
même jour, la Chambre autrichienne des députés commence la discussion du projet relatif à la Faculté italienne
de droit. La presse italienne remercie le premier ministre
de la monarchie danubienne de ses déclarations amicales
et affirme que l'Italie n'oubliera jamais cette attitude.

Le 4 novembre, vers cinq heures de l'après-midi, l'accord congolo-marocain est signé à Berlin.

Du 30 novembre date la retraite du baron Conrad von Hötzendorf, chef de l'état-major général de l'armée austro-hongroise. La démission du général est due à des motifs politiques, à un conflit avec le ministre des affaires étrangères, le comte Aehrenthal : le baron von Conrad voulait renforcer les armements à la frontière italienne, et le comte Aehrenthal y faisait obstacle. Le *Berliner Tageblatt* remarque à ce sujet que la politique du chef de l'état-major général équivalait à la fin de la Triple Alliance et avait de beaucoup rapproché une guerre austro-italienne avec ses conséquences inévitables. Le même jour, le *Budapesti Napló* publie un télégramme de Giolitti, président du conseil italien, qualifiant d'invention imbécile la nouvelle de la *Reichspost* de Vienne que l'Italie ne tarderait pas à se retirer de la Triple Alliance, invention qui « peut être d'autant moins fondée, car elle parle de négociations avec l'ambassadeur Barrère, depuis très longtemps absent d'Italie ».

A la fin de décembre, les Délégations des parlements autrichien et hongrois tiennent une session préliminaire. Dans son bref exposé, le comte Aehrenthal, ainsi que la plupart des délégués, parle avec beaucoup de chaleur de la politique tripliciste, enregistre avec satisfaction la fin du conflit marocain et exprime l'espoir d'une prompte terminaison de la guerre italo-turque.

1912

Année du sixième renouvellement de la Triple Alliance. Il a lieu auprès des portes largement ouvertes du *Janus Quirinus*. La paix de Lausanne termine la guerre turco-italienne qui a duré presque treize mois et, juste en même temps, la guerre prend feu aux flancs des Balkans. A peine

les belligérants (sauf la Grèce) ont-ils conclu un armistice
que l'on publie le renouvellement prématuré de la Triple
Alliance (quine devait venir à échéance qu'en juin 1914).

Je renvoie à la chronique de l'année ceux qui veulent apprécier cet événement :

Le jour du nouvel an, les premiers ministre des Etats de
la Triple Alliance échangent des dépêches cordiales de congratulation. Pendant les premiers jours de janvier, entre
l'Italie et l'Autriche-Hongrie se produit un dissentiment
qui se manifeste également dans les articles publiés dans la
Neue Freie Presse par le vice-amiral austro-hongrois Chiari
et par le rédacteur en chef du journal de technique militaire italien *Preparazione*, le capitaine Chitaro. Les difficultés
de la campagne tripolitaine accroissent la nervosité en
Italie, où certaines mesures militaires prises par la monarchie danubienne sur la frontière d'Italie sont considérées
comme un acte d'inimitié. L'opinion austrophobe des journaux de Rome est accrue par un discours du baron von Fuchs
à Salzbourg, au cours d'une séance de la commission de la
Ligue Catholique des Paysans. Le malenten du s'aggrave
encore en Autriche du fait du procès d'espionnage Simonides (tentative d'espionnage de la forteresse de Pola (1).

Le secrétaire d'Etat allemand von Kiderlen-Wächter
vient le 20 janvier à Rome passer deux jours. Son entretien avec San Giuliano donne lieu à ce commentaire
officieux : « Le thème de la conversation a été fourni par
les intérèts communs des Etats de la Triple Alliance au
maintien de la paix et du *statu quo* dans les Balkans,
maintien susceptible d'établir d'une façon définitive l'entente parfaite des deux hommes d'Etat ». Malgré les informations insérées dans plusieurs journaux, il est établi que

____

(1) Ces affaires d'espionnage continuent toute l'année : En février
le commandant de la garde italienne à Riva, Luigi Morganti
(libéré pourtant par le tribunal du cercle de Rovereto, le 5 juin) est
emprisonné, ainsi que l'Italien Paluzzi.

le secrétaire d'Etat allemand n'a pas communiqué de propositions de paix au marquis di San Giuliano. Malgré ce démenti officieux, le *Giornale d'Italia* persiste à dire avec une force particulière que l'Allemagne intervient pour une paix que l'Italie ne peut accepter, et il ajoute les réflexions suivantes : « Le moment est décisif pour les sentiments du peuple italien en ce qui concerne la Triple Alliance. La Triple Alliance doit apparaître au peuple comme une alliance authentique et équitable, comportant les garanties les plus sérieuses pour chacun de ses membres. C'est la première fois que l'Italie éprouve ses alliées et il serait très curieux que les alliées en question conseillassent une paix ne correspondant pas pleinement à ses intérêts. » Après avoir quitté l'Italie, Kiderlen-Wächter envoie de la frontière allemande une chaleureuse dépêche de remerciements au ministre italien des affaires étrangères, qui lui adresse sur le champ une réponse. On lit dans le télégramme du marquis di San Giuliano : « Ce fut pour moi une vive satisfaction de nouer avec vous des rapports de sympathie réciproque et d'amitié personnelle, seulement susceptibles de rendre plus faciles et plus agréables nos travaux communs. »

Le 29 janvier, l'Archiduc François-Ferdinand séjourne à Berlin pour y assister comme parrain, avec le comte de Turin, au baptême du quatrième fils du Prince et de la Princesse de la Couronne. Une note officieuse constate que le 31 janvier, rendant visite comme tous les ans à l'ambassadeur Szögyény-Marich pour l'anniversaire de la mort du Prince héritier Rodolphe, l'Empereur d'Allemagne s'est dit « très content » de son entretien avec l'Archiduc François-Ferdinand.

Le discours du Trône, par lequel il ouvre le Reichstag allemand le 7 février dans la Salle Blanche du château de Berlin, affirme le souci de maintenir « nos alliances avec la monarchie austro-hongroise et le royaume d'Italie ».

La mort du comte Alois Aehrenthal, ministre austro-hongrois des affaires étrangères (17 février) et la nomination

de son successeur, le comte Leopold Berchtold (18 février)
suscitent en Allemagne et en Italie de chaleureuses démonstrations en faveur de la Triple Alliance. La presse de
Berlin espère que la politique extérieure de l'Autriche-
Hongrie continuera à progresser dans les directions qu'Aehrenthal lui a indiquées ; les journaux italiens, eux aussi,
reconnaissent les preuves de loyauté fournies à l'Italie par
Aehrenthal. Dans sa dépêche de condoléances Giolitti, président du conseil, qualifie le comte Aehrenthal d' « ami fidèle et loyal de la nation italienne ». Le télégramme du
marquis di San Giuliano dit : « Les rapports chaque jour
plus cordiaux et plus intimes entre les deux pays amis et
alliés ne cesseront de devenir plus étroits et plus solides ».
Le comte Berchtold télégraphie à son collègue italien :
« Le comte Aehrenthal avait tout à fait à cœur de rendre
toujours plus étroites les relations intimes des deux pays
amis et alliés. Les rapports personnels, que le défunt était
si heureux d'avoir avec Votre Excellence, n'ont pas moins
contribué dans une largeme sure que l'entente parfaite, qu'il
a su établir entre vos vues et les siennes, au succès complet
de ses efforts qui visaient ce but... Animé des mêmes sentiments, je me propose de suivre la voie tracée par le défunt... » Le marquis di San Giuliano répond par le télégramme suivant : « Les sentiments que Votre Excellence a
la bonté d'exprimer et que je partage dans leur intégralité
trouveront en Italie un écho sympathique. Je suis pénétré
de la conviction la plus profonde que mes rapports avec
Votre Excellence, fondés sur la même confiance réciproque,
sur la même conformité de vues qui m'a lié à l'illustre
homme d'Etat dont nous déplorons vivement la perte, contribueront à rendre toujours plus étroite l'intimité existant
entre nos deux pays amis et alliés ». Berchtold et Bethmann
Hollweg échangent aussi des dépêches cordiales. Le comte
Berchtold affirme dans son télégramme que le comte
Aehrenthal a vu dans la Triple Alliance la base inébranlable de sa politique et que lui-même recueille le riche hé-

ritage de relations intimes et confiantes, avec l'espoir ferme
d'un appui efficace et favorable à la Triple Alliance de la
part du Chancelier de l'Empire Allemand. Dans sa dépêche
de réponse, le Chancelier exprime sa conviction solide et
joyeuse que les « rapports confiants et favorables à la
Triple Alliance continueront à se développer dans les
conditions les meilleures », et il assure le comte Berchtold
qu'il soutiendra sa politique dans la mesure du possible en
en restant l'observateur fidèle du pacte d'alliance.

Le 23 mars, l'Empereur d'Allemagne, se rendant à Corfou, fait une visite d'un jour, à Vienne, à l'Empereur-Roi François-Joseph, puis il se rend de là à Venise, il y a avec le Roi
Victor-Emmanuel une entrevue que la presse italienne
qualifie de « bon signe du maintien de la Triple Alliance »
et de « nouveau baptême du feu de la Triple Alliance » ; de
Venise l'Empereur d'Allemagne va à Brioni, où il rend visite à François-Ferdinand, héritier du trône austro-hongrois.

Le nouveau président du conseil bavarois, le Dr. baron
von Hertling (chef du Centre bavarois, qui était souvent
intervenu à Rome entre l'Etat et l'Eglise) prononce le
28 mars un discours intéressant au Landtag de Bavière, à
l'occasion de la discussion du budget ; il y dit entre autres
choses : « Un orateur a précédemment appelé l'attention
sur un danger susceptible d'être suscité par ma nomination
à la tête du cabinet bavarois. Il a émis l'opinion que ce
n'est pas une manifestation de politesse à l'égard de l'Italie.
D'ailleurs on vient de pouvoir lire que la paix ne pouvait
être menacée par le fait de complications avec l'Italie. Je
serais un ennemi de la Triple Alliance. Ma nomination n'a
pourtant pas du tout fait sensation en Italie, et j'en pourrais
presque souffrir ». Le président du Conseil proteste contre
les intentions qu'on lui attribue : il aurait voulu troubler la
Triple Alliance et rétablir les anciens Etats de l'Eglise ; à
plusieurs reprises, le lendemain, il renouvelle ses dénéga-
tions et il ajoute : « Je vois dans le maintien de la Triple
Alliance une garantie contre la guerre européenne, telle

était autrefois mon opinion, telle elle est maintenant encore. »

Le comte Berchtold. le nouveau ministre austro-hongrois des affaires étrangères, fait le 30 avril à la Délégation hongroise un exposé où il dit : « La Triple Alliance est solidement établie ; elle a été la base éprouvée et garantie du système politique européen, pendant que s'écoulaient les années et que passaient les événements ; c'est pourquoi nous avons voulu la fonder et nous voulons lui rester fidèles, fidèles à son texte, fidèles à son esprit, fidèles surtout à l'éminente idée de paix que, conformément aux intentions de ses initiateurs, elle est appelée à servir. A l'intérieur de la Triple Alliance, nos rapports avec l'Empire allemand montrent l'entente la plus intime et la plus inébranlable. Le développement et la conservation de ces rapports durant des dizaines d'années leur ont donné la forme d'une conscience intime de la solidarité et ont leur plus haute consécration dans les relations indissolubles d'amitié des deux souverains. La courte apparition de Sa Majesté l'Empereur Guillaume à Schönbrunn comme hôte de notre très gracieux Maître a mis une fois de plus ce fait heureux en lumière et donné aux gouvernants alliés l'occasion de constater et de fortifier à nouveau l'effet exercé sur la politique extérieure par les deux puissances centrales, effet fondé sur des traditions profondément enracinées et résultant de la poursuite de buts communs. De même nos relations avec l'Italie portent inchangé le cachet d'étroits rapports d'alliance. Le ton chaleureux avec lequel le marquis di San Giuliano a formulé ses condoléances au sujet de la mort de mon prédécesseur a témoigné de la haute valeur que Rome attribuait aux efforts loyaux du comte Aehrenthal en vue de rendre le plus confiants possible les rapports des alliés. Je n'ai pas négligé de répondre avec cordialité à la manifestation de l'homme d'Etat italien et de lui assurer que le changement de personnes n'a en rien modifié notre politique. » Les journaux de l'Empire allemand, comme ceux de l'Italie, commentent l'exposé avec beaucoup de sympathie ; le *Berliner Tageblatt* loue le ton amical du discours de Berchtold à l'égard de l'Italie et y voit pour la paix européenne une garantie de durée ; le *Popolo Romano* exprime ses réserves au sujet des remarques du comte Berchtold sur les accords spéciaux des pays alliés avec les pays non alliés, mais il ajoute que des accords de cette nature ne peuvent compromettre les traités d'alliance. Lors de la séance du 1er mai de la Délégation autrichienne, le comte Skarbek, délégué, interpelle sur le « danger d'extension aux autres Etats confédérés allemands des mesures d'exception prises par la Prusse contre les travailleurs austro-slaves, et en particulier contre ceux d'origine polonaise ».

Au cours de la mémorable séance du Reichstag allemand en date du 18 mai (déclarations de l'Empereur Guillaume sur l'Alsace-Lorraine), le député Spahn introduit dans le débat relatif au budget la question de la protection des travailleurs autrichiens. Le lendemain, le **Dr.** David parle de l'occupation d'un certain nombre d'îles de la mer Egée par l'Italie et exprime l'opinion qu'un accord a vraisemblablement été conclu entre l'Angleterre et l'Italie, qui compromettait la Triple Alliance et resteindrait à l'extrême l'influence des autres puissances, et de l'Autriche en particulier, dans les Balkans. Oertel et Bassermann parlent des rapports austro-allemands et croient pouvoir établir que l'Autriche-Hongrie a souvent manifesté une certaine fraîcheur à l'égard de l'Allemagne, mais ils observent avec satisfaction la chaleur avec laquelle l'exposé du comte Berchtold parle des rapports entre l'Allemagne et l'Autriche-Hongrie. Au cours de la même séance, Delbrück, secrétaire d'Etat, repousse une résolution du Centre qui réclame une réglementation légale des conditions de travail des ouvriers étrangers et déclare que le gouvernement ne peut renoncer à son droit d'expulsion.

Le comte Berchtold, ministre austro-hongrois des affaires étrangères, se rend le 23 mai à Berlin. Le *Norddeutsche*

Allgemeine Zeitung lui consacre un chaleureux article de
congratulations. L'Empereur confère au Comte l'Ordre de
l'Aigle Noir. Un communiqué officiel relatif aux conférences
tenues à Berlin affirme que dans cette ville on comprend
fort bien les buts conservateurs de la politique austro-hongroise et qu'on y connaît la grande valeur que possède le
maintien stable de la tranquillité dans l'Europe orientale
pour la monarchie voisine, étant donné sa situation géographique et les intérêts économiques dans les Balkans (1).

Le 29 mai, les délégués de la Ville de Berlin se rendent
à Vienne et, à cette occasion, l'on échange des discours
extrêmement chaleureux en faveur de l'alliance. Le
30 mai, le premier bourgmestre Kirschner est reçu en
audience auprès de l'Empereur François-Joseph.

Les journaux français du mois de juin répandent la
nouvelle que l'Autriche-Hongrie et l'Allemagne auraient
protesté contre l'occupation de nouvelles îles turques par
l'Italie : cette information fait l'objet d'un démenti officiel
à Berlin et à Vienne et la *Tribuna* insère ces démentis en
ajoutant que ces bruits n'avaient d'autre but que d'éveiller
la méfiance, surtout entre Rome et Vienne. Le 7 juin, le
Giornale d'Italia affirme que l'Ambassade d'Allemagne à
Constantinople empêche dans l'intérêt de l'Allemagne et
de la Turquie le retour, préconisé par Rome, des ouvriers
italiens des chemins de fer d'Anatolie ; le *Popolo Romano*
assure par contre que, sauf peu d'exceptions, les Italiens
savent gré à l'Allemagne de la protection efficace de leurs
compatriotes en Turquie. La discussion de la loi militaire
à la Chambre autrichienne des députés, le 19 juin, fournit
au Dr. Gustav Gross, président de la Ligue nationale allemande, l'occasion de montrer que le devoir d'alliance à
l'égard de l'Allemagne exige que l'Autriche mette à sa dis-

(1) Le comte Hoyos, secrétaire du comte Berchtold, s'exprime en
termes analogues, dans la *Vossische Zeitung* du 26 mai ; il affirme
que l'entrevue a fourni la preuve d'une entente complète, dépourvue
de toute perturbation.

position les forces qu'elle peut avoir : « Nous avons à remplir un devoir de gratitude, en raison de l'appui efficace que nous ont prêté l'Empire allemand et son souverain pendent les jours difficiles. »

Comme signe de l'entente entre la monarchie danubienne et l'Italie, toujours en voie de progrès, la presse de l'Empire allemand répand le bruit, d'ailleurs impossible à contrôler, que le conseil commun des ministres, tenu à Vienne les 9 et 10 juillet, a repoussé les demandes du ministre de la guerre, en particulier au sujet des fortifications dans le Tyrol.

A l'occasion de l'anniversaire de la naissance de l'Empereur-Roi François-Joseph, un déjeuner est donné le 18 août au château de Wilhelmshöhe ; les fonctionnaires de l'ambassade d'Autriche-Hongrie y sont invités. Au cours du repas, l'Empereur porte un toast à l' « ami fidèle et solide allié ».

Le 19 août, le comte Berchtold, ministre d'Autriche-Hongrie, va passer deux jours à Sinaïa pour y rendre visite au Roi de Roumanie. Le voyage suscite les explications les plus multiples, le *Journal des Débats* y voit une « visite d'alliance », mais on ne paraît pas y être arrivé à des accords positifs, comme vont d'ailleurs le montrer les événements qui suivent.

Le 7 septembre, le Chancelier de l'Empire allemand part pour deux jours chez le comte Berchtold, à Buchlau. Il lui rend la visite que le comte Berchtold lui a faite à Berlin. Le communiqué officiel paru au sujet de leurs conversations constate l' « entente réciproque absolue sur toutes les questions actuellement pendantes de la politique extérieure générale, en particulier sur celle du Levant. »

La confiance la plus complète règne dans ces négociations, observent aussi à Rome la *Tribuna* et la *Vita*. On lit entre autres choses dans le discours du Trône par lequel François-Joseph ouvre la Délégation austro-hongroise : « Appuyée sur notre alliance avec l'Empire d'Allemagne et l'Italie,

alliance étroite et maintenue durant de nombreuses années,
notre politique étrangère sera dirigée après comme avant
par nos efforts en vue de contribuer au maintien de la paix
tout en garantissant les intérêts de la monarchie. » Le même
jour, le comte Berchtold fait son exposé ; son discours constate, à propos des rapports avec l'Allemague, la « concordance complète des derniers objets des deux cabinets » et il
annonce sa visite à la Cour d'Italie, démarche qui ne peut
que donner encore plus de clarté et de confiance aux rapports des cabinets de Vienne et de Rome. L'exposé est surtout consacré à justifier la tendance du comte Berchtold à
provoquer un échange d'opinions des puissances sur la situation dans les Balkans ; il est accueilli avec beaucoup de
faveur à Berlin et à Rome. Aux Délégations, les orateurs
trouvent presque tous des phrases chaleureuses pour la
Triple Alliance. La *Perseveranza* aperçoit dans les résultats
de la session des Délégations la preuve de la solidité inébranlable de la Triple Alliance. La signature du traité de
paix de Lausanne entre l'Italie et la Turquie a lieu à Ouchy
le 18 octobre à 3 heures 45 minutes ; le *Popolo Romano* en
profite pour parler de l'attitude des alliés pendant la guerre :
« Abstraction totale faite de l'attitude pleinement correcte
des gouvernements alliés à l'égard de l'Italie, les documents
posthumes enfin connus de Rholfs nous suffisent pour établir que l'Empereur Guillaume II en personne a résisté de
la manière la plus décidée à certaines suggestions le pressant de prendre possession de la Cyrénaïque, occupation qui
eût été facile pendant les 33 années de gouvernement
d'Abdul-Hamid. De même, nous n'avons jamais oublié
l'attitude vaillante et loyale du comte Aehrenthal quelques jours après notre déclaration de guerre à la Turquie ».
Deux jours après la conclusion de la paix, le comte Berchtold se rend à Pise pour y rencontrer le ministre italien
San Giuliano. De Pise le comte va à San Rossore, et le
Roi Victor-Emmanuel lui donne audience. Le ministre
remet au Roi une lettre autographe de son souverain ; le

Roi lui confère le collier de l'Ordre de l'Annonciation. Les canons tonnaient déjà devant Andrinople.

Les conversations de Pise, de San Rossore et de Florence ont des résultats précieux : non seulement les vues de l'Autriche-Hongrie et de l'Italie sont en pleine conformité au sujet des questions balkaniques, mais il en résulte aussi la résolution « de s'en tenir au but de contribuer au rétablissement de la paix générale en se basant sur l'alliance des deux gouvernements et de celui de Berlin et en escomptant l'appui des autres puissances ». La situation est caractérisée par le fait qu'à ce moment l'on répand le bruit que von Jagow, ambassadeur d'Allemagne à Rome, a assisté aux conversations de Florence, car on devait y décider la prolongation de la Triple Alliance pendant vingt nouvelles années ; le bruit n'est pas confirmé, mais il se peut, en tout cas, qu'il ait déjà été question à San Rossore du renouvellement de la Triple Alliance.

Pendant le même mois, les Chambres de commerce de Berlin et de Vienne échangent des déclarations favorables à l'alliance.

Au mois de novembre, les puissances de la Triple Alliance s'opposent toutes trois au projet de Poincaré (complet désintéressement). La réponse donnée le 4 novembre au ministère des affaires étrangères de Paris par les trois ambassadeurs n'est pas un rejet brutal de la formule française d'accord, elle laisse le champ ouvert à de nouvelles négociations, mais elle affirme que les puissances de la Triple Alliance ont beaucoup d'intérêts importants dont l'apparition est liée à une nouvelle réglementation de la situation des Balkans.

Le 5 novembre, le marquis di San Giuliano est à Berlin, où l'Empereur lui donne une audience au cours de laquelle le ministre italien remet à Guillaume II une lettre autographe de son Roi, le remerciant de la protection allemande assurée aux Italiens pendant la guerre tripolitaine. L'Empereur Guillaume répond le soir même par un télé-

gramme très cordial. Les conversations de Berlin complètent
les négociations de Pise et de Florence, entre les ministres
en chef des deux autres puissances alliées. Il est intéressant
qu'à part l'ambassadeur austro-hongrois Szögyény-Marich
aucun diplomate ne participe à tous les arrangements qui
se firent à l'honneur de San Giuliano.

Le 5 novembre, le comte Berchtold fait à la Délégation
son exposé (pour la première fois, depuis l'existence des
Délégations, avant leur ouverture par le discours du
Trône). L'exposé reflète le caractère tout à fait sérieux de la
Délégation, mais, comme le constate la *Neue Freie Presse*,
il y est plutôt question de la paix que de la guerre. Le ministre rappelle avant tout la conclusion de la paix de Lausanne : « Nous avons nous-même contribué à faciliter la
conclusion de la paix et tout aussitôt reconnu la souveraineté de l'Italie en Libye. Je voudrais mentionner en exprimant ma satisfaction sincère, que notre alliée a ainsi atteint
le but vers lequel elle s'efforçait depuis des dizaines
d'années et qu'elle a trouvé un large domaine où implanter
la haute civilisation de la métropole sur un territoire
étranger... A l'occasion de mon court passage en Italie, j'ai
pu me convaincre que notre attitude à l'égard de la guerre
menée par le Royaume contre la Turquie a été pleinement
approuvée non seulement du côté du gouvernement, mais
aussi par la population. Une réception sympathique m'a
été faite dans le Royaume allié, mais je ne veux pas l'attribuer en dernière analyse à cette circonstance. Le chaleureux écho que cette tendance d'esprit a trouvé chez nous
peut servir de garantie pour une consolidation des rapports
d'alliance, et, par conséquent, de la Triple Alliance ». La
partie principale de l'exposé est naturellement consacrée
à la guerre des Balkans. En ce qui concerne l'action de
Poincaré, le comte Berchtold constate que l'Autriche-Hongrie a participé à cette action tout en s'accordant de la
façon la plus intime avec ses alliées et en ayant des rapports de vive sympathie avec l'Angleterre et la Russie. Le

lendemain, François-Joseph lit à la Hofburg de Budapest son discours du Trône ; il y affirme également l'accord avec les puissances alliées. Lors de la discussion du budget des affaires étrangères à la Délégation autrichienne, le Dr. Ellenbogen, délégué, expose que l'on se fait illusion en tenant toujours compte de l'appui allemand et que l'on constate en Allemagne, dans toute l'opinion publique, une résistance très nette à s'engager militairement dans les Balkans en faveur des soi-disants intérêts autrichiens ou autres. Le Dr. von Grabmayr est d'avis que l'opinion publique italienne trouve maintenant tout naturel le renouvellement de la Triple Alliance, mais que l'Autriche attend que l'Italie renonce à toutes les velléités irrédentistes, moyennant quoi l'Autriche consacrera toute son autorité politique à bien traiter les Italiens autrichiens. Dans la suite de la discussion, le comte Berchtold constate que la commission austro-italienne de la frontière s'est réunie l'année précédente et qu'elle terminera sans doute ses travaux l'année prochaine, mais que l'on est déjà arrivé à une entente sur les points les plus importants ; ceci est vrai en particulier de la question de la navigation sur le Lac de Garde. Les délégués Stapinski, Wolf et Jedrzejowicz parlent de la politique de dénaturation de la Prusse. A la Délégation hongroise, le rapporteur François Nagy constate que l'opinion italienne favorable à la Triple Alliance est un vrai rayon de lumière dans le sombre horizon du moment. Le 9 novembre, l'ambassadeur d'Allemagne, M. von Tschirschky, reçoit audience à la Hofburg de Vienne, et, au cours de cette réception, il est question des mesures de mobilisation de l'Autriche-Hongrie, qui vont bientôt être mises à exécution. Le duc d'Avarna, ambassadeur d'Italie à Vienne, a en même temps plusieurs conversations avec le comte Berchtold.

Le vingtième anniversaire de l'entrée en fonctions du comte Szögyény comme ambassadeur donne à la *Norddeutsche Allgemeine Zeitung* du 9 novembre l'occasion de

fêter le vieux diplomate comme le soutien de la politique
d'alliance entre l'Allemagne et l'Autriche-Hongrie.

François-Joseph Ier et le Roi d'Italie échangent des télégrammes cordiaux le jour anniversaire de la naissance de
Victor-Emmanuel.

Le 15 novembre, la *Politische Korrespondenz* de Vienne
publie une lettre envoyée de Berlin « d'une source compé-
tente », où on lit que « le maintien solide et indissoluble de
la Triple Alliance est indubitable et qu'il garantit les intérêts de l'Autriche-Hongrie sur l'Adriatique, intérêts qui
concordent avec ceux de l'Italie ».

Au cours de la séance de la Délégation autrichienne du
15 novembre, le comte Lützow, ancien ambassadeur à
Rome, fait un remarquable discours. Il se réfère aux déplacements des flottes des puissances de l'Entente dans la Mer
Méditerranée et il dit que ces événements ont montré au
peuple italien l'utilité de la Triple Alliance et que leurs
effets seront peut-être durables. Le comte Lützow n'est pas
d'avis que les rapports d'alliance avec l'Italie soient plato-
niques. Il est convaincu que la Triple Alliance peut remplir
ses devoirs dans toutes les directions, et qu'au surplus
l'Autriche-Hongrie doit nécessairement constituer sa flotte
de façon à pouvoir être puissante même en dehors de
l'Adriatique. Le diplomate, qui a été six ans ambassadeur
à Rome, affirme, pour terminer, la nécessité d'en finir avec
la question de l'Université italienne, qui a une si grande
importance si l'on veut attirer les sympathies des classes
éclairées d'Italie. Le Dr. Kramarz répond à ces déclarations
que l'Autriche a seule un intérêt vital dans les Balkans et
qu'il convient, par conséquent, d'en éloigner l'Italie du point
de vue politique. A la séance du 18 novembre, le comte
Berchtold indique comme les directions fondamentales de
sa politique : « attachement fidèle aux rapports d'alliance
existants, si solidement établis, et poursuite conséquente
d'une politique réaliste modérée, ne visant aucune expansion territoriale, mais tenant sérieusement compte de nos

intérêts ». Le 19 novembre, le ministre constate qu'il y a pleine entente entre l'Autriche-Hongrie et l'Italie à l'égard de l'indépendance de l'Albanie et qu'aujourd'hui encore subsiste cette base de la politique albanaise qu'a exposée de son côté à la Chambre italienne le ministre italien des affaires étrangères. A la même séance, le Dr. von Langenhan parle de la politique polonaise de la Prusse et proteste contre le fait que la politique d'alliance de l'Autriche-Hongrie dépende d'une question de politique intérieure non pas de tout l'Empire allemand, mais d'un seul Etat allemand confédéré : « Nous autres Allemands d'Autriche, nous sommes attachés à la Triple Alliance et en particulier à l'alliance avec l'Allemagne non seulement parce que c'est là un besoin de notre cœur, mais avant tout parce que nous sommes convaincus que la politique d'alliance suivie par nous est la seule bonne pour toute la monarchie ». Le marquis de Bacquehem, rapporteur de la Délégation autrichienne, trouve aussi de chaleureuses paroles, en faveur de la Triple Alliance. On remarque de plusieurs côtés que l'Empereur-Roi, François-Joseph, dit le 18 novembre aux délégués italiens, Degasperi et Spadaro, à la réception des Délégations, que c'était le meilleur moment pour résoudre enfin la question de l'Université italienne.

Mentionnons aussi qu'au cours de la séance des Délégations Etienne Tisza fait à Arad le compte-rendu de son mandat, et il y dit entre autres choses : « En face du flux gigantesque de population qui nous menace d'une inondation venant de l'Est, une ligne de défense est tirée en Europe centrale, allant de la Baltique à la Mer Noire, ligne de défense dont il faut considérer la nation allemande comme la garde principale, les nations hongroise et roumaine faisant figure de parties complémentaires et d'alliées naturelles ».

Le *Corriere d'Italia* du 16 novembre publie un interview pris par son correspondant de Vienne auprès du duc d'Avarna, ambassadeur d'Italie à la Cour d'Autriche-

Hongrie, qui lui déclare que l'Italie a tout à fait la même attitude que l'Autriche-Hongrie au sujet de la question d'un port serbe sur la mer Adriatique. En réalité, les deux pays marchent la main dans la main dans la crise des Balkans, les différends ne devant faire leur apparition que l'année suivante. L'appui que l'Italie donne à l'Autriche-Hongrie déchaîne à Rome de violentes attaques contre San Giuliano. Les députés Barzilai, Torre et Bissolati font rage dans les réunions populaires et dans leurs interviews, se plaignant de ce que « l'Italie se laisse tenir en laisse par l'Autriche-Hongrie ». Le 24 novembre, la *Tribuna* expose que les intérêts de l'Italie coïncident complètement avec ceux de l'Autriche-Hongrie ; l'ancien ministre Orlando répond, dans un discours prononcé à Partinico, dans sa circonscription électorale, que l'indépendance de l'Albanie n'est pas incompatible avec certains désirs de la Serbie.

Le 21 novembre, le chevalier di Pansa, ambassadeur d'Italie à Berlin, quitte son poste ; Berlin accueille avec beaucoup de sympathie la nomination de son successeur, Riccardo Bollati.

L'Archiduc François-Ferdinand arrive à Berlin le 22 novembre. Le même jour, le feld-maréchal lieutenant Schemua, chef de l'état-major général austro-hongrois, passe quelques heures à Berlin et y a un long entretien avec le général d'infanterie von Moltke, chef de l'état-major général prussien. La rencontre de l'héritier du trône de la monarchie danubienne et de l'Empereur d'Allemagne, ainsi que la conversation échangée entre les chefs d'état-major général, est reliée aux bruits alors très accentués relatifs aux armements russes. La *Norddeutsche Allgemeine Zeitung* souhaite une « cordiale bienvenue à l'hôte illustre » et exprime l'opinion que l' « échange personnel d'idées entre son Altesse Impériale et Royale et Sa Majesté a une valeur particulière et ne peut donner que de bons fruits ». D'après la *Vossische Zeitung*, la visite de l'Archiduc François-Ferdinand à Berlin renforcera l'impression que les puissances de la Triple Alliance ont agi en plein accord durant la crise balkanique. De retour de son voyage, l'héritier du Trône consacre une longue audience, le 25 novembre, à faire son rapport à l'Empereur-Roi François-Joseph. On voit un lien entre la conversation échangée entre Schemua et Moltke et le voyage à Bucarest de Conrad von Hötzendorf, inspecteur d'armée (29 novembre).

Kiderlen-Wächter, secrétaire d'État, déclare le 29 novembre à Mme Margit Vészi, correspondant de l'*Az Est*, journal de Budapest, que « l'harmonie, la bonne intelligence et la coopération sont parfaites » entre le gouvernement allemand et la monarchie austro-hongroise.

Le 2 décembre, von Bethmann Hollweg, chancelier d'Empire, ouvre la discussion du budget par un important discours d'environ vingt minutes ; contre son habitude, il utilise un manuscrit pour le prononcer. Le point culminant du discours consiste en la déclaration que, si contre toute attente une tierce partie attaque une de ses alliées en train de faire valoir ses intérêts ou la menace dans son existence, l'Allemagne se mettra résolument et solidement à ses côtés : « et alors nous combattrions à côté de nos alliés pour garantir notre propre situation en Europe, pour défendre notre propre avenir et notre propre sécurité ; je suis tout à fait convaincu qu'en poursuivant cette politique nous aurons toute la nation derrière nous ». Tous les orateurs qui prennent la parole à la Chambre donnent leur approbation à cette déclaration du Chancelier d'Empire. Seul, le premier orateur, le social-démocrate Ledebour, proteste contre elle parce qu'elle donne aux alliés une sorte de pouvoir en blanc pour toutes les mesures qu'ils sont susceptibles de prendre. Le Dr. Spahn, du Centre, exprime sa satisfaction au sujet du rapprochement considérable intervenu entre l'Italie et l'Autriche-Hongrie et, au cours de son discours, il s'occupe aussi de la question polonaise. Le comte Kanitz déclare que, certes, l'Allemagne désire la paix, mais seulement la paix dans l'honneur, paix qui maintienne la

puissance de l'Allemagne et de ses alliées. Bassermann
entame une polémique avec le Dr. Spahn au sujet de la
question polonaise, qui est non pas une question internationale, mais une question purement et simplement prussienne, et il dit, dans le cours ultérieur de son discours :
« Si l'Autriche est attaquée, nous serons solides et résolus
à ses côtés ». Von Payer, premier orateur du lendemain,
directeur du parti progressiste populaire, exprime le désir
que l'Allemagne ne soit pas sans raison entraînée par l'Autriche dans une guerre. Le Dr. David, député social-démocrate, déclare que son parti est bien favorable à l'alliance
avec l'Autriche et aussi au maintien de la Triple Alliance,
mais il proteste contre les manœuvres du parti clérical de
Vienne, derrière lequel se trouve l'Archiduc François-Ferdinand. Le prince Löwenstein, député du Centre, combat
ces déclarations ; on ne peut parler d'un parti de la guerre
en Autriche, on ne peut pas dire non plus que l'héritier du
trône soit l'homme de confiance du Centre. « J'ai personnellement l'honneur, dit le prince, de connaître cet ami
nouveau et éprouvé de l'Allemagne, et je ne puis me glo-
rifier d'être son homme de confiance. » Le prince montre
avec encore plus de netteté que les autres orateurs que
l'Allemagne doit remplir son devoir d'alliance les armes à
la main ; il s'agit selon lui de questions tout autres que celles
du port serbe de l'Adriatique ou de l'Albanie indépendante.
Le Dr. Oertel, conservateur agraire, désire que la Triple
Alliance soit un « ménage heureux à trois » ; Madame l'Italie s'est déjà prêtée avec plaisir à un tour de valse extra-
conjugal, mais elle est maintenant revenue à son premier
danseur légitime. Pour terminer, Oertel remercie le Chancelier d'Empire d'avoir employé le mot tranchant et populaire de *fecht*. Le baron von Richthofen, national-libéral,
déclare aussi que l'Allemagne a pour devoir d'être aux
côtés de l'Autriche dans cette situation difficile.

Le discours du Chancelier d'Empire, que le *Neue Freie
Presse* appelle un « grand jour de fête pour l'alliance entre

l'Allemagne et l'Autriche-Hongrie », trouve naturellement un joyeux écho dans le bassin du Danube. Le Dr. Gross, leader de la Ligue Nationale allemande, fait le 3 décembre un discours exprimant cette opinion. « L'Empire allemand et ses représentants peuvent être convaincus, déclare le Dr. Gross aux applaudissements violents des gauches, que nous nous comporterons sur un pied d'égalité et qu'aux heures de besoin et de danger nous soutiendrons nos alliés ; fidélité pour fidélité, tel est notre mot d'ordre, et à ce mot tous les peuples de l'Autriche peuvent se rallier. » Les journaux de Budapest donnent aussi les tons les plus chaleureux ; le *Magyar Nemzet*, organe officieux du gouvernement hongrois, déclare que le discours du Chancelier de l'Empire allemand a une importance historique et mondiale. La presse de l'Empire allemand est également favorable, presque sans exception, aux déclarations du Chancelier d'Empire. La *Vossische Zeitung* expose qu'en faisant sa déclaration le Chancelier d'Empire a agi tout à fait dans l'esprit de Bismarck et dit : « L'Autriche-Hongrie, comme grande puissance intacte est un besoin vital pour l'Empire allemand, une condition nécessaire de l'équilibre européen ». La presse italienne, en particulier la *Tribuna*, le *Popolo Romano* et la *Vita*, expriment l'assurance que l'Italie ne le cèdera pas à l'Allemagne en ce qui concerne la fidélité à l'alliance. La presse anglaise reconnaît l' « esprit éminemment pacifique » du discours, mais les journaux français lui adressent de violentes critiques, et le *Temps,* en particulier, maugrée parce que Bethmann Holweg a fait un traité d'offensive d'un traité défensif à l'origine.

San Giuliano annonce le 6 décembre à la Chambre italienne une démarche commune de l'Italie et de l'Autriche-Hongrie au sujet de Valona, et la *Tribuna* du même jour publie une note officieuse aux termes de laquelle l'Italie ne pourra jamais admettre que la côte albanaise tombe entre les mains des Serbes et des Grecs.

Les journaux du dimanche publient en même temps, le 8

décembre, à Berlin, à Vienne et à Rome, le renouvellement
de la Triple Alliance. La première discussion parlementaire
relative au renouvellement de la Triple Alliance a lieu à la
Chambre italienne. A la séance du 18 décembre le marquis
di San Guiliano, ministre italien des affaires étrangères,
donne à la Chambre communication officielle du récent
renouvellement du traité. Dans son discours, il qualifie la
Triple Alliance de garantie de la paix pour toute l'Europe
et de gage de sécurité pour les trois puissances qui constituent la Triple Alliance. La Triple Alliance garantit tous les
intérêts de l'Italie, il n'y a aucun motif de la modifier, et aucune des trois puissances alliées ne désire non plus y changer quelque chose. San Giuliano, l'auteur des *Lettres Albanaises* (1), examine à fond l'identité des intérêts de l'Italie
et de l'Autriche-Hongrie dans la question albanaise et termine en communiquant à la Chambre qu'à l'occasion de la
nomination du baron von Conrad comme chef de l'état-
major général de l'armée austro-hongroise il a reçu du
comte Berchtold, par une voie amicale, l'assurance que
cette promotion n'a aucun rapport avec la politique extérieure de l'Autriche-Hongrie (2).

(1) Editées en allemand chez Dieterich à Leipzig.
(2) Le général Conrad fut nommé chef de l'état-major général le
11 décembre 1912 ; une année avant, sa retraite de cette place lui
avait été donnée, retraite provenant de ce qu'il voulait prendre des
mesures militaires à la frontière italienne (voir 1911).

LE DERNIER RENOUVELLEMENT DE LA
TRIPLE ALLIANCE

Le 7 décembre 1912, les agences télégraphiques officielles
de Berlin, de Vienne, de Budapest et de Rome publient la
note suivante :

« Le traité d'alliance existant entre les souverains et les
gouvernements de l'Autriche-Hongrie, de l'Allemagne et
de l'Italie a été renouvelé sans aucun changement. »

Le traité ne devait venir à expiration qu'au mois de
juillet de l'année 1914. La crise des Balkans pousse les puissances de la Triple Alliance à ce renouvellement démonstratif
et les amène aussi à le publier officiellement. Cet ouvrage ne
peut se proposer l'analyse des réactions exercées sur la Triple Alliance par la guerre balkanique, qui n'est pas encore
tout à fait liquidée aujourd'hui (fin 1913), par le drame turc et
par la tragédie bulgare ; nous n'avons qu'à montrer que la
situation à la fin de 1912 rappelle la situation de l'Europe à la
fin de l'automne de l'année 1879 et la période orageuse des
premières semaines de 1888. Il y a juste quelques mois que
s'est terminé le troisième lustre depuis la mort du vieux
Chancelier d'Empire. Et ce qu'il a aperçu en 1879 et en 1888
est aujourd'hui la preuve absolue de son art politique.

« Cauchemar des coalitions » telle est l'expression de
Gortchakoff au sujet des angoisses de Bismarck relatives
aux alliances. Et c'est ce terme malicieux du spirituel Russe
qui tinte à nos oreilles en raison des bruits de guerre sur

les pentes des Balkans : la Russie et son idée panslaviste
La crainte de voir l'Italie s'allier avec l'Autriche avait poussé
Bismarck, dès 1865, à faire négocier par Nigra, à Paris, une
alliance avec la Maison de Savoie. L'alliance défensive et offensive qu'il fait signer à Vienne le 7 octobre 1879 avait été engendrée par le souci que l'Autriche ne s'unît avec la Russie
contre l'Allemagne. L'amourachement de la France pour la
Russie avait été le mobile du traité de contre-assurance avec
ce dernier pays, qui était menacé à cause de l'Afghanistan,
et les révélations de Hambourg (1) durent être un courant d'air froid pour les têtes françaises échauffées qui, après
la mort du prince Lobanoff, faisaient rage contre l'Allemagne
tout en se tournant vers la Néva. Et, lorsque Bismarck, le
3 février 1888, procède à la publication du traité d'alliance
entre l'Allemagne et l'Autriche-Hongrie, ce sont les mêmes
menaces et les mêmes manœuvres russes, qui avaient été sur
e point de faire éclater une guerre européenne au jour de la
grande liquidation balkanique. On parla pourtant à ce moment d' « alliance pacifique », tandis qu'en 1912 les cabinets
ne transmettent aux agences télégraphiques qu'un communiqué laconique. Chose remarquable : tous les grands traités
politiques (à l'exception de l'instrument projeté par Bismarck
et Andrássy) sur lesquels repose l'ensemble de la politique
européenne des xıxe et xxe siècles ont été gardés dans les
chancelleries d'Etat comme des documents secrets sept fois
scellés. Maintenant encore on ne sait rien d'authentique du
contenu du traité de Triple Alliance ; Bismarck a même fait
savoir que la structure de ce traité empêche qu'il puisse
être connu même après son expiration. (Jusqu'à présent
on n'a pas publié non plus le texte du traité d'alliance franco-
russe du 20 août 1891.) Des voiles épais couvrent également
le dernier renouvellement de la Triple Alliance. De la note
officielle il résulte une seule chose : c'est qu'il y a un traité

(1) Voir aussi à ce sujet l'ouvrage paru en 1913 : HERMANN HOF-
MANN, *Fürst Bismarck*.

unique et que ce traité a été renouvelé sans modification. Aucune information officielle n'a même paru au sujet de la durée du nouveau traité. A Berlin et à Vienne, on répand le bruit officieux qu'il avait été une fois de plus conclu pour six ans. La *Tribuna* affirme par contre que les trois Etats contractants se seraient engagés pour une durée de sept ans. D'autres sources (ainsi que Wirth dans sa *Weltgeschichte der Gegenwart*) disent que l'échéance viendrait en 1926, bien que la *Tribuna* du 9 décembre 1912 publie une note officieuse déclarant fausse l'information d'après laquelle le renouvellement obligeait les puissances signataires pour une durée de douze ans (à partir de 1914). En faveur de la fixation du terme en 1926, on invoque la combinaison suivante ; si le renouvellement n'avait pas eu lieu en 1912 et en supposant que ni l'une ni l'autre des trois puissances n'ait fait usage de son droit de dénonciation, le traité aurait subi une prolongation automatique de six années. Le traité serait donc resté en vigueur jusqu'en 1920. Si l'on admet que l'on était bien informé à Berlin et à Vienne et que la prolongation de six ans compte à partir de 1920, nous arrivons à l'année 1926. Le terme d'expiration établi par la *Tribuna* est cependant l'année 1919.

D'après des renseignements concordants, la signature du traité doit avoir eu lieu le jeudi 5 décembre à Vienne ; les signataires sont le comte Berchtold, ministre autro-hongrois des Affaires étrangères, Heinrich von Tschirschky und Bögendorff, ambassadeur d'Allemagne et le duc d'Avarna, ambassadeur d'Italie. La ratification date du 7 décembre, jour que, dans son exposé du 19 novembre 1913, le comte Berchtold désigne comme « jour du renouvellement. » La signature du traité doit avoir été précédée de très longues négociations, relatives surtout à la question de savoir si le contrat devait être renouvelable par tacite reconduction ou s'il devait être signé à nouveau pour rester ultérieurement en vigueur. Le fait que le traité est renouvelé sans changement provoque une surprise particulière. Le bruit court toujours, constate la *Neue Freie Presse*, que l'Italie s'efforce de faire introduire dans le traité de triple alliance des arrangements relatifs à l'Albanie, qu'elle désire une extension des stipulations du contrat relative aux questions méditerranéennes et qu'elle attache du prix à ce que ses nouvelles possessions africaines soient mises *expressis verbis* sous la garantie de l'intégrité territoriale assurée par le contrat. Rien de tout cela ne se produit, et il faut donc admettre que nulle nécessité n'a apparu de changer quelque chose au texte du traité : ni les bouleversements dans la péninsule des Balkans, ni l'annexion des provinces du Nord de l'Afrique par l'Italie n'ont fourni l'occasion de reviser le traité.

Tous les journaux discutent naturellement avec animation le renouvellement démonstratif du traité.

Il est intéressant à signaler que la presse de Londres, bien entendu sans cette loyauté avec laquelle elle avait salué la signature du premier traité de triple alliance, mais pourtant avec une sympathie pas trop menteuse, voit dans le renouvellement de la Triple Alliance un appui pour la paix européenne. La presse russe et la presse française abandonnent à l'unanimité le silence le plus complet, qu'elles observaient comme si elles obéissaient à un mot d'ordre, et elles affirment, en particulier, que le renouvellement de la Triple Alliance n'a pas pour effet la moindre modification de la situation générale.

Dans les trois Etats alliés eux-mêmes, la nouvelle est accueillie avec une grande satisfaction.

La *Norddeutsche Allgemeine Zeitung* écrit : « Depuis sa fondation, la Triple Alliance s'est introduite comme un facteur durable de la paix dans le groupement des puissances européennes et, par sa solidité, elle a été un élément décisif de la paix. Son renouvellement n'a pu provoquer de surprise nulle part. En tout cas, nous pouvons regarder comme un signe réjouissant le fait que son renouvellement formel vient de réussir en ce moment. Ceci est une preuve que les trois alliées sont contentes de son efficacité. » Un télégramme de Berlin à la *Kölnische Zeitung* aperçoit dans la publication de la prolongation de la Triple Alliance la volonté des puissances alliées de donner encore une fois au monde, avant le commencement des négociations de Londres, la preuve éclatante d'une conformité absolue de vues. La *Vossische Zeitung* constate que la satisfaction résultant de cette importante nouvelle est vive et sans mélange. Le *Berliner Tageblatt* espère que nulle part le renouvellement ne soulèvera de craintes et ne fera naître la pensée que la Triple Alliance se transformera jamais de société d'assurance en société d'acquisition. La *Neue Freie Presse* écrit : « Dans la monarchie autro-hongroise, la satisfaction sera générale au sujet du nouveau contrat de triple Alliance. Depuis trente ans, elle a été une garantie de la paix et on peut espérer qu'elle exercera encore la même influence dans la crise difficile d'aujourd'hui. Il y a un fait d'une grande importance, c'est que le renouvellement soit publié au moment où les ambassadeurs se préparent à se rencontrer à Londres, où la Triple Alliance se présentera comme une unité fermée. Une des conditions les plus importantes de la paix et de l'équilibre européens est ainsi assurée et un verrou a été tiré aux fortes intrigues. » La *Tribuna* joint à l'information relative au renouvellement de la Triple Alliance les explications suivantes : « Personne ne sera surpris de ce que la Triple Alliance garantisse tous nos intérêts. Etant donné sa nature d'alliance défensive, elle constitue la garantie de la paix européenne. L'Italie sait que personne n'a l'intention de l'écarter, mais la conscience que l'Italie ne s'en tient pas seulement à la défense de l'intégrité des territoires qui sont sous son drapeau constitue déjà un grand facteur de sécurité. La Triple Alliance n'a pas eu coutume d'être modifiée et, comme dans le passé, elle continuera à poursuivre des buts pacifiques et défensifs qui n'excluent pas de bons et cordiaux rapports avec les puissances n'appartenant pas à la Triple Alliance, mais qui comportent des relations de ce genre. »

Le *Corriere d'Italia* qualifie le Triple Alliance de garantie de solidité pour l'Italie et d'épanouissement tranquille de son activité dans le concert des puissances européennes. *L'Italie* affirme que la Triple Alliance reste la pierre angulaire de la politique italienne. Le *Popolo Romano* exprime sa vive satifaction du pacte conclu. La *Vita* renchérit en disant que l'Italie a hésité devant l'occupation de la Libye, mais que maintenant elle ne peut plus reculer. Seul le *Giornale d'Italia* pose la question de savoir si la divergence disparaîtra entre la monarchie danubienne et d'Italie au sujet de la question serbe, question justifiée, car cette divergence va provoquer maint nouveau malentendu entre les deux alliées pendant les mois, gros de crise, qui vont suivre.

Mais, à Rome, le sentiment est tout à fait général que l'Italie a gagné en importance européenne grâce à son rapprochement avec l'Allemagne et l'Autriche-Hongrie. Malgré la réunion panitalienne de Torli, l'irrédentisme a perdu son influence sur les masses depuis l'annexion de la Tripolitaine et, même dans les cercles les plus larges, on arrive à reconnaître que le développement de la Grèce comme puissance maritime menace les intérêts de l'Italie de Tripoli jusqu'à Rhodes. L'Italie, à qui Carthage a échappé, mais qui possède maintenant le pays des Syrthes, a été une alliée négligente. Et qui pense en Autriche au temps, passé depuis longtemps, où la maison de Habsbourg (1815) avait proclamé son droit de souveraineté sur le royaume lombardo-vénitien...

La Triple Alliance embrasse presque les anciennes frontières du Saint Empire Romain (1) de la Mer Baltique à la côte africaine, des Vosges aux Portes de Fer sur le bas Danube ; il faut lui savoir gré que le mot de Nietzsche ne soit pas devenu une vérité : « Au xx⁰ siècle le Tsar sera le souverain de l'Asie et de l'Europe. » *Ad multos annos.*

(1) Voir le chapitre **Der Dreibund**, dans Wirth, *Weltgeschichte der Gegenwart.*

ANNEXE

LE CONTENU DE LA TRIPLE ALLIANCE
ÉTUDE DIPLOMATIQUE DU DR· HANS F. HELMODT

Selon le point de vue ou la conception que l'on adopte,
c'est, pris en gros, un phénomène plaisant ou prêtant à
réflexion que nous ne sachions pour ainsi dire rien du principal traité qui domine depuis une génération une partie
très importante, sinon la partie fondamentale, de nos relations extérieures, c'est-à-dire du texte de l'alliance entre
l'Empire allemand, l'Autriche-Hongrie et l'Italie. Même si
nous faisons abstraction des articles naturellement très
concis contenus dans les livres V et XXI du grand « Meyer »,
Max Fleischmann, dans ses *Völkerrechtsquellen in Auswhal*
(Halle, 1905) présente bien l'esquisse de l'alliance de 1879
d'après le *Reichsanzeiger* du 3 février 1888, mais il ne dit pas
un seul mot, — et il s'en défend d'une manière digne d'être
remarquée, — de l'élargissement de l'alliance en Triple
Alliance par adhésion de l'Italie, parce qu'aucun texte
officiel du traité n'a été publié. Il y a justement là un beau
signe des ressources immenses en confiance absolue, et
même touchante, que les peuples de l'époque contemporaine possèdent à l'égard des chefs responsables de leurs
destinées extérieures. La seule chose susceptible de compenser le manque de documentation communément acces-
sible consiste en le tirage à part d'une information envoyée
de Rome à la *Kölnische Zeitung* du 27 février 1887, qui

figure dans le XXVIII° volume de l'*Europäischer Geschichts-kalender* de Schulthess (Nördlingen, Beck, 1888).

Mentionnons, en outre, au début d'octobre 1913 une dissertation de huit pages du Dr. Heinrich Friedjung, intitulée : *Der Inhalt des Dreibundes*, dans le nouveau périodique mensuel de Cotta, *Der Greif*. Presque tous les journaux de langue allemande s'occupant surtout de ce sujet se soumettent à son autorité énergique sans autre examen critique. Des doutes relatifs à quelques propositions de Friedjung amènent pourtant l'auteur de ces lignes à revoir avec méthode les données du problème. Cette tentative déchaîne une vive polémique au cours de laquelle notamment la *Kreuzzeitung* et la *Deutsche Tageszeitung*, sans réserve aucune, et les *Grenzboten*, sous réserves, se mettent du côté du critique. Les principaux événements matériels, tels qu'ils se cristallisent avant tout dans une série d'études, publiées par la *Weser-Zeitung* du 13 au 18 décembre 1913 vont maintenant être présentés à un public plus large dans le cadre d'une annexe au travail si méritoire d'Arthur Singer.

C'est d'une manière formelle et intentionnelle que je qualifie l'œuvre de Singer de très méritoire, car, dans la mesure où la chose est possible malgré le caractère secret des archives d'Etat en ce qui concerne tous les documents des temps les plus récents, elle rassemble systématiquement tout ce qui peut être réuni après de pénibles études. Il est inutile d'espérer une publication officielle, le *Neue Pester Journal*, par exemple, s'est chargé de nous l'apprendre, le 12 novembre 1911, sous le titre : *Eine Frage* (une question) dans un article remarquable.

« Qu'y a-t-il donc dans le traité qui nous unit à l'Italie ? Et le temps n'est-il pas venu de nous éclairer, nous la seule puissance qui soit la voisine immédiate de l'Italie et de la Turquie, sur le contenu de ce traité et sur les obligations que le comte Kálnoky (et à proprement parler aussi le baron Haymerle) ont assumées à l'égard de l'Italie il y a plus de 30 ans ? En fait, la publication tout au moins des dispositions les plus importantes du contrat apparaît aujourd'hui tout à fait nécessaire, avantageuse aux deux parties, désirable même dans l'intérêt de la paix européenne. Elle aurait surtout l'avantage négatif d'écarter les malentendus qui commencent à dresser l'une contre l'autre les populations de deux grandes puissances et qui peuvent produire des dommages incalculables. Certes les diplomates peuvent conclure des alliances, mais, pour leur maintien, l'opinion publique et les sentiments des nations jouent un rôle important.

« Nous sommes convaincu que, dans les traités conclus par l'Autriche-Hongrie et l'Allemagne avec l'Italie, il *ne* peut être question d'une acquisition territoriale pour ce dernier royaume.

« La *mesure de l'obligation*, oui, c'est bien là le mot juste qui exprime et explique le mieux notre désir et son urgence. C'est à présent le meilleur moment pour que le peuple italien et aussi le nôtre soient éclairés sur cette mesure. Il est certain que la Triple Alliance a été conclue pour le cas de guerre, mais il est également évident que, comme dans le traité de Gastein, il ne peut y être question que d'une guerre défensive contre une attaque de l'extérieur. »

Cette question était justifiée ; maint habitant de l'Empire allemand l'a eue certainement sur le cœur depuis de longues années. Mais le journal de Budapest aurait pourtant pu se l'épargner. Julius von Eckardt dit, dès 1892, dans ses considérations sur *Berlin-Wien-Rom* : « On attribue au prince Bismarck, une parole d'après laquelle le contenu des traités conclus sous son égide entre Berlin, Vienne et Rome ne sera *jamais* publié complètement même au cas d'une dissolution de la Triple Alliance. Ceci paraît s'appliquer, non seulement au renouvellement de la Triple Alliance, mais encore aux événements qui l'ont précédé ». On ne sait même rien d'authentique sur la date inoffensive de l'entrée de l'Italie dans la Double Alliance, date que l'on a coutume de fixer au 20 mai 1882.

Singer   **20**

La connaissance précise du contenu des traités les plus
importants est assez incomplète même parmi les cercles
diplomatiques compétents ; si je ne suis pas renseigné à
faux, le procédé suivant est employé d'ordinaire dans l'un
des trois Etats de la Triple Alliance :

Seuls le président du conseil et le ministre des affaires
étrangères ont connaissance du contrat ; les autres membres
du gouvernement eux-mêmes en ignorent le texte. Le
document reste sous la garde tout à fait appropriée du président du conseil ou du ministre des affaires étrangères ;
les subalternes (copistes et autres) ne peuvent donc les lire.
Seuls les successeurs des deux ministres ont connaissance
de l'original ; les diplomates qui ont à en savoir quelque
chose n'en sont instruits que de vive voix et se font un
devoir d'observer le secret absolu. S'il n'en était pas ainsi,
nous saurions beaucoup plus que tel n'est le cas. Le lecteur
reconnaissant peut déjà déduire de ce qui précède quelle
sera la valeur, en fin de compte, de la moindre information,
parce que, jointe à beaucoup d'autres, elle permettra de
construire une mosaïque aux contours passablement précis.

*
* *

Friedjung, l'historien viennois, admit en octobre 1913
l'exactitude de l'affirmation, publiée de temps en temps
par les journaux hostiles à la Triple Alliance, que le traité
de la Triple Alliance contient quelque part une disposition
particulière relative à un *compromis de compensation* dans
les Balkans ; ce fut pour moi l'occasion directe de me livrer
à des études sur l'alliance, avant tout dans ses rapports
avec toute la complexité des *questions orientales*. Comme il
régnait d'une façon générale sur les accords les plus déci-
sifs une obscurité telle que l'on en faisait une véritable
bigarrure, je m'efforçai de mettre de l'ordre dans ce chaos.
Je ne suis pas arrivé — et c'est naturel — à tout débrouiller ;

mais je veux indiquer ici ce qui a pu être établi grâce à la contre-épreuve des autres faits.

Nous devons séparer nettement en trois groupes les questions orientales qui intéressent la Triple Alliance : *A)* les questions étiquetées « *Sandjak de Novi-Bazar* », *B)* celles étiquetées « *Macédoine, C)* celles étiquetées « *Albanie* ». Bien que, naturellement, il soit souvent arrivé qu'une explication diplomatique donnant à l'un de ces groupes une importance prépondérante effleurât à l'occasion un autre d'entre eux, parce qu'à ce moment ce dernier était aussi d'actualité et parce que les trois groupes ont déjà plusieurs points de contact topographique, j'ai dit avec intention « séparer nettement », car, sinon, notre étude ne nous conduirait pas plus loin. Il y a un *quatrième* groupe de problèmes, également proche parent des trois autres : il s'agit de l'occupation et enfin de l'annexion de la *Bosnie* et de *l'Herzégovine* par l'Autriche-Hongrie, mais ce groupe se distingue aussi des autres, par le fait qu'il s'est manifesté, avec les années, si l'on ne tient pas compte des contre-coups brefs et suffisamment expliqués par la presse, comme un ensemble complexe de questions essentiellement austrohongroises qui est encore du seul ressort de la politique intérieure de l'Etat danubien.

A) Commençons donc par la question du *Sandjak*, parce qu'elle est basée sur le traité de Berlin du 13 juillet 1878 (article 25), traité qui oblige à la fois la Triple Alliance et les Etats particuliers qui la composent ; une preuve suffisante en est donnée par le fait, qui n'a pas toujours été mis en relief avec assez de clarté, qu'elle est morte *officiellement depuis le 5 octobre 1908.* Des négociations, au sujet desquelles on tirera le maximum de profit du discours de Tommaso Tittoni en date du 4 décembre 1908 (édition allemande, intitulée : *Italien, der Dreibund und die Balkanfrage*, Berlin, 1913, pp. 266-268) avaient conduit à l'accord austro-turc des 21-22 avril 1879 qui, nous apprend l'exposé du comte Berchtold, en date du 19 novembre 1913, devant

la commission de la Délégation hongroise, a été volontairement abandonné par le comte Aehrenthal, ministre
des affaires étrangères. On a cru de certains côtés pouvoir
attribuer cette renonciation surprenante à un soi-disant
paragraphe de compensation inséré dans le traité de
triple alliance, en admettant ou bien que l'Italie avait exigé
la suppression du paragraphe 25 du traité de 1878 comme
dédommagement pour l'annexion de la Bosnie ou bien que
Aehrenthal avait sacrifié avec résolution et sans tarder les
droits de l'Autriche sur le Sandjak, pour enlever tout espoir
aux exigences balkaniques de l'Italie, qui l'auraient naturellement fort incommodé. En premier lieu, à la fin des
années 70, les choses avaient eu, en fait, une teinture de ce
genre. C'est ce qui ressort de ce qu'avait dit Bismarck à
Gastein, le 17 septembre 1877, comme le prouvent les *Mémoires* de Crispi : « Si l'Autriche prend la Bosnie, l'Italie
prendra l'Albanie ou quelque autre territoire turc sur la
côte adriatique », ainsi que de deux lettres de Crispi à Giovanni Codronchi, du mois d'avril 1909, publiées fin
novembre 1912 dans le *Resto del Carlino* de Bologne.
D'après ces documents, Bismarck et Derby avaient proposé
au Congrès de Berlin que l'Albanie fût attribuée aux Italiens
comme contre-partie de la Bosnie, qui revenait à l'Autriche-
Hongrie ; mais l'offre faite au ministère Depretis resta sans
succès parce que son successeur Cairoli ne voulait avoir
rien à faire à ce sujet. L'affaire avait pris ainsi une tournure défavorable pour l'Italie qui ne put y remédier par la
suite qu'au moyen de la formule « l'Albanie ni à l'Italie ni
à l'Autriche-Hongrie ». (Voir plus loin sous le titre *C*).

Personne n'est informé d'une façon exacte des motifs de
l'abandon décisif par Andrássy de la politique qui visait à une
nouvelle expansion dans les Balkans. On peut seulement
conjecturer que le comte Aehrenthal se sentait assez appuyé, en ce qui concernait les intérêts de l'Autriche-Hongrie dans les Balkans occidentaux, par l'accord albanais de
1897 et par les conventions conclues depuis Abbazia (1904),

et sur lesquelles nous aurons encore à revenir. En tout
cas, celui-là se trompe lourdement qui attribue le changement brusque, le retour à la conception d'Haymerle, à une
obligation légendaire découlant de la Triple Alliance ou à
son refroidissement. Il n'y a qu'une seule affirmation juste,
c'est que la suppression de l'article XXV du Traité de Berlin
(et la modification de l'article XXIX, relatif au Montenegro)
ont rendu un grand service aux Italiens ; on en trouve une
preuve suffisante dans de nombreux passages du discours
de Tittoni du 4 décembre 1908, que nous venons de citer
(édition allemande, pp. 282 et suiv.). Mais c'est tout : la renonciation au Sandjak équivalait à un présent de l'Autriche-
Hongrie aux Italiens qui ne s'y attendaient pas. Etant donné
ce point de vue, d'une part, et notre connaissance ultérieure
des traités bulgaro-serbo-(russes) de 1912, nous comprenons
pourquoi le comte Berchtold ne songea pas à reprendre le
cadeau lorsque s'élevèrent les premières flammèches de
l'incendie balkanique.

Mais on peut aussi concevoir et justifier l'*abandon* par
l'Autriche-Hongrie de la voie vers Salonique, on pense qu'il
n'y a que des raisons *politiques* et que là-dessus devrait
régner une pleine clarté. Seule l'expansion territoriale de
la monarchie danubienne dans les Balkans doit être considérée comme finie. Le comte Berchtold s'est exprimé dans
les termes suivants, le 27 novembre 1913, devant la commission de la Délégation autrichienne :

« Au point de vue *économique*, le *chemin libre* vers Salonique est un sujet qui réclame toute notre attention et que
nous ne voulons pas non plus perdre des yeux. Considérons
d'abord les dispositions de la *Convention à quatre* [conclue en
1883 entre l'Autriche-Hongrie, la Bulgarie, la Turquie et la
Serbie] qui a toujours existé, et qui existe encore comme une
garantie à cet égard et comme un état de possession inalié-
nable à l'égard de ce but. Regardons ensuite la possession
d'actions des chemins de fer d'Orient entre les mains des
capitalistes de notre pays comme un instrument qui nous

sert à tirer profit de nos intérêts aux transports, aussi bien
vers la mer dont il s'agit qu'à l'égard de nos importations
vers l'intérieur par Salonique.

L'affaire du Sandjak ainsi résolue débouche ainsi dans les
canaux secondaires, non encore comblés, de la question macédonienne : et celle-ci forme, bien que pas depuis le début,
une partie essentielle des traités proprement dits de la Triple
Alliance.

B) Si nous passons maintenant aux *traités de triple alliance
et à leurs annexes,* nous sommes certains *a priori* d'être compris de tout le monde, si nous mettons brièvement en lumière les tâtonnements et le manque de sécurité de la
Triple Alliance dans ses débuts, au commencement des
années 80 du xixe siècle. Qu'à cette époque l'Italie ne fût
pas du tout en situation d'imposer une condition dont la
réalisation eût gêné l'Allemagne ou l'Autriche d'une manière
quelconque, ce n'est que trop connu pour avoir besoin
d'être expliqué plus longuement. Je rappelle seulement
le discours caractéristique prononcé par Crispi le 8 octobre
1890 dans un banquet : il y avouait avec franchise que le
Congrès de Berlin avait été un malheur pour l'Italie, étant
donné la politique de l'isolement jusqu'alors suivie. Aussi
l'Italie a-t-elle été forcée d'accepter la seule politique qui
restait à sa disposition, celle des alliances ; il ne lui est resté
d'autre solution que de solliciter son admission à l'alliance
austro-allemande et elle y est arrivée d'abord à Vienne, et
ensuite à Berlin. Le traité de triple alliance n'a pas porté de
fruits tout d'abord, car, dans les deux pays de l'Europe
centrale, on n'a pas abandonné sur-le-champ les doutes à
l'égard des tiers (1). Ce n'est que peu à peu que la confiance

(1) 12 mai 1881 : La France conclut le Traité du Bardo avec le Bey
de Tunis. Grande émotion en Italie.

18 juin 1881 : Mauvais traitements aux ouvriers italiens à Marseille. Exaspération en Italie ; rapprochement vers les puissances
centrales et orientales.

27-31 octobre 1881 : Le couple royal, Depretis et Mancini à

de Berlin et de Vienne a été à la Rome nouvelle et a eu pour
résultat une véritable alliance fondée sur l'amitié. Si on se
représente au point de vue italien l'histoire des origines des
rapports de triple alliance, on peut désigner sans plus
l'année 1887 comme le point de départ d'une nouvelle
étude.

Le 19-20 février 1887 la Triple Alliance proprement dite
est conclue pour cinq ans. Nous ne pouvons que nous livrer
à des hypothèses sur son contenu. Au début (peut-être en
est-il encore de même aujourd'hui) *deux* instruments ont
été rédigés : l'un pour l'Allemagne et l'Italie et l'autre pour
l'Autriche-Hongrie et l'Italie, tandis que l'ancienne alliance
de 1879 entre Berlin et Vienne subsistait ou, comme le dit
Friedjung, se continuait automatiquement. Il faut admettre
que l'accord *entre Berlin et Rome* était rédigé d'après la

Vienne. — (6-8 novembre : déclarations fraîches de Kállay et d'Andrássy à la Délégation hongroise. *Pas de* visite du Roi à Berlin;
Bismarck le 29 novembre : « En Italie, le centre de gravité, de ministère à ministère, n'a-t-il pas *toujours* glissé *plus vers la gauche*;
de sorte qu'il *ne* peut glisser *plus loin* vers la gauche, sans tomber
dans le domaine républicain ».

Mi-mai 1882 : L'Empereur-Roi François-Joseph *ne rend pas* leur
visite aux souverains italiens.

20 mai 1882 : *Adhésion de l'Italie* à l'alliance entre l'Allemagne et
l'Autriche-Hongrie.

Fin novembre-milieu décembre 1882 : Première publication, dans
les *Grenzboten*, relative à l'alliance de 1879, entre l'Allemagne et
l'Autriche-Hongrie, alliance « conclue régulièrement et en bonne
et due forme et faisant l'objet de documents écrits » ; échos dans
la *Kölnische Zeitung* (« conclue pour cinq ans, elle doit donc durer
jusqu'au 15 octobre 1884 ; de Pétrograd, une information à ce sujet,
mais non pas le texte du traité », et dans beaucoup d'autres journaux.

Mi-mars 1883 : L'adhésion de l'Italie à la Double Alliance de
l'Europe Centrale est donnée comme remontant à la fin de 1882 ou
au début de 1883 (!) ; mais on considère les relations de l'Italie
avec les deux autres puissances comme moins étroites que les
rapports entre les deux Empires. 4 mai 1883 : traité de commerce
avec l'Allemagne.

Double Alliance comme modèle, modèle qui n'était pas d'un style de première qualité. Son texte serait donc le suivant :

« Article 1er. -- Si contre tout espoir et contre le désir légitime des Deux Hautes Parties Contractantes, l'un des deux royaumes est attaqué du côté de la France, les Hautes Parties Contractantes sont obligées de se secourir l'une l'autre au moyen de toute la puissance militaire de Leurs royaumes et par suite de ne conclure la paix qu'en commun et d'accord.

« Article 2. — Si l'une des Hautes Parties contractantes était attaquée par une autre puissance, l'autre Haute Partie contractante s'oblige non seulement à ne pas soutenir l'agresseur contre Son Haut Allié, mais à observer tout au moins une attitude de neutralité bienveillante à l'égard du Haut Co-contractant.

« Par conséquent, si, dans un cas de ce genre, la puissance qui attaque est appuyée par la France, soit sous forme d'une coopération active, soit au moyen de mesures militaires, menaçant le pays attaqué, l'obligation, stipulée dans l'article 1er de ce traité, d'assistance réciproque au moyen de toute la force armée entrerait également en vigueur dans ce cas, et la guerre menée par les deux Hauts Contractants serait, elle aussi, commune et continuerait jusqu'à une conclusion commune de la paix (1).

« Article 3. — Ce traité doit être tenu secret par les deux Hautes Parties contractantes en conformité de son caractère pacifique et pour éviter toute fausse interprétation, et, à l'exclusion de l'Autriche-Hongrie, il ne doit être communiqué à une autre puissance que d'accord entre les deux parties et conformément à un accord spécial. Si, au cours du premier mois de la dernière année de validité du con-

---

(1) Par exemple l'agence Stefani, fin octobre 1896 : « Texte des accords entre l'Allemagne et l'Italie, ainsi qu'entre l'Italie et l'Autriche-Hongrie ». De même Guicciardini, le 24 avril 1906.

trat, on ne demande pas l'ouverture de nouvelles négociations, le traité doit rester en vigueur pour cinq (plus tard :
six) nouvelles années.

« Article 4. — Reconnaissance de Rome comme capitale
de l'Italie unie, dont l'intégrité est garantie ; mais pas de
garantie italienne des possessions allemandes (ou austro-
hongroises).

« Pas d'article relatif à l'avenir des Balkans, mais seulement une assurance que des améliorations proposées ultérieurement pourront être prises en considération. »

Le traité *entre Vienne et Rome* est rédigé en termes un
peu *différents*, car on est convaincu en général que l'Autriche-Hongrie s'est refusée à conclure avec l'Italie un traité
dirigeant sa pointe vers la France, bien que ce fût seulement dans un but défensif. L'Italie s'oblige pourtant à
appuyer l'Autriche-Hongrie au cas où elle serait atteinte
par réaction par une attaque française contre l'Allemagne ;
au cas d'une attaque russe, l'Italie resterait neutre
(*Kölnische Zeitung* du 27 février 1887). L'Autriche-Hongrie
renouvelle la déclaration concise faite par Haymerle au
début de l'année 1881, à savoir qu'elle ne songe à nulle
conquête en aucun cas du côté de la Bosnie et de l'Herzégovine, et qu'elle ne veut pas progresser dans la direction de
Salonique ou de l'Albanie (*Mémoires* de Crispi, édition allemande, Berlin, 1912, p. 123). Insérer des stipulations plus
complètes ou plus nombreuses ou envisager leur possibilité, comme Kiderlen l'a laissé entendre à Friedjung en
novembre 1912, n'aurait pas été conforme à l'intérêt bien
compris de Vienne (cpr. par exemple de Marinis à la
Chambre italienne le 2 décembre 1908) et Bismarck ne
l'eût pas souffert. Il n'a pas été question *non plus* de l'insertion d'une clause relative aux *aspirations méditerranéennes
de l'Italie*. On conjecture par contre çà et là encore aujourd'hui que le traité doit contenir quelque disposition à
propos du Trentin et de Trieste. Mais on ne trouve rien au
sujet du sol du Trentin dans le traité de triple alliance,

Tittoni l'a certifié dans son discours souvent cité du
4 décembre 1908 (édition allemande, pp. 260 et suiv.) en
réponse aux affirmations de Barzilai ; et notamment les
débats qui eurent lieu le 27 novembre à la commission de
la Délégation autrichienne ont montré d'une manière irréfutable qu'il en était de même pour le *Küstenland* (côte autrichienne de l'Adriatique).

Ceci paraît cependant contraire à ce qui transpire du
contenu des traités à Rome, fin février 1887, c'est-à-dire
pendant le mois même de leur conclusion. Le *Popolo Romano*, organe de Depretis, déclare que l'alliance assurait à
l'Italie des avantages certains ; avant tout, ses possessions
territoriales lui étaient garanties et une aide « sans conditions ni limites » lui était promise ; mais cette disposition
ne se référait qu'au cas d'une attaque française. Aussi *l'Opinione* du 4 mars déclarait-t-elle inexactes les informations
données jusqu'alors au sujet des conditions de l'alliance et
y reliait-elle l'espoir que le gouvernement italien ne man-
querait pas de prévoir toutes les possibilités, en prenant
en considération aussi bien les intérêts susceptibles d'avoir
un lien avec la solution de la question d'Orient que les
questions dépendant de la situation de l'Italie dans la Mer
Méditerranée. Si l'on tient compte de l'incertitude involon-
taire de l'expression, l'information de l'*Opinione* peut être va-
lable (cpr. les paroles de Rudini, président du conseil, le 1ᵉʳ
juillet 1896 : « La *possibilité* d'améliorer les accords a été stipulée en termes exprès »). Mais on doit repousser *a priori* toute
tentative de vouloir trouver dans ces mots quelque chose de
plus, c'est-à-dire quelque chose de vraiment positif, quelque
chose qui soit fixé par écrit. Les douleurs causées à l'Italie par
le manque de satisfaction de ses désirs montre en effet mieux
que n'importe quelles autres assurances que l' « espoir »
de l'*Opinione* n'a pas encore été couronné de succès depuis
1887. Dans sa polémique ultérieure contre la *Tribuna* elle a eu
raison, en fin de compte, d'affirmer qu'il fallait rejeter dans
le domaine des fables tous les bruits d'accords relatifs à cer-

tains agrandissements de territoires que les alliés se seraient
promis au cas d'une guerre.

On doit être prudent à l'égard de toutes les révélations
relatives au contenu des traités secrets de cette espèce, dont
l'interprétation varie à l'occasion d'une manière si arbitraire dans l'intérêt'de la politique de parti : les débats de la
fin de l'automne 1897 nous l'enseignent. Dans le numéro
d'octobre de la *Nuova Antologia*, A. Frassati avait blâmé
les renouvellements de la Triple Alliance, parce que l'Italie
n'y avait rien gagné au point de vue de ses intérêts méditerranéens. Le comte Robilant y avait également songé
en 1886, en qualité de ministre des affaires étrangères.
L'exigence de Bismarck que lui avait transmise le comte de
Launay, ambassadeur, à savoir que l'Italie devait une fois de
plus, comme en 1881, proposer la conclusion d'une triple
alliance, fut repoussée par Robilant, car l'alliance restait
pour ainsi dire stérile pour l'Italie. Le Chancelier de l'Empire allemand devait donc prendre cette fois l'initiative et
l'Italie demander des conditions meilleures. En réalité,
R. v. Keudell, ambassadeur d'Allemagne, demanda à Rome
le renouvellement. Frassati ne dit pas ce qu'ont été les
améliorations à la Triple Alliance que Robilant a fini par
imposer. Mais il pose comme essentiel que Robilant avait
conclu avant le renouvellement, à titre de condition *sine qua
non*, une convention avec l'Angleterre, relative à la protection
des intérêts italiens dans la Méditerranée. Là, Frassati se
trompe nettement : la convention méditerranéenne italo-
britannique est du 6 octobre 1887, en dépit du *Journal* de
Crispi, et son discours de Turin est du 25 octobre, comme
nous ne tarderons pas à le voir, à l'occasion du renouvellement de 1891.

Le *Corriere della Sera*, en confirmant dans leur ensemble
les déclarations de Frassati sur l'histoire des négociations
préparatoires de 1886, fit alors la remarque suivante : Robilant s'est réjoui du traité de 1887 comme d'une victoire
gagnée et a dit, à la fin de mars, lors de sa retraite : « Je

laisse l'Italie dans un cercle de fer, de sorte que personne
ne peut attenter à sa dignité ». Cette information se réfère
probablement, si elle est vraie, plutôt à l'article IV relatif à
l'intégrité de l'Italie unie avec Rome pour capitale qu'à des
accords imaginaires concernant les problèmes orientaux.

Ces affirmations ont, je l'avoue, un caractère malheureusement négatif. Elles ne sont pourtant pas tout à fait aussi
subsidiaires qu'on pourrait le croire à première vue. C'est la
grande qualité des rapports créés par la Triple Alliance, non
pas de lier des partenaires avec des chaînes de fer — qu'on
se représente seulement les malentendus au début de
l' « aventure » tripolitaine et pendant les deux guerres balkaniques ! — et de provoquer souvent les plaintes les plus
amères d'un contractant contre les autres, coupables de
n'avoir pas rempli, soi-disant, un devoir imposé par l'alliance
ou d'avoir essayé de la compromettre et de la dissoudre,
mais d'avoir réuni les trois pays au moyen d'un lien solide,
mais élastique, n'excluant pas d'une manière absolue un flirt
occasionnel avec une quatrième nation (les « flirts » bien
connus de l'Italie), ni même des amitiés durables avec
d'autres puissances. Laissons donc la Triple Alliance, en
toutes circonstances, aussi dépourvue de prétentions et
aussi défensive qu'elle l'est ; dans les crises qualifiées de
vitales, dans les questions mettant en jeu l'existence des
alliées, elle s'est toujours comportée comme elle devait le
faire.

Parmi ses principales qualités, il convient aussi de noter
la suivante : elle n'impose aux divers alliés ni obligations
militaires ni, par conséquent, obligations financières, susceptibles de leur causer quelque dommage. Lorsqu'au début de
mars 1901, la presse française attendait de la visite d'une
escadre italienne à Toulon l'éclatement de la Triple Alliance
et que Zanardelli, président du conseil italien, — nourris-
sant cet espoir avec machiavélisme, — déclarait le 25 mars
qu'*avant* un renouvellement des traités politiques de Triple
alliance, on devait savoir comment ils influeraient sur le

commerce du pays lui-même, la *Norddeutsche Allgemeine Zeitung* du 26 mars donne la note officieuse suivante, de ton apaisant : « La Triple Alliance a été l'objet, notamment dans les journaux français de ces derniers temps, de discussions nombreuses, mais qui, pour la plupart, étaient injustifiées. On peut aussi constater que les alliées de l'Italie ne lui ont à aucune époque imposé des conditions ou même seulement des vœux au sujet de l'emploi de son armée. Le traité de triple alliance laisse enfin aux trois alliées une liberté complète à l'égard de la fixation de leurs forces de terre et de mer. Si une alliée estimait conforme à ses propres intérêts la diminution de son armée, cette mesure ne serait contraire ni à l'esprit ni à la lettre du traité. Chacun des trois membres de la Triple Alliance s'en est tenu, aussi bien pour lui que pour ses deux alliés, au principe que la fixation de la force armée est une affaire intérieure pure et simple de l'Etat en question. Il est opportun de mettre ce fait en lumière pour l'opposer à la légende, répandue à dessein de maints côtés, que les difficultés financières de l'Italie sont liées aux obligations que lui impose la Triple Alliance. Des obligations de cette nature n'existent pas. »

Cette déclaration de la *Norddeutsche Allgemeine Zeitung* (mars 1901) coïncide presque mot à mot avec ce que Tommaso Tittoni va dire, le 15 décembre 1913, dans son premier discours ministériel : à l'encontre des attaques auxquelles est exposée la Triple Alliance, il affirme que le traité non seulement n'oblige pas l'Italie à augmenter ses armements, mais lui permet même d'avoir un moment de répit au point de vue des dépenses militaires et de consolider la partie militaire du budget de l'Etat. D'autre part, l'alliance n'assujettit naturellement aucun partenaire à l'obligation morale, surtout à l'obligation matérielle de tenir l'armée et la flotte dans un état approprié de préparation, de capacité de remplir les devoirs d'alliance (cpr. par exemple Tittoni le 12 mai 1905 ; différents organes de la gauche allemande, à tous autres points de vue partisans de la paix, en ce qui concerne la défectuosité du renforcement de l'armée austro-hongroise jusqu'au printemps de l'année 1914, etc.)

Je voudrais pouvoir répondre par l'affirmative à la question de savoir s'il y a eu *reconnaissance* expresse *de Rome* comme capitale politique du royaume d'Italie dans la première conception du traité d'alliance entre l'Autriche-Hongrie et l'Italie, peut-être aussi dans la rédaction allemande (cpr. la discussion soulevée par le *Fränkisches Volksblatt*, journal ultramontain, à la fin de septembre 1891). Cette reconnaissance, une condition nécessaire ou une prémisse essentielle de l'ensemble du traité, a été donnée une fois par Vienne d'une façon « expresse », d'après le discours de Tittoni en date du 15 mai 1907 (édition allemande, p. 185); pourquoi ne serait-ce pas dans le cadre de l'instrument diplomatique du 20 mai 1882 ou de celui des 19/20 février 1887 ? L'Autriche-Hongrie n'a pas fait là de sacrifice, mais il en résulte pour l'Italie une joie dans le domaine fertile des impondérables. Et, comme le document devait être et a été tenu secret (1), il n'y avait pas à craindre des réclamations désagréables de la part de la Curie (cpr. entre autres le comte Kálnoky à la Délégation autrichienne le 27 novembre 1891).

Voilà ce qu'il y avait à dire au sujet de l'accord primitif des puissances de la Triple Alliance en 1887. Son échafaudage solide est aujourd'hui encore debout, il est même plus solide que jamais. Il est cependant difficile à admettre que l'ensemble des traités ou — si l'on accepte qu'ils ont été soudés en un seul instrument — du traité paraisse encore

---

(1) Le marquis di Rudini, président du conseil, dément le 10 décembre 1896 le bruit d'après lequel il aurait communiqué le 13 octobre 1891, à Milan, le texte du traité de triple alliance à de Giers, ministre des affaires étrangères de Russie. Il n'y aurait pas eu de difficulté à publier ce texte si les alliés s'étaient auparavant entendus à ce sujet. Mais, tant que tel ne sera pas le cas, aucun des co-contractants ne commettra d'indiscrétion.

aussi peu compréhensif à présent que lors de la première convention. D'une part les renouvellements de 1891 et de 1902 (mais non pas celui de 1912) ont eu pour résultat des *élargissements* que l'on peut très bien représenter au point de vue technique comme des *amendements*. Cette explication facilite la *reservatio mentalis*, d'après laquelle le traité de triple alliance — proprement dit — est toujours resté le même ; dans le monde de la diplomatie, elle a été souvent utilisée avec bonheur et c'est pourquoi j'y ai eu moi-même recours. Il y a en outre toute une série de *rencontres* personnelles des principaux hommes d'Etat suivies de communiqués ou sans *compléments* de cette nature, que l'on ne peut plus négliger. Je n'ai pas à en donner ici le compte exact, mais je crois n'avoir laissé aucune conférence de côté. Je ne me réfère pas non plus aux rencontres des ministres allemands et austro-hongrois qui ne rapportent pas à l'Italie ou aux Balkans.

On peut donner un tableau chronologique de ce développement historique de la Triple Alliance, comme le montre *l'annexe ci-jointe.*

Traité de triple alliance	Entrevues des principaux hommes d'Etat		Objet
	a) d'Allemagne et d'Italie ou d'Allemagne et d'Autriche-Hongrie :	*b)* d'Autriche-Hongrie et d'Italie :	
Conclu les 19/20 février 1887, pour 5 ans d'après L. Chiala.	—	—	—
—	27 septembre 1887 à Friedrichsruh : Crispi et Bismarck.	—	—
—	21-22 août 1888 à *Friedrichsruh* : Crispi et Bismarck.	—	—
—	21 mai 1889 à Berlin : Crispi et Bismarck.	—	—
—	7 8 novembre 1890 à Milan et à Monza : Caprivi et Crispi.	—	—
Renouvelé le 28 juin 1891, sans doute pour 6 ans, avec cette disposition que, si en juillet 1896 il n'est pas dénoncé pour juin 1897, le traité de 1897 sera valable pour 6 nouvelles années.	—	—	—

Traité de triple alliance	Entrevues des principaux hommes d'Etat		Objet
	a) d'Allemagne et d'Italie ou d'Allemagne et d'Autriche-Hongrie :	*b)* d'Autriche-Hongrie et d'Italie :	
—	—	(13 octobre 1891 à Milan : Rudini et Giers.	Contre-assurance.)
—	—	15-16 novembre 1893 à Monza : Kálnoky et Brin avec Nigra.	—
—	—	(1894 : Echange de lettres entre Crispi et Rohlfs.	Tripolitaine.)
—	10-13 mars 1896 à Berlin : Goluchowski et Marschall von Bieberstein.	—	—
Pas dénoncé fin juin 1896 (*Norddeutsche Allgemeine Zeitung* du 2 juillet 1896 : « De ce côté nous ne savons rien d'une intention de modifier le traité de triple alliance *nouvellement prolongé*. » A partir de 1897, il n'y a donc pas encore d'améliorations pour l'Italie.	—	—	—
—	—	(29 avril 1897 : Goluchowski et Mouravieff.	Sphères d'intérêts dans les Balkans.)
—	4 septembre 1897 à Homburg v. d. H. : Visconti-Venosta et Bülow.	—	Prolongation de la Triple Alliance.

Traité de triple alliance	Entrevues des principaux hommes d'État		Objet
	a) d'Allemagne et d'Italie ou d'Allemagne et d'Autriche-Hongrie :	b) d'Autriche-Hongrie et d'Italie :	
—	—	6 novembre 1897 à Monza : Goluchowski et Visconti-Venosta avec Rudini.	Albanie (confirmé en 1900)
—	—	21 mars 1899 : accord franco-britannique au sujet du Soudan ; élargi en 1901 par l'adhésion de l'Italie à propos de la Tripolitaine ; tenu secret par Visconti-Venosta, et avoué publiquement par Prinetti le 22 mai 1902 seulement.	—
—	2 avril 1901 à Vérone : Bülow et Zanardelli.	—	Traité de commerce.
—	27 mars 1902 à Venise : Bülow et Prinetti.	—	Permission à l'Allemagne d'avoir des rapports amicaux avec la Russie et à l'Italie d'en avoir avec la France et l'Angleterre ; maintien en *Macédoine* du principe des nationalités.

Traité de triple alliance	Entrevues des principaux hommes d'État		Objet
	a) d'Allemagne et d'Italie ou d'Allemagne et d'Autriche-Hongrie :	b) d'Autriche-Hongrie et d'Italie :	
Prolongé le 28 juin 1902, apparemment dans les mêmes conditions qu'en 1891 ; c'est-à-dire que, s'il n'y a pas dénonciation en juin 1907 pour juin 1908, le traité sera valable jusqu'en 1914 ; traité additionnel concernant la Macédoine.	—	—	—
—	septembre 1902 à Berlin : Prinetti et Bülow.	—	Convention relative au Soudan ; échange de vues sur la Tripolitaine.
—	—	(1er.3 octobre 1903 : *accord de Mürzsteg* entre la Russie et l'Autriche-Hongrie).	—
—	—	(8 avril 1904 : traité franco-britannique concernant l'Afrique du Nord : adhésion de l'Espagne le 3 octobre).	—
—	—	9 avril 1904 à Abbazia : Tittoni et Goluchowski.	Macédoine (et Albanie).
—	27 septembre 1904 à Homburg v. d. H. : Giolitti et Bülow.	—	—

Traité de triple alliance	Entrevues des principaux hommes d'État		Objet
	a) d'Allemagne et d'Italie ou d'Allemagne et d'Autriche-Hongrie :	*b*) d'Autriche-Hongrie et d'Italie :	
—	—	29 avril 1905 à Venise : Goluchowski et Tittoni.	Macédoine (et Albanie).
	29 septembre 1905 à Baden-Baden : Tittoni et Bülow.	—	Maroc (Delcassé), Angleterre.
	30 mars-1er avril 1907 à Rapallo : Bülow et Tittoni.	—	(1906, en Italie : Livre vert sur la Macédoine).
	1er mai 1907 à Berlin : Aehrenthal et Bülow.	—	Grande-Bretagne : Question de la limitation des armements.
Non dénoncé en juillet 1907, pour juin 1908 (Tittoni, le 28 juin 1909 : « Non seulement le traité de triple alliance n'a pas été renouvelé, mais je puis aussi affirmer de la manière la plus nette qu'aucun des contractants ne pense et n'a jamais pensé à son renouvellement prématuré »).	—	15-17 juillet 1907 à Desio et Racconigi : Aehrenthal et Tittoni.	Rapports en vue d'une entente ; dans les Balkans, pas de rivalités mutuellement endommageantes des consuls des deux Etats, construction de chemins de fer ; deux communiqués.
	—	22-24 août 1907 à Semmering et Ischl : Tittoni et Aehrenthal.	
—	12-14 avril 1908 à Rome : Bülow et Tittoni.	—	Macédoine, chemins de fer balkaniques, Tripolitaine, Russie ; travailleurs saisonniers, traité de commerce.
—	28 avrill 1908 à Venise : Bülow et Giolitti.	—	
—	—	9 juin 1908 à Revel : Edouard VII et Nicolas II.	—
—	23 août 1908 à Berchtesgaden : Tittoni et Schön.	—	—
—	—	3-4 septembre 1908 à Salzbourg : Tittoni et Aehrenthal.	—
—	5 septembre 1908 à Berchtesgaden : Aehrenthal et Schön :	—	—
—	—	(15-20 septembre 1908 à Vienne et à Buchlau : Isvolski et Aehrenthal).	—
—	—	(5 octobre 1908 : *annexion de la Bosnie et de l'Herzégovine*, par l'Autriche-Hongrie).	—
—	11-12 avril 1909 à Venise : Bülow et Tittoni.	—	—

Traité de triple alliance	Entrevues des principaux hommes d'État		Objet
	a) d'Allemagne et d'Italie ou d'Allemagne et d'Autriche-Hongrie :	b) d'Autriche-Hongrie et d'Italie :	
—	—	(29 avril 1909 à Baje : Edouard VII).	—
—	19-21 septembre 1909 à Vienne : Bethmann et Aehrenthal.	—	Bosnie, Maroc.
—	—	(24 octobre 1909 à Racconigi : Nicolas II).	—
—	22-24 février 1910 à Berlin : Aehrenthal et Bethmann.	—	Russie, statu quo dans les Balkans.
—	21 mars-2 avril 1910 à Rome et à Florence : Bethmann et Guicciardini, puis San Giuliano.	—	Crète.
—	27 juillet 1910 à Marienbad : Kiderlen et Aehrenthal.	—	Angleterre et Balkans.
—	—	30-31 août à Salzbourg et à Ischl : San Giuliano et Aehrenthal.	Incidents de frontière, Balkans.
—	—	29 septembre 1910 à Turin et à Racconigi : Aehrenthal et San Giuliano.	—

Traité de triple alliance	a) d'Allemagne et d'Italie ou d'Allemagne et d'Autriche-Hongrie :	b) d'Autriche-Hongrie et d'Italie :	Objet
—	—	(4-5 novembre 1910, à Postdam : Nicolas II avec Sazonoff, et Guillaume II, avec Bethmann et Kiderlen).	—
—	—	(1911-12 : *Guerre de Tripolitaine*).	—
—	20 janvier 1912 à Rome : Kiderlen et San Giuliano.	—	—
—	24-26 mai 1912 à Berlin : Berchtold et Bethmann.	—	Balkans, Tripolitaine.
—	7-8 septembre 1912 à Buchlau : Bethmann et Berchtold.	—	Balkans.
—	—	21-23 octobre 1912, à Pise et à San Rossore : Berchtold et San Giuliono.	Balkans, renouvellement de la Triple Alliance.
—	4-8 novembre 1912 à Berlin : San Giuliano et Bethmann.	—	Renouvellement de la Triple alliance ; question d'Orient.
—	22 novembre 1912 à Springe et à Berlin : François-Ferdinand avec Schemua et Guillaume II avec Bethmann et Moltke.	—	Quadruple alliance balkanique contre l'Autriche-Hongrie.
Renouvelé le 5 décembre 1912, sans changement, vraisemblablement comme en 1891 (d'après la *Tribuna*, pour 7 ans).	—	—	—
—	2-3 juillet 1913 à Kiel : Victor-Emmanuel III avec San Giuliano et Guillaume II avec Bethmann et Jagow.	—	Balkans.

Il faut ajouter à ce qui précède les détails suivants :

Le renouvellement de 1891 paraît avoir été entrepris, en réalité, sans changements notables, sinon nous ne nous heurterions pas à tant de plaintes de la part de l'Italie au sujet de la continuation d'une situation qui lui préjudicie. Crispi, lui-même, partisan personnel de la Triple Alliance, exploitait, d'ailleurs pour des motifs de tactique politique (contre Rudini), le 20 novembre 1892, « la façon et la manière précipitées » avec lesquelles l'Italie avait renouvelé les traités (qu'on fasse attention ici encore au pluriel !) avec l'Autriche-Hongrie et l'Allemagne ; à l'entendre on doit en souffrir extrêmement, car la guerre économique avec la France menace de lasser le pays, tandis que le dommage qui lui est causé n'est pas contrebalancé par l'existence de traités de commerce favorables avec les deux puissances de l'Europe centrale. Si les révélations des *Times* en janvier 1894 sont authentiques, Rudini aurait pu répondre au reproche de Crispi : « J'ai alors abandonné la Triple Alliance et voulu me rapprocher de la France ». C'est ce que la *Tribuna* ne met pas en lumière, mais elle formule cet avis : Rudini n'a pas abandonné la Triple Alliance, mais il a seulement voulu élever la situation de l'Italie ; comme, toutefois, les rapports noués avec la France n'ont pas tardé à se rompre, la Triple Alliance a été renouvelée aussitôt. Mais, de ce débat en soi, il résulte d'une manière irréfutable que l'Italie n'a pu obtenir en 1891 de modifications sérieuses. Il ne faut donc pas donner une grande portée au contenu de la lettre — datée du 6 juin 1891, c'est-à-dire avant le renouvellement — du député italien, Maggiorino Ferraris, au *Corriere della Sera*, bien que Ferraris fût l'ami de Rudini. Il écrit : Le point le plus essentiel des stipulations est qu'aucun des Etats contractants ne peut compter pour une guerre offensive quelconque sur l'appui de ses alliés, mais que toute attaque dirigée contre l'une des trois puissances aurait pour suite la participation armée immédiate des deux autres. Ceci aurait équivalu à un élargissement du traité primitif qui eût été d'une portée géante et qui n'eût correspondu d'une façon quelconque ni aux intentions de Berlin ni à certaines répulsions de Vienne.

Rudini se serait donc procuré une bonne couverture diplomatique au moyen du traité spécial avec Nicolas de Giers, ministre russe des affaires étrangères, conclu le 13 octobre 1891 à Milan. Rudini a bien déclaré le 10 décembre 1896 à l'Italie : la conversation de Milan a eu pour seul objet de tranquilliser la Russie (et la France) au sujet du renouvellement de la Triple Alliance ; Caprivi et Kálnoky en ont d'ailleurs été loyalement instruits. Mais il n'est guère douteux que la Russie s'était obligée à intervenir à Paris en faveur de l'Italie sous certaines conditions, tandis que l'Italie faisait des concessions au point de vue de la politique orientale. Il y a là un élément, qui n'est pas dépourvu d'intérêt, à annexer au traité renommé de contre-assurance contracté par Bismarck avec la Russie.

Mais ceci ne suffit pas : Rudini avait engrangé encore une autre récolte subsidiaire ; il s'agissait des accords spéciaux déjà décrits plus haut (page 315) avec l'*Angleterre*. Voici les rapports qui y ont abouti :

Pendant les mois immédiatement antérieurs au renouvellement de juin 1891, à la fin du premier trimestre, les statistiques douanières italiennes avaient enregistré une régression extrêmement pénible des importations et des exportations (8 millions de lire en moins aux sorties et 52 millions en moins aux entrées !) Les séductions venant de Paris, qui mettaient en relief, comme prix d'un rapprochement politique, un traité de commerce favorable avec la France, se propagent d'une manière très insinuante. L'irrédentisme et le Vatican renforcent ces voix de sirènes. Par bonheur pour la Triple Alliance, les tentatives d'emprunt italiennes échouent à Paris : le gouvernement français avait, avec assez de maladresse, imposé comme condition préliminaire une répudiation formelle de la Triple Alliance. Le dégrisement ne tarda pas. Rome s'en prévalut à Londres,

et la porte fut ouverte. Que Salisbury ait fait dépendre
directement son assurance d'une protection des côtes italiennes par la flotte britannique de la Méditerranée du renouvellement antérieur de la Triple Alliance, ou qu'il ait seulement conseillé à Rudini de rester dans cette union qui avait
fait ses preuves, peu importe : le renouvellement des traités
avec Berlin et Vienne était inévitable déjà selon la volonté
de l'Angleterre. L'accord spécial entre l'Italie et la Grande-
Bretagne était ainsi rédigé :

« Si l'Italie est attaquée, la Grande-Bretagne viendra à
son secours du côté de la mer. Toute modification du *statu
quo* contraire aux intérêts des deux Etats aura pour effet une
action commune de l'Italie et de la Grande-Bretagne. La
Grande-Bretagne s'oblige à défendre aussi les côtes de
l'Italie, si cette dernière devait être entraînée dans une
guerre par les devoirs que lui impose la Triple Alliance.
Mais la Grande-Bretagne ne participe à la Triple Alliance
elle-même que d'une manière indirecte, par l'entremise
pure et simple de cet accord spécial ».

Si l'on se demande pour quels motifs Salisbury a pu se
soumettre à cette obligation, on ne se trompera pas en
tenant compte, comme raison principale, du maintien de la
situation de l'Angleterre en face de la France (et de la
Russie) dans la Méditerranée. Le traité de Zanzibar avait agi
de façon favorable dans cette direction.

*
* *

Si l'on se fait de la question une conception d'ensemble,
le renouvellement de la Triple Alliance en 1891 n'avait pas
eu pour effets des modifications de texte, mais il est difficile
d'en dire autant de celui *de l'année 1902*. Mais une chose est
bien établie, c'est que l'alliance ne prit pas le caractère
offensif. Le 22 mai 1902, le ministre Prinetti tranquillise

expressément la Chambre italienne en lui exposant qu'il n'y
a eu aucune espèce de conventions particulières et de protocoles annexes, modifiant l'esprit de la politique tripliciste
et ayant par conséquent un sens agressif à l'encontre de la
France. Mais le renouvellement de 1902 a été complété par
une addition importante : un *amendement relatif à la Macédoine.*

Depuis l'accord spécial italo-autrichien de 1897-1900, concernant l'Albanie, (voir sous *C*), on s'était rendu compte que
ce désintéressement partiel ne suffisait pas, car la péninsule
balkanique engendrait chaque jour de nouvelles complications, qui devaient conduire en fin de compte à la convention
austro-russe de Mürzsteg. Mais, avant d'aller jusque-là,
l'Italie avait de plus en plus été persuadée qu'elle devait être
protégée d'une façon quelconque contre des suprises provenant d'une extension de l'occupation autrichienne « au
delà de Mitrovitza », et c'est ainsi que se produisit la conclusion d'un accord relatif à la Macédoine en annexe au
traité renouvelé de triple alliance. On ne peut en recons-
truire le texte que d'une manière indirecte. Les tournures
employées par Tittoni le 14 mai 1904 sont les plus importantes à ce sujet : Si une complication quelconque, dont
toutes les parties désirent qu'elle ne puisse se présenter,
devait mettre en question le maintien du *statu quo* dans les
Balkans, les contractants seraient absolument contraires à
une occupation ou même à un partage. Ils seraient plutôt
d'accord pour que toutes les puissances fussent unies sur le
principe de l'administration autonome et du droit égal des
nationalités.

Tittoni avait jusque-là tout à fait raison, puis il continuait :
« En ce qui concerne l'Autriche-Hongrie, elle a déclaré à
diverses reprises qu'elle ne pense pas du tout à une occupation qui, si elle était entreprise sans notre concours, serait
contraire, à l'égard de la Macédoine, à l'esprit et à la lettre
de notre traité d'alliance ». Lorsque deux États veulent au
moyen d'un traité spécial se garantir mutuellement contre

toute surprise résultant d'accroissements territoriaux unilatéraux, ils *rejettent* ainsi d'une façon expresse *tous* les désirs
d'expansion. On a pourtant voulu conclure des paroles
souvent citées, prononcées par Tittoni le 3 décembre 1908,
qu'en réalité l'Italie et l'Autriche-Hongrie avaient « envisagé
la possibilité de nouvelles occupations ». Mais, abstraction
faite de ce qu'ici même il est question d'occupations lointaines et non pas d'annexions, toute la suite des événements
montre ce que Tittoni voulait dire : le rattachement final de
la Bosnie à l'Autriche-Hongrie ne tombe pas, en principe,
sous la rubrique d'un changement territorial dans les
Balkans, car c'est même là une vieille histoire que l'on doit
tolérer. C'est seulement contre de nouvelles éventualités
que les deux pays voulaient se garantir par contrat. Je ne
peux lire, après comme avant, que ceci : des possibilités de
ce genre, nous les regardons tous deux comme *indésirables*,
et leur *réalisation* équivaudrait à une *rupture de contrat*.
Sinon l'on ferait des rapports de la Triple Alliance à l'égard
des Balkans une société d'acquisition à responsabilité
limitée. Or, ce caractère, elle ne le possède pas ; comme le
comte Bülow l'a dit au Reichstag le 8 janvier 1902, elle est
une *société d'assurance*. Concevrait-on autrement que
l'Autriche-Hongrie n'a pris absolument aucune disposition
pour acquérir une compensation territoriale de l'occupation
du Dodécanèse par l'Italie et des concessions obtenues par
ce pays en Asie Mineure.

Si nous excluons *a priori* les désirs d'acquisitions territoriales et les contre-exigences, nous pouvons donc nous
attendre sans plus à ce que les questions *économiques* (droits
à la construction de voies ferrées, lignes de navigation,
interdiction de monopoles réservés à une seule puissance et
de jalousies consulaires) y jouent un grand rôle. Les rapports
consulaires et autres concernant la participation de l'Italie
au commerce et aux transports en Macédoine s'étaient,
depuis le milieu du xixe siècle, de plus en plus prononcés en
faveur du système de l'assurance authentique. On peut, en

conséquence,conjecturer qu'il était aussi question d'une *nouvelle fixation des sphères d'intérêts*. Il est permis de penser que l'on n'est pas arrivé dès l'abord à la meilleure solution. Notamment lorsque la nouvelle de la conclusion de l'accord de Mürzsteg fit naître en Italie le soupçon que, « cette fois encore », elle avait été lésée, ses hommes d'Etat demandèrent des « *compensations* » corrélatives pour l'Italie, en vue de faire une concession à la popularité de l'ensemble des rapports triplicistes dans le pays. C'est l'époque où la nouvelle suivante transpira peu à peu de Rome, grâce au baron Pasetti, ambassadeur d'Autriche-Hongrie (remplacé ensuite par le comte Lützow et par de Mérey) : l'élargissement de la sphère d'intérêt d'un allié dans les Balkans entraîne avec soi une compensation immédiate à son partenaire. Ceci sert à comprendre tout de suite que la *légende* d'accords relatifs à des compensations *territoriales* ait pu se répandre. Mais il est inexcusable, de la part du secrétaire d'Etat von Kiderlen, non seulement de ne pas l'avoir mise à l'épreuve, mais aussi de l'avoir produite comme information importante.

On ne pouvait oublier les affaires de Macédoine, les événements s'en chargeaient, notamment dans la mesure où ils se reliaient à l'action réformatrice sur laquelle on s'était mis d'accord à Mürzsteg. Les conversations d'Abbazia et de Venise de 1904 et de 1905 en sont particulièrement les preuves. Tandis que, dans les premiers mois qui suivirent octobre 1903, la réorganisation de l'administration macédonienne se limitait au fond à la discussion d'un règlement entre l'Autriche-Hongrie, la Russie et la Porte, ainsi qu'à la garantie des conditions financières de la Macédoine, la *conception peu claire du paragraphe III de l'accord de Mürzsteg* lança le petit mot scabreux de « territorial » dans le débat. Voici ce paragraphe : « Dès que l'on sera arrivé à calmer le pays, on exigera du gouvernement ottoman une modification des limites territoriales des circonscriptions administratives dans le sens d'un groupement plus régulier

des différentes nationalités ». Les comités révolutionnaires
des peuples balkaniques remplacent alors les attaques
contre la Turquie par la lutte entre nationalités, pour
obtenir des déplacements favorables de frontières au moyen
d'une extension plus ou moins artificielle et de nature
terroriste du territoire occupé par leurs « co-nationaux ».
Ceci mis à part, on interprétait aussi le § III de façon à
attribuer aux grandes puissances l'intention de partager le
pays en sphères nationales. Cette fausse interprétation
poussa vraisemblablement des racines à Rome et l'idée s'y
implanta naturellement que ce pays devait s'y intéresser
d'une façon corrélative. Aussi le communiqué austro-
hongrois du 30 septembre 1907 affirme-t-il que les dispositions de l'article III n'ont d'autre but qu'une modification
sans importance relative, destinée *purement et simplement*
à faciliter le rôle des *autorités locales* en Macédoine. Il en
résultait que l'activité des bandes, activité qui sous-minait
ce rôle, était officiellement restreinte, mais, comme nous le
savons, la pieuse croyance que les accords des puissances
devaient pourtant contenir quelque chose comme l'assurance d'une compensation territoriale au cas de certains
changements de frontières se maintint avec opiniâtreté.

L'entrevue de Tittoni et de Goluchowski à Venise, le
29 avril 1905, montre comment l'article III du programme
de Mürzsteg devait être compris en fait et être utilisé en
pratique. D'après cet article, les districts albanais, alors
annexés aux vilayets de Macédoine, bien qu'ils eussent une
population albanaise prépondérante, devaient être réunis à
l'Albanie proprement dite dès que l'administration macédonienne serait réorganisée et que la tranquillité serait
rétablie dans le pays. Il ne fallait pas voir autre chose dans
l'expression de mauvaise augure « modification territoriale
de frontières » de ce paragraphe peu clair contenu dans la
déclaration de Mürzsteg. Mais il a fallu beaucoup de peine à
tous les participants pour s'en rendre compte et pour le reconnaître. Ou bien le maintien du *statu quo* ou bien l'auto-

nomie politique des peuples balkaniques d'après le principe des nationalités, tels restèrent l'alpha et l'oméga de
l'art politique italien.

Après l'*annexion de la Bosnie* et de l'Herzégovine par
l'Autriche-Hongrie, l'idée de la triple alliance fut soumise
à une dure épreuve, surtout en Italie. Depuis l'entente de
Reichstadt du 8 juillet 1876, on savait déjà que cette épreuve
aurait lieu, mais, qu'elle se produisit inopinément au début
d'octobre 1908, ni Isvolski, qui avait été trompé à Buchlau
par Aehrenthal, ni Tittoni, qui avait rapporté de son entrevue avec Aehrenthal à Salzbourg en septembre 1908 de
tout autres impressions, ce qui lui valut alors un vif blâme
du Roi et de Giolitti, ne s'y étaient attendus. De même que
la Russie et d'autres puissances, l'Italie elle aussi se sentait
dupée par l'annexion de la Bosnie, à laquelle on ne s'attendait pas de sitôt. Aussi a-t-on souvent agité la question des
compensations durant l'hiver 1908-09 : la suppression
volontaire des articles 25 et 29 du Traité de Berlin n'était
pas considérée comme telle. Mais, à ce moment même où
l'Italie avait eu assez de raisons pour acquiescer à la
demande générale de compensations, à régler par une conférence européenne, par un Congrès de Berlin amélioré,
le prévoyant Tittoni évita d'employer dans son discours
du 3/4 décembre 1908 l'expression de *compensations* et la
remplaça par cette autre expression *égalisation des intérêts*,
et, à ce point de vue, son accord est surprenant avec les
discours de Prinetti des 15 mars et 22/23 mai 1902, ainsi
qu'avec les discours de Guicciardini du 23 février 1903 et
surtout du 14 mai 1904. De même la déclaration fondamentale de San Giuliano, en date du 18 décembre 1912, revient
constamment à cette idée : Aucune prétention ambitieuse
à une possession territoriale, aucune prise de possession,
aucun partage de territoire ! Ni Vienne, ni Rome n'a jamais
poussé à une politique de compensations dans les Balkans
et ne l'a même considérée comme admissible en théorie.

*
* *

Il ne nous reste plus maintenant à examiner que le renouvellement du traité de triple alliance én date du *5 décembre 1912*. Comme on a assuré en termes exprès que l'on s'est abstenu de tous changements quels qu'ils soient, maintenons-nous en à cette idée en attendant. On parla tout aussi peu qu'en 1902 d'un amalgame de la politique étrangère et de la politique douanière. En outre, l'amendement relatif à la Macédoine fut si discuté à fond au cours des dix dernières années et son texte fut si bien rédigé que le traité n'avait pas besoin d'une modification quelconque. On devait donc y comprendre *l'extension de la garantie territoriale* (article IV supposé de 1887) à la *Tripolitaine*, extension convenue à San Rossore et à Berlin. En tout cas elle joua un rôle de démonstration vers l'extérieur dans le cadre du renouvellement de la Triple Alliance, qui eut lieu dans des conditions prématurées, ne serait-ce que pour cette raison. Le nouvel impérialisme de l'Italie avait pris un essor inespéré du fait de la guerre libyenne ; ses désirs d'expansion avaient été satisfaits dans des conditions suffisantes au moyen de la Tripolitaine et de la Cyrénaïque ainsi que de l'occupation provisoire du Dodécanèse. Et ce qui autrefois encore avait contribué à l'insécurité à l'égard des rapports de possession sur l' « autre » côté de l'Adriatique était depuis longtemps écarté par la convention spéciale concernant l'Albanie (voir sous *C*).

On est par contre justifié à poser la question suivante : doit-on admettre que l'annexe *macédonienne* aux traités de triple alliance a encore une valeur quelconque après les modifications décisives qui résultent des deux guerre balkaniques de 1912 et de 1913. Il n'est plus du tout question de la Macédoine comme d'un territoire auquel conférer l'autonomie : les Etats balkaniques victorieux se sont partagés ce territoire, turc à l'origine, sans rien en laisser. Dans cette mesure les accords austro-italiens depuis 1902 sont certainement devenus des *papiers* sans valeur palpable. Depuis qu'Aehrenthal a renoncé de sa pleine volonté à de nouvelles acquisitions territoriales, depuis qu'il a dressé une borne-frontière immuable devant la politique balkanique présente et future de l'Autriche-Hongrie (voir par exemple les discours du comte Berchtold les 19 novembre et 15 décembre 1913), toute perspective d'une réalisation territoriale des conventions macédoniennes entre Vienne et Rome est exclue. Mais, au point de vue *commercial* ces accords conservent leur valeur après comme avant, ou plutôt ils n'acquièrent de la valeur qu'à ce moment. Nous en avons une preuve, pour ne pas en produire d'autres, dans la polémique, qui, depuis novembre 1913, a suscité les débats les plus vifs, relative aux tronçons des *chemins de fer orientaux* siués en Nouvelle Serbie. En attendant, il semblerait que seule l'Autriche-Hongrie s'y soit intéressée d'une manière active. Mais, si l'on envisage la réponse donnée par Tittoni le 11 mars 1908 à la motion Barzilai relative aux chemins de fer balkaniques, on ne peut guère exclure l'idée qu'après le partage de la Macédoine l'Italie ne laisserait pas sans combattre aux autres pays l'équipement en voies ferrées des nouvelles provinces serbes et grecques. En tout cas les protocoles de Desio et de Semmering forment assez de points d'arrêt pour une rédaction nouvelle, adaptée aux rapports actuels, de l'amendement macédonien à la Triple Alliance. La convention de 1907, d'après laquelle l'Italie et l'Autriche-Hongrie peuvent séparer leurs propres capacités politiques et agir en pleine indépendance, à condition que ni l'un ni l'autre des deux États ne nuise sciemment aux intérêts de son co-contractant et que les consuls des deux parties dans le Levant soient tenus de renoncer à toute pensée de rivalités ambitieuses, ne me paraît pas encore assez ancienne pour être reléguée au magasin des accessoires.

Singer

*
* *

C) Le traité austro-italien, relatif à l'*Albanie*, conclu le 6 novembre 1897 à Monza entre Goluchowski et Visconti-Venosta assisté de Rudini et confirmé par Visconti-Venosta quand il garantit l'autonomie du pays, appartient en raison de ses conséquences heureuses aux monuments de paix les plus idéaux de ces derniers temps. Jusqu'à présent, on admet d'une manière générale que l'accord albanais de 1897 a été confirmé, renouvelé ou élargi en 1900, oralement et protoco-lairement, par une deuxième conférence. Mais l'année 1900 s'est passée sans que les principaux hommes d'Etat austro-hongrois et italiens se soient rencontrés. C'est la même année que Visconti-Venosta fait sa déclaration à la Chambre italienne (18 décembre), déclaration d'après laquelle les deux parties ont une fois de plus souligné leurs intérêts au maintien du *statu quo* dans les Balkans par l'échange de notes s'y référant.

Née d'une méfiance réciproque ou d'un besoin de ne pas laisser prendre une importance particulière à ni l'une ni l'autre des deux parties, la signature d'une déclaration de désintéressement territorial complet a transformé en une véritable alliance les rapports si froids à l'origine entre l'Autriche-Hongrie et l'Italie. Ce « *Noli me tangere* » de Visconti-Venosta peut avoir été formulé en les termes suivants :

1° L'Autriche-Hongrie et l'Italie déclarent mutuellement leur désintéressement territorial en Albanie ;

2° Elles se déclarent en faveur du maintien du *statu quo*, c'est-à-dire de la souveraineté ottomane ;

3° Au cas de changement du *statu quo*, les deux puissances se garantissent mutuellement l'autonomie ou l'indépendance de l'Albanie, qui ne peut tomber entre les mains d'une tierce puissance.

C'est moins la guerre gréco-turque et les œillades de

l'Italie vers la Crète que l'accord austro-russe conclu le 29 avril 1897 à *Pétrograd* qui donnent aux deux ministres des affaires étrangères l'occasion d'une entrevue personnelle, suivie de la signature d'un protocole. Bien que, le 17 mai 1898, le comte Goluchowski désavoue devant la Délégation hongroise l'information de la *Frankfurter Zeitung* de la veille en la qualifiant d'« invention grossière », les années suivantes vont montrer qu'il devait y avoir là quelque chose de vrai. D'après cet article, Mouravieff et Goluchowski avaient partagé la presqu'île des Balkans en deux grandes sphères d'intérêts subdivisées en plusieurs groupes, afin d'y maintenir la tranquillité et le *statu quo* : à l'Autriche-Hongrie revenait le contrôle pacifique de la Serbie, de l'Albanie et de la Macédoine jusqu'à Salonique, et à la Russie le contrôle pacifique du Montenegro, de la Bulgarie et de la Thrace. Si une pression douce n'était pas suffisante, la partie intéressée pouvait employer des moyens violents dans la région soulevée par les agitateurs. Le contenu de la convention aurait été communiqué en totalité à l'Allemagne, et l'Italie en aurait eu connaissance, à l'exclusion de la clause relative à l'Albanie. Cette circonstance même — qui ne pouvait rester cachée à la longue — devait exciter la méfiance de nos alliés du midi. C'est encore la même année que fut fixée la formule austro-italienne : aucun des deux pays ne doit jamais prendre un morceau de l'Albanie ; pour tous deux, il y a là un *noli me tangere*. Il faut rapporter à cette conception la création d'une principauté autonome d'Albanie, création réalisée enfin en 1913 après tant de difficultés et de sacrifices. Les discours des hommes d'Etat montrent dans de nombreux passages qu'il ne pouvait jamais être question *a priori* de compensations territoriales à ce point de vue.

Sur la première question, nous nous sommes déjà référé à une déclaration de Tommaso Tittoni, comme ministre des affaires étrangères, le 14 mai 1904. Il disait : « Si une complication quelconque, dont nous désirons qu'elle ne se produise pas, compromettait le maintien du *statu quo*, nous nous opposerions à un partage entre les diverses puissances. En ce qui concerne l'Autriche, elle a déclaré à plusieurs reprises qu'elle ne pense pas du tout à une occupation qui, si elle était entreprise sans nous, serait contraire à l'esprit et à la lettre de notre traité d'alliance au sujet de la Macédoine, et qui pécherait, à l'égard de l'Albanie, contre la convention spéciale de non-immixtion réciproque, conclue entre l'Autriche et l'Italie. La prédominance dans la Mer Adriatique ne peut être concédée par l'Italie à l'Autriche, ni par l'Autriche à l'Italie. Comme les deux États ont le désir sérieux de maintenir leur alliance, ils ont renoncé à toute occupation de l'Italie au cas de destruction du *statu quo*. Si l'Autriche et l'Italie veulent vivre en paix. l'Albanie doit rester un *Noli me tangere* pour toutes deux. » Ici nous avons la *négation* déjà effleurée plus haut. Peut-être M. von Kiderlen, dans un moment de faiblesse, peut-être même le comte Aehrenthal ont-ils entrepris au cours d'une conversation le renversement de ce dogme négatif et s'y sont-ils employés avec la pensée suivante : en principe les deux parties se tiennent loin du morceau, mais, si l'une des deux *se voyait* obligée de le saisir, elle devrait le partager avec l'autre. Vue du dehors, cette solution paraît d'une honnêteté et d'une innocuité colossales, mais elle frappe au visage l'alpha et l'oméga de la politique balkanique de l'Autriche-Hongrie, qui a son point culminant dans le desideratum suivant : *prendre tout prétexte* de s'établir sur l'autre rive », en principe et *a priori*, grâce à l'observation personnelle des Italiens. Seulement il n'y a pas à craindre, comme Tittoni a montré la situation le même jour, que des occupations imprévues ou des surprises se fassent dans les Balkans.

Le passage précis du discours du ministre italien, en date du 18 décembre 1906, s'exprime tout à fait de la même façon.

« On a affirmé que l'alliance et l'accord spécial relatif à l'Albanie étaient purement négatifs, car ils ne contenaient pas d'autre obligation réciproque que le maintien du *statu quo* en Orient, et en particulier l'interdiction d'occuper l'Albanie en aucun cas. C'est pourquoi des conventions positives ont été signées entre l'Italie et l'Autriche-Hongrie..... Mes entrevues avec le comte Goluchowski [à Abbazia et à Venise] n'ont pas été seulement de simples voyages de distraction, mais elles ont eu d'importants résultats pratiques et positifs. Nous nous sommes en effet trouvés en plein accord quand nous avons décidé que l'autonomie politique de la péninsule balkanique n'avait d'autre solution que d'être basée sur le principe des nationalités, et que l'Italie et l'Autriche-Hongrie devaient s'y efforcer si le maintien du *statu quo* n'était plus possible. C'est là un programme non pas négatif, mais vraiment positif. Certes il est désintéressé, car, en Orient, une attitude désintéressée nous est directement prescrite par nos intérêts les plus importants. Je *repousse* donc le conseil qui m'a été donnéde proposer à l'Autriche-Hongrie des partages de territoires ou de pousser à des prises de territoires, que ne prévoit pas le Traité de Berlin, pour demander en notre faveur des compensations de nature territoriale. Un tel procédé est contraire aux principes sur lesquels est construite l'unité italienne ; il est opposé aux principes dont nous nous sommes inspirés jusqu'à présent ; il nous mettrait en danger parce qu'il constituerait un précédent que l'on nous opposerait souvent à l'avenir. Bref, il assombrirait les clairs objets de notre politique orientale. »

L'Italie et l'Autriche-Hongrie ne permettront jamais qu'une puissance étrangère s'établisse en territoire albanais, elles veilleront avec zèle sur l'indépendance du nouvel État (1) et l'aideront à arriver bientôt et avec certi-

(1) Le comte Berchtold, ministre, dit le 21 novembre 1913 à la Délégation hongroise : « Le prince Windisch-Graetz a demandé s'il existe une convention avec l'Italie concernant les sphères d'intérêt en Albanie. Il n'y a pas d'accord de cette nature, parce que l'Al-

tude à une sorte de culture européenne, sous la forme d'un condominium purement économique. On ne pourra donc pas plus parler de l'accord albanais entre l'Italie et l'Autriche-Hongrie, qui est relié seulement d'une manière très relâchée au traité de Triple Alliance, que du privilège disparu *de jure ou de facto* de l'Autriche-Hongrie sur le Sandjak.

banie doit être un Etat indivisé et indépendant à tous égards et que nos efforts ne peuvent être dirigés que dans ce sens ».

CONCLUSION

—————

« L'équilibre dans l'Adriatique », a dit le marquis di San
Giuliano le 22 février 1913 à la Chambre italienne des députés, « est une question qui a été résolue grâce à la coopération intime de l'Italie et de l'Autriche-Hongrie, à la collaboration de l'Allemagne et à l'esprit de justice, cordialement
pacifique, des autres grandes puissances ». Cette phrase
imprime pour ainsi dire son cachet sous mes explications.

Mais San Giuliano ouvre une *nouvelle* perspective,
lorsqu'il continue :

« Vous voulez aujourd'hui, de la même façon, maintenir
l'équilibre présent dans la Mer Méditerranée. La possession de la Libye a résolu pour l'Italie le problème de l'équilibre dans le nord de l'Afrique, mais elle n'a certainement
pas diminué l'intérêt au maintien de l'équilibre général
dans la *Mer Méditerranée*. Si, par la force des événements,
contre notre volonté et contre la volonté de nos alliés
comme contre celle de toutes les grandes puissances, des
changements territoriaux considérables se produisaient tôt
ou tard dans la Mer Méditerranée, l'Italie ne pourrait pas
rester spectatrice désœuvrée, mais elle devrait exiger que
sa situation de grande puissance méditerranéenne soit considérée par chacun dans des conditions convenables. Ni
aujourd'hui ni plus jamais dans l'avenir un peuple n'a le
droit d'appeler la Mer Méditerrannée *Mare Nostrum*.

C'est là un programme impérialiste bien net, qui avait

besoin une fois de plus des alliés pour son exécution et son affirmation pacifique. La nouvelle, lancée de Vienne le 7 décembre 1913 et que Londres ne combattit pas directement, de la conclusion d'un accord méditerranéen entre l'Autriche et la Grande-Bretagne — contre-partie de la convention italo-britannique de 1891 — avait-elle des rapports avec l'exposé de ce programme? Quoi qu'il en soit, maintenant que les problèmes balkaniques qui avaient amené si souvent dans le passé des conversations et des accords entre les diplomates de la Triple Alliance, ont été résolus dans leurs parties essentielles, nous entendrons bientôt parler d'autres entrevues — peut-être avec participation de la Grèce, — qui tiendront compte des nouveaux rapports des puissances dans la Mer Méditerranée (cpr. aussi le grand dicours de San Giuliano en date du 16 décembre 1913). L'Allemagne n'a guère d'objections à faire au principe italien que la Mer Méditerranée reste la voie libre des nations, voie à laquelle toutes doivent avoir accès. La pensée directrice que voici luira en effet comme principe primordial : la Triple Alliance est l'asile le plus élevé de la paix européenne. Et l'on peut s'en tenir à ce que le comte de Bülow a dit au Reichstag le 19 mars 1903 : « Je ne connais guère dans l'histoire d'alliance qui ait été en même temps aussi pacifique et aussi forte, aussi durable et aussi élastique ».

TABLE ALPHABÉTIQUE DES MATIÈRES

(N'y sont pas compris les noms suivants, trop souvent répétés dans le texte : Guillaume 1er, François-Joseph 1er, Humbert, Allemagne, Autriche-Hongrie, Italie, Bismarck, Andrássy, Berlin, Vienne, Budapest, Rome).

D

E

F

G

N

O

T

TABLE DES MATIÈRES

Singer   24

ERRATA

Page 13 *au lieu* de la presse officieuse *lire* la *Presse*, journal officieux.
   » 27   »   Kayserling   »   Keyserling.
   » 219   »   Tittoni   »   Pittoni.

www.ingramcontent.com/pod-product-compliance
Ingram Content Group UK Ltd.
Pitfield, Milton Keynes, MK11 3LW, UK
UKHW022322090726
13658UKWH00001B/29